तीन सौ महत्त्वपूर्ण योग

तीन सौ महत्त्वपूर्ण योग

(Three Hundred Important Combinations)

डॉ० बी०वी० रमन

भूतपूर्व मुख्य सम्पादक, ''ज्योतिष पत्रिका'' (एस्ट्रोलोजिकल मैगज़ीन)

अनुवादक

जेड० अन्सारी

बी०ए०, बी०एड०, अनुवाद में डिप्लोमा

मोतीलाल बनारसीदास

दिल्ली, मुम्बई, चेन्नई, कोलकाता, बंगलौर,

वाराणसी, पुणे, पटना

तृतीय पुनर्मुद्रण: दिल्ली, 2014
तृतीय संस्करण: 1996
द्वितीय संस्करण: 1993
प्रथम संस्करण: 1991

ISBN: 978-81-208-2116-3

मोतीलाल बनारसीदास
41 यू० ए० बंगलो रोड, जवाहर नगर, दिल्ली 110 007
8 महालक्ष्मी चैम्बर, 22 भुलाभाई देसाई रोड, मुम्बई 400 026
236 नाइंथ मेन III ब्लाक, जयनगर, बंगलूरू 560 011
सनाज प्लाजा, 1302 बाजीराव रोड, पुणे 411 002
203 रायपेट्टा हाई रोड, मैलापुर, चेन्नई 600 004
8 केमेक स्ट्रीट, कोलकाता 700 017
अशोक राजपथ, पटना 800 004
चौक, वाराणसी 221 001

आर.पी. जैन के द्वारा एन ए बी प्रिंटिंग यूनिट,
ए-44 नारायणा, फेज-1, नई दिल्ली-110 028 में मुद्रित
एवं जे.पी. जैन के द्वारा मोतीलाल बनारसीदास प्रकाशक,
41 यू.ए., बंगलो रोड, जवाहर नगर, दिल्ली-110 007, के लिए प्रकाशित

नौवें संस्करण की भूमिका

"तीन सौ महत्त्वपूर्ण योग" पर नवां संस्करण प्रस्तुत करते हुए मुझे हर्ष हो रहा है। इस नये संस्करण में संशोधन किया है और कुछ जगहों पर दुबारा लिखा गया है।

काफी भयभीत करने वाले कालसर्प योग पर अनुबन्ध से निस्संदेह रूप से इस पुस्तक का महत्त्व बढ़ जायेगा। विभिन्न योगों की विषय सूची सरलता से संदर्भ के लिए काफी लाभप्रद सिद्ध होगी।

ज्योतिष पर मेरी पुस्तकों के प्रति शिक्षित व्यक्तियों द्वारा रुचि दर्शाने के लिए मैं उनका आभारी हूँ। सातवां संस्करण सितम्बर १९७८ में प्रकाशित हुआ था और कुछ ही महीनों के भीतर बिक गई। मुझे विश्वास है कि यह संस्करण भी काफी स्वागत के साथ पूर्ववत् स्वीकार किया जायेगा।

इस संस्करण में सांगोपांग संशोधन करने में सहायता के लिये अपनी सुपुत्री गायत्री देवी रमन, सावधानी पूर्वक प्रूफ में संशोधन करने के लिये अपने सुपुत्र बी० निरंजन बाबू और बी० सच्चिदानन्द बाबू और इस नये संस्करण को आकर्षक रूप से प्रकाशित करने के लिये आई. बी. एच. प्रकाशन के मेसर्स पी० एन० कामत और जी० के० अनन्तरम का धन्यवाद करता हूँ।

बंगलौर — बी० वी० रमन

२५-७-१९८३

प्रस्तावना

मनुष्य के सामाजिक जीवन में ज्योतिष का अत्यन्त महत्त्व है। मानव की आवश्यकताओं और आकांक्षाओं के कारण ज्योतिष के माध्यम से जानकारी प्राप्त करना आवश्यक हो जाता है। अनेक आवश्यकताओं के साथ ज्योतिष का एक निश्चित संबन्ध है जिससे समाज में मानव आवश्यकताओं का विभाजन किया जा सकता है। जीवन में सफलता मुखयतः सम्पन्नता या गरीबी पर निर्भर करती है। ज्योतिष में योगों का उद्देश्य धन, प्रसिद्धि, श्रेणी, स्थिति, खराब स्वास्थ्य और दुर्भाग्य की सीमा दर्शाना है जो पूर्व जन्म के अपने कर्मों के अनुसार इस जीवन में मानव के जीवन में प्राप्त होती है। दूसरे शब्दों में ग्रहों के विभिन्न विशिष्ट योग भौतिक और मनःप्रवृत्ति योग फल दर्शाते हैं जो हमारे वर्तमान पर्यावरण की स्थिति नियत करते हैं। हम किस सीमा तक अपने प्रयासों से विरासत में प्राप्त फलों का प्रतिसंतुलन कर सकते हैं। विशेषतायें जो प्रमुख हैं और वह जो अप्रभावी हैं इत्यादि। यह निश्चित रूप से कहा जा सकता है कि ग्रहों के संयोजन को योग कहते हैं किन्तु सभी संयोजन योग नहीं हो सकते। केवल विशिष्ट संयोजनों को ही योग कहा जाता है। इस पुस्तक में मैंने उन महत्त्वपूर्ण योगों का सावधानी पूर्वक चयन करने का प्रयास किया है जो योगों की प्रतिष्ठा बढ़ा सकते हैं और वे निश्चित शारीरिक या मानसिक स्थिति अथवा धन, सौभाग्य या दुर्भाग्य की सीमा का संकेत देते हैं। इधर उधर से योगों का संग्रह करना आसान है किन्तु प्रमुख योगों का, जो जीवन की प्रमुख घटनाओं में सही उतरते हैं, चयन करना कठिन ही नहीं बल्कि जोखिम भरा है। इस पुस्तक को हम एक अनुसन्धान परक पुस्तक कह सकते हैं क्योंकि इसमें प्रयुक्त सामग्री हमारे द्वारा किये गये अनुसन्धान की योजना का एक अंश है। ऐसा प्रतीत होता है कि आधुनिक ज्योतिषी पाये गये योगों का अध्ययन करने के लिये अन्वेषण के क्षेत्र को अनदेखी कर देते हैं। यह भारतीय फलित ज्योतिष का सार होता था। अधिकतर आधुनिक लेखक कुछ सामान्य राजयोग या अरिष्ट योग के अतिरिक्त योग के विषय पर मौन हैं। इसी कारण से योगों के फलित महत्त्व पर काफी दिनों तक पुस्तक की मांग की जा रही थी और इस मांग को पूरा करने के लिए प्रस्तुत पुस्तक प्रकाशित की गई है। काफी पहले यह मांग मेरे पूज्य दादा जी, बी सूर्यनारायण राव द्वारा पूरी की गई थी जिनकी 'सत्य योग मंजरी" नामक पुस्तक में इस विषय पर कुछ महत्त्वपूर्ण योगों की चर्चा की गई है। किन्तु मैंने महसूस किया कि सभी महत्त्वपूर्ण योगों पर एक प्रणालीबद्ध पुस्तक प्रकाशित की जाय जिसमें

उदाहरण स्वरूप कुछ जन्म कुण्डलियों का समावेश हो। यह पुस्तक बुनियाद होगी जिस पर भविष्य का अनुसंधान आधारित होगा।

अतः "तीन सौ महत्त्वपूर्ण योग" का उद्देश्य योगों के बारे में कार्यचालन ज्ञान देना है जिसमें कुण्डली की प्रवृत्तियों का विशिष्ट संकेत मिलता है। इस प्रयोजन के लिये अपेक्षित ज्योतिष गणित का प्रारम्भिक ज्ञान पर्याप्त है। योगों को स्पष्ट करने में उद्भूत मुद्दों के अनेक उदाहरण शामिल किए गये हैं और चूंकि इनका पूर्ण रूप से बिवेचन किया गया है अतः इन सिद्धान्तों का अनुपालन करने में पाठकों को कोई कठिनाई नहीं होनी चाहिये। विवादास्पद स्वरूप के मुद्दों पर तर्क नहीं दिया गया है। उनकी व्यावहारिक ग्राह्यता को ध्यान में रखकर उनपर विचार किया गया है।

सभी योगों को मुख्यतः दो भागों में बांटा जा सकता है अर्थात योग और अरिष्ट। यद्यपि योग शब्द का अर्थ ग्रहों का संयोजन है, व्यवहार में योग का प्रयोग सौभाग्य वाले ग्रहों के योगों के लिए किया जाता है। अरिष्ट सामान्यतः दुर्भाग्य के लिये होता यद्यपि उन्हें भी योग शब्द में शामिल किया गया है। राजयोग (राजनीतिक शक्ति), धन योग (धन के लिये) या ज्ञान योग (उच्च ज्ञान और आध्यात्मिकता के लिये योग) को योग कहा जा सकता है।

इस पुस्तक के प्रथम कुछ पृष्ठों में योग की व्याख्या के विषय पर कुछ विवेचन दिया गया है। ज्योतिष के विद्यार्थियों को इसका अवश्य अध्ययन करना चाहिये क्योंकि इससे वे किसी विशेष योग के सही प्रभाव का मूल्यांकन कर सकेंगे। नाभस योगों सहित विशेष योगों पर उदाहरण के साथ विचार किया गया है। जब दो या अधिक योग एक साथ हों, जैसा कि आश्रय और आकृति योग के सम्बन्ध में हो सकता है, तो कठिनाई होती है। इनको समुचित व्याख्या के साथ स्पष्ट किया गया है।

इस पुस्तक के बाद का भाग अधिक महत्त्वपूर्ण है क्योंकि इसमें राजयोग, अरिष्ट योग और नीच भंग राजयोग जैसे महत्त्वपूर्ण योगों पर विचार किया गया है जिसके बारे में हाल ही में ज्योतिष के विद्यार्थियों द्वारा शंका की गई है। अन्तिम पृष्ठों पर समस्त विषय वस्तु का सार दिया गया है। पुस्तक के अन्त में दी गई उदाहरण स्वरूप जन्म कुण्डली पाठकों के लिए विशेष ध्यान देने योग्य है क्योंकि उसमें विद्यमान अनेक योगों में से केवल कुछ ही परिचालित हो सकते हैं और किस प्रकार। इसमें यह भी दिया गया है कि कुछ योगों के सम्बन्ध में संकेत जीवन भर प्रभावी रहता है जबकि कुछ अन्य योगों के सम्बन्ध में केवल एक विशिष्ट दशा के दौरान फल मिलता है हमेशा नहीं।

जो पुस्तक मुख्यतः पुराने ज्योतिष द्वारा दिये गये सिद्धान्तों पर आधारित हो जैसा कि यह पुस्तक है, उन्हें मूल पुस्तक होने का दावा नहीं किया जा सकता। परन्तु मैं

महसूस करता हूँ कि इधर उधर से सूचना को पहली बार एकत्र करके एक व्यवस्थित ढंग से प्रस्तुत करने तथा व्यावहारिक उपयोगिता के योग्य बनाने के लिये हम श्रेय का दावा कर सकते हैं। इसकी सत्यता इस बात से स्पष्ट है कि इस पुस्तक में लगभग १५० व्यावहारिक उदाहरण दिये गये हैं जिनमें से अधिकतर का वास्तविक जीवन से संग्रह किया गया है।

मेरे साथ अनेक पाठक, विद्वान्, बुद्धिजीवी, विद्यार्थी और व्यवसायी हैं। अतः विभिन्न रुचियों और उद्देश्यों की पूर्ति के लिए लेखन की अनेक समस्याएँ उत्पन्न हो जाती हैं विशेष कर यह कि ज्योतिष के व्यावहारिक पहलू से सम्बन्धित पुस्तक का मात्र उद्देश्य विषय वस्तु को प्रस्तुत करना नहीं है। पाठकों को संतुष्ट करने का एक मात्र मार्ग और साथ ही सार तत्त्व को सुरक्षित रखने के लिये श्रेणीबद्ध रूप में प्रत्यक्षतः नीरस सिद्धान्तों को प्रस्तुत करना और अभ्युक्तियों के साथ कठिन भागों को सरलता से पठनीय बनाना है जिसमें न केवल कठिन मुद्दों की व्याख्या की जायगी बल्कि इस विषय के अध्ययन में और अधिक रुचि पैदा करने में प्रोत्साहन मिलेगा।

आशा है कि इस पुस्तक में प्रस्तुत योगों के विवेचन से इस विषय पर आगे बढ़ने में पाठकों को प्रोत्साहन मिलेगा।

बंगलौर
२१ जनवरी, १९४७

बी० वी० रमन

विषय-सूची

अध्याय १

सामान्य प्रस्तावना

इस पुस्तक का उद्देश्य मेरे पाठकों के समक्ष ग्रहों के तीन सौ महत्त्वपूर्ण योगों को प्रस्तुत करना है, जिनमें भाग्य, दुर्भाग्य, मृत्यु और विभिन्न शारीरिक तथा मानसिक चिन्ताओं और हर्ष, वित्तीय कष्ट, सफलता, असफलता आदि सभी मानव जीवन की घटनाओं की एक व्यापक सूची शामिल की गई हैं। मनुष्य अपनी जीवनवृत्ति तथा अपने प्रियजनों के जीवन के बारे में सभी बातें जानना चाहता है। इन तीन सौ योगों में जीवन की घटनाओं के अनेक प्रकारों को शामिल किया गया है और इन घटनाओं की पूर्व जानकारी से उसे काफी लाभ होगा जिससे वह न केवल समय समय पर ग्रहों द्वारा दिये बुरे संकेतों को टालने का उपाय करेगा बल्कि जहाँ उपाय प्रभावकारी नहीं होता है वहां परिस्थिति के साथ समझौता भी कर सकेगा।

मानव जीवन को दो मुख्य भागों में बांटा जाता है—योग और अरिष्ट अथवा भाग्य और दुर्भाग्य। योग में प्रत्येक क्षेत्र में सफलता शामिल है—व्यक्तित्व, राजनीति में सफलता, वित्तीय लाभ, अच्छी शिक्षा, मानसिक वल, शारीरिक और मानसिक स्वास्थ्य, उत्तम पत्नी, कर्तव्यपरायण पुत्र, हमदर्द मित्र और सम्बन्धी, सही आचरण और आनन्द तथा मनोरंजन के अन्य साधन जिन्हें समान्यतः सौभाग्य के नाम से जाना जाता है।

अरिष्ट या दुर्भाग्य में दुख, चिन्ता, कष्ट, कुमार्ग, शारीरिक और मानसिक चिन्ता जैसे खराब स्वास्थ्य, शारीरिक और मानसिक विकृतियाँ, धन की हानि, कुरूप और बुरे बच्चे, झगड़ालू पत्नी, घृणास्पद सम्बन्धी और मित्र, बुरे मिजाज, पापी स्वभाव आदि जीवन के अन्य अप्रसन्नता के सभी प्रकार और साधन शामिल होते हैं जिसे बुरे या दुर्भाग्य के नाम से जाना जाता है। अतः ये तीन सौ योग विशेषकर ज्योतिष के पाठकों और विद्यार्थियों के लिए लाभप्रद होंगे, जहाँ आवश्यक है वहां हम व्याख्या और टिप्पणी देने के प्रयास करेंगे ताकि योगों का अर्थ स्पष्ट हो सके।

सामान्य अभ्युक्तियाँ

मैं इस पुस्तक में बारह भावों के सम्बन्ध में तीन सौ महत्त्वपूर्ण योगों का वर्णन कर रहा हूँ जो जन्मकुण्डलियों में कतिपय निश्चित संकेत देंगे और ज्योतिष की पुस्तकों में दिये गये सामान्य योगों से भिन्न होंगे। योग शब्द को परिभाषित करना प्रायः कठिन है। योग का अर्थ संयोजन है परन्तु साधारण अर्थ में योग का अर्थ एक निश्चित

या विशेष संयोजन है जिससे जन्म कुण्डली को बल प्राप्त होता है या इसमें से सजीवता को दूर कर देता है।

यदि आप ज्योतिष पर मानक पुस्तकों को पढ़ेंगे तो आप पायेंगे कि प्रत्येक लग्न के कुछ ग्रह होते हैं जो योग कारक होते हैं। इस पुस्तक में विशेष योगों के विवरण में हमें इस प्रकार के ग्रहों से कोई सम्बन्ध नहीं है। पुनः केन्द्र तथा त्रिकोण के अधिपतियों के योग से राजयोग बनता है। इस योग के साथ हमारा सम्बन्ध उसी सीमा तक है जिससे कतिपय विशेष योगों में आशोधन होता है। उदाहरण के लिये निम्नलिखित जन्मकुण्डली देखें।

केन्द्र में चन्द्रमा और बृहस्पति के स्थित होने के कारण गजकेसरी योग बनता है। चन्द्रमा और बृहस्पति जिनके संयोजन से यह योग बनता है वे क्रमशः छठे और ११ वें भाव के अधिपति हैं। फलस्वरूप वे इतने शुभ नहीं हैं जैसा कि यदि वे चौथे या नवें भाव के स्वामी होने पर होते। दूसरे शब्दों में स्वामित्व के कारण बुरे प्रभाव में गजकेसरी के बल में कुछ सीमा तक कमी हुई है। किसी योग की व्याख्या करने की पद्धति क्या है और फल कब और किस प्रकार के होंगे, आइये इस महत्त्वपूर्ण प्रश्न का उत्तर देने का प्रयास करें।

योग का बल

एक से अधिक ग्रहों द्वारा योग बनता है। किसी भी ग्रहों का स्वभाव तीन प्रकार का होता हैं अर्थात् सौम्य, क्रूर और तटस्थ। नैसर्गिक वर्गीकरण के अनुसार बृहस्पति, शुक्र, उत्तम प्रभाव में बुध और बली चन्द्रमा ये सौम्य होते हैं और सूर्य, मंगल, शनि, बुरे प्रभाव में बुध और क्षीण चन्द्रमा ये क्रूर होते हैं। किन्तु इस पुस्तक में जब तक अन्यथा कुछ न कहा जाय तब तक सौम्य और क्रूर का अर्थ सौम्य अधिपति और क्रूर अधिपति है। सौम्य या सौम्य अधिपति निम्नलिखित होते हैं—(१) लग्नाधिपति (२) पंचमाधिपति और नवमाधिपति (३) केन्द्राधिपति जब वे नैसर्गिक क्रूर हों। क्रूर ग्रह निम्नलिखित हैं (१) तृतीयेश, षष्ठेश और एकादशेश और (२) केन्द्राधिपति जब वे नैसर्गिक सौम्य हों।

दूसरे और १२ वें भाव के अधिपति को तटस्थ माना जा सकता है क्योंकि वे

अपनी अन्य युक्ति के अनुसार अच्छे या बुरे फल देते हैं। जातक चन्द्रिका के अनुसार ८ वें भाव का अधिपति क्रूर होता है किन्तु सभी व्यावहारिक प्रयोजनों के लिए उसे तटस्थ माना जाता है। अतः उपरोक्त का निम्न प्रकार से वर्गीकरण किया जा सकता है—

सौम्य—लग्नाधिपति, पंचमाधिपति और नवमाधिपति, ४, ७ और १० वें भाव के अधिपति यदि वे नैसर्गिक क्रूर ग्रह हों।

क्रूर—३, ६ और ११ वें भाव के अधिपति, ४, ७ और १० वें भाव के अधिपटि यदि वे नैसर्गिक सौम्य हों।

तटस्थ—२, ८ और १२ वें भाव के अधिपति। वास्तव में अष्टमाधिपति को बुरा माना जाता है जब तक कि वह सूर्य या चन्द्रमा न हो। हम विवाद का परिहार करेंगे और यह मान लेंगे कि योग का विवेचन करने के लिए अष्टमाधिपति तटस्थ होता है।

यहां पर एक टिप्पणी देनी होगी।

सौम्य, क्रूर और तटस्थ की उपरोक्त सूची में हमने दोहरे स्वामित्व के कारण प्रभाव को पूरी तरह छोड़ दिया है। इस प्रकार कुम्भ के लिए १० वें भाव-केन्द्र का अधिपति मंगल उत्तम। इसके अतिरिक्त वह १० वें भाव के साथ साथ तीसरे भाव का भी अधिपति है जो खराब है। दूसरे शब्दों में नैसर्गिक क्रूर ग्रह मंगल केन्द्र भाव का अधिपति होकर तीसरे भाव के स्वामित्व द्वारा प्रभावित हो जाता है। यह देखने में आयेगा कि सूर्य और चन्द्रमा को छोड़कर अन्य सभी ग्रह दो भावों के अधिपति होते हैं। अतः कोई ग्रह शुभ है या अशुभ है, इसका निर्णय दोनों ही भावों के स्वामित्व को हिसाब में लेकर किया जा सकता है। किसी भाव का अधिपति दो तथ्यों से प्रभावित होता है अर्थात् (१) अन्य स्वामित्व और (२) युक्ति। विभिन्न लग्नों के सम्बन्ध में अन्य स्वामित्व में अन्तर हो जाता है। जब लग्न में मीन राशि हो तो मंगल दूसरे और नवें भावों का अधिपति होता है, जब यदि लग्न भाव में मेष राशि हो तो वह प्रथम और अष्टम भावों का अधिपति होता है। इस प्रकार सौम्य और क्रूर अधिपतियों का निर्णय करते समय लग्न अति महत्त्वपूर्ण होता है।

अब हम विभिन्न ग्रहों के स्वभाव पर चर्चा करेंगे—

सूर्य—१, ४, ७, १०, ५ और ९वें भावों के अधिपति के रूप में सौम्य होता है जो सिंह, वृषभ, कुम्भ, वृश्चिक, मेष और धन लग्न के मामले में संभव होता है। वह २, १२, ८ वें भावों के अधिपति के रूप में तटस्थ होता है जो कर्क, कन्या और मकर लग्न में संभव होता है। वह ३, ६ और ११ वें भावों के अधिपति के रूप में अशुभ होता है जो मिथुन, मीन और तुला लग्न में संभव होता है।

चन्द्रमा—चन्द्रमा १, ५ और ९ वें भावों के अधिपति के रूप में सौम्य होता है जो कर्क, मीन और वृश्चिक लग्न में संभव होता है। वह २, १२ और ८ वें भावों के रूप में तटस्थ होता है जो मिथुन, सिंह और धनु लग्न में संभव होता है और ३, ६, ११, ४, ७ और १० वें भावों के रूप में अशुभ होता है जो वृषभ, कुम्भ, कन्या, मेष, मकर और तुला लग्न में संभव होता है।

मंगल—मंगल १, और ८ (मेष), २ और ७ (तुला) २ और ९ (मीन) ३ और १० (कुम्भ), ४ और ९ (सिंह) ५ और १० (कर्क), ५ और १२ (धनु) और ७ और १२ (वृषभ) के अधिपति के रूप में सौम्य होता है।

यहां पर हमने दूसरे भाव के स्वामित्व के कारण संशोधित प्रभाव को हिसाब में लिया है। अतः यदि आप धनु को लें तो मंगल त्रिकोण भाव ५ के अधिपति के रूप में सौम्य है और १२ वें भाव के अधिपति के रूप में तटस्थ है। किन्तु उसका त्रिकोणीय स्वामित्व इतना प्रबल होता है कि वह १२ वें भाव के स्वामित्व को काबू कर लेता है जिससे वह सौम्य हो जाता है।

मंगल १ और ६ (वृश्चिक) के अधिपति के रूप में तटस्थ और ३ और ४ (कन्या), ४ और ११ (मकर) और ७ (मिथुन) वें भावों के अधिपति के रूप में अशुभ होता है।

बुध—बुध २ और ५ (वृषभ), ९ और ६ (मकर) ९ और १२ (तुला) भावों के अधिपति के रूप में सौम्य, १ और ४ (मिथुन), १ और १० (कन्या) ५ और ४ (कुम्भ) के अधिपति के रूप में तटस्थ, ३ और १२ (कर्क), ४ और ७ (मीन), ७ और १० (धनु). ८ और ११ (वृश्चिक), २ और ११ (सिंह) ३ और ६ (मेष) के अधिपति के रूप में अशुभ होता है।

बृहस्पति—बृहस्पति २ और ५ (वृश्चिक), ६ और ९ (कर्क) ९ और १२ (मेष) के अधिपति के रूप में शुभ, १ और ४ (धनु), और १० (मीन) ५ और ८ (सिंह) के अधिपति के रूप में तटस्थ, २ और ११ (कुम्भ), ३ और ६ (तुला), ३ और १२ (मकर) ४ और ७ (कन्या), ७ और १० (मिथुन) ८ और ११ (वृषभ) के अधिपति के रूप में अशुभ होता है।

शुक्र—शुक्र १ और ८ (तुला), २ और ९ (कन्या), ४ और ९ (कुम्भ) ५ और १० (मकर) ५ और १२ (मिथुन) के अधिपति के रूप में तटस्थ, २ और ७ (मेष), ३ और ८ (मीन), ३ और १० (सिंह), ४ और ११ (कर्क) ६ और ११ (धनु) ७ और १२ (वृश्चिक) के अधिपति के रूप में अशुभ होता है।

शनि—शनि १ और २ (मकर), १ और १२ (कुम्भ), ४ और ५ (तुला) २ और

१० (वृषभ) के अधिपति के रूप में शुभ, ३ और ४ (वृश्चिक), ५ और ६ (कन्या), ६ और ७ (सिंह) ७ और ८ (कर्क) के अधिपति के रूप तटस्थ, २ और ३ (धनु) ११ और १२ (मीन), ८ और ६ (मिथुन) १० और ११ (मेष) के अधिपति के रूप में अशुभ होता है।

इस सूची की सहायता से किसी जन्म कुण्डली के लिए शुभ और अशुभ ग्रहों को आसानी से सुनिश्चित किया जा सकता है, (नैसर्गिक वर्गीकरण के अनुसार शुभ और अशुभ ग्रहों के साथ इसका भ्रम नहीं करें)।

उदाहरण स्वरूप: इस जन्म कुण्डली में लग्न कुम्भ है और निम्नलिखित ग्रह शुभ, तटस्थ और अशुभ हैं।

सौम्य—सूर्य (सप्तमाधिपति), मंगल (३ और ४ का अधिपति), शुक्र (४ और ९ का अधिपति और शनि (१ और १२ का अधिपति)।

तटस्थ—बुध (५ और ८ का अधिपति)।

अशुभ—चन्द्रमा (षष्ठेश) और बृहस्पति (२ और ११ का अधिपति)।

योग की व्याख्या

योग की उचित व्याख्या करने से पहले विभिन्न ग्रहों के बलों पर ध्यान देना चाहिये। ग्रहों का बल सुनिश्चित करने की दो पद्धतियां हैं जिन्हें हम "सन्निकट" और "यथार्थ" की उपाधि दे सकते हैं। यथार्थ पद्धति वह है जिसका वर्णन मेरी "ग्रह और भाव बल" नामक पुस्तक में किया गया है, जिससे ग्रहों के बलाबल के छः स्रोतों की गणना की जा सकती है। अधिकतर पाठक संभवतः षड्बल की संगणना में कठिनाई महसूस कर सकते हैं जिससे उन्हें योग की व्याख्या करने के लिये "सन्निकट" पद्धति पर निर्भर करना पड़ सकता है। इसमें सप्तवर्ग बल सुनिश्चित करना शामिल है जिसका मेरी "ग्रह और भाव बल" नामक पुस्तक में पूरा वर्णन किया गया है जिस पर यहां चर्चा करने की आवश्यकता नहीं है। विशेष रूप से यह ध्यान रखना चाहिये कि यथार्थ पद्धति लागू करने में बिल्कुल असमर्थ होने की अवस्था में ही "सन्निकट" पद्धति का सहारा लेना चाहिए। सप्तवर्ग बल का अर्थ वह बल है जो एक ग्रह मित्र, तटस्थ

या शत्रु राशि, होरा, द्रेष्काण, सप्तांश, नवांश, द्वादशांश और त्रिशांश में स्थित होने के कारण प्राप्त करता है। एक आपत्ति उठाई जा सकती है कि यदि "सन्निकट" पद्धति के अनुसार एक ग्रह प्रबल स्थिति में है और सादबल पद्धति के अनुसार निर्बल है तो किसे अपनाना चाहिये। इसका उत्तर यह है कि सदा सादबलपद्धति को अपनाना चाहिए। ग्रहों के इस प्रकार के बल को हम 'जन्मजात बल' कहते हैं। दूसरा काम यह सुनिश्चित करना है कि आवासीय बल को क्या कहेंगे जिससे फलों की एक प्रतिशतता प्रकट होती है जो किसी भाव में स्थित होने के कारण एक ग्रह देने में सक्षम है। इसमें भाव (भाव का देशान्तर), भाव संधि (संधिस्थान) और भाव का विस्तार निर्धारित करना आवश्यक है। इन विवरणों को सुनिश्चित करने में शामिल सभी प्रक्रियाएँ मेरी "हिन्दू ज्योतिष की नियम पुस्तक" में दी गयी हैं। इस प्रकार योग की व्याख्या के लिये हमें निम्नलिखित विवरणों की आवश्यकता होगी :

१. जन्म कुण्डली में शुभ और अशुभ अधिपति।
२. ग्रहों के जन्मजात बल।
३. ग्रहों के आवासीय बल।

योग कम से कम दो ग्रहों द्वारा बनता है। यह सुनिश्चित करें कि योग बनाने वाले ग्रह शुभ अधिपति हैं या अशुभ अधिपति हैं, यदि शुभ हैं तो उन्हें एक बल का यूनिट प्राप्त होता है, यदि अशुभ हैं तो बल का यूनिट विपरीत जाता है। यह सुनिश्चित करें कि योग बनाने वाले दो ग्रह अन्य शुभ या अशुभ अधिपति के साथ युक्त या उससे दृष्ट हैं। शुभ दृष्टि या युक्ति के लिए एक यूनिट दें और अशुभ युक्ति या दृष्टि के लिए एक यूनिट कम हो जायेगी। यह भी देखें कि योग कारक ग्रह उच्च का है या नीच का, मित्र भाव में है या शत्रु भाव में और इसके लिये एक यूनिट जोड़ें या घटाएँ। संक्षेप में बल के पक्ष में यूनिट इस प्रकार होगी :

(क)	यदि योग कारक शुभ अधिपति है	१ यूनिट
(ख)	यदि योग कारक शुभ अधिपति के साथ है	१ यूनिट
(ग)	यदि योगकारक पर शुभ अधिपति की दृष्टि है	१ यूनिट
(घ)	यदि योगकारक उच्च का है या मित्र राशि का है	१ यूनिट

और नकारात्मक बल की यूनिटें इस प्रकार होंगी—

(क)	यदि योगकारक अशुभ अधिपति है	१ यूनिट
(ख)	यदि योगकारक अशुभ अधिपति के साथ है	१ यूनिट
(ग)	यदि योगकारक पर अशुभ अधिपति की दृष्टि है	१ यूनिट
(घ)	यदि योग कारक नीच का या शत्रु राशि में है	१ यूनिट

यदि सकारात्मक यूनिटों की प्रधानता है तो शुभ योग के सम्बन्ध में योगकारक मुख्यत: शुभ फल देगा; और यदि नकारात्मक यूनिटों की प्रधानता हो तो शुभ योग के सम्बन्ध में वह बुरा फल नहीं देगा। योग बनाने वाले दो ग्रहों में से जिस ग्रह का जन्मजात बल अधिक होता है वह ग्रह अपनी दशा के दौरान योग के संकेतों से अधिक से अधिक फल देगा। जब कि जिस ग्रह का सादबल कम होता है वह भुक्ति के दौरान कम सीमा तक फल देगा। योग के फलों का स्वरूप उस भाव के स्वभाव के अनुरूप होता है जिसमें योग बनता है अथवा योग का जिस प्रकार के फल से सम्बन्ध होता है और योग कारक के आवासीय बल पर फलों की सीमा निर्भर करती है। विवेचन की उपरोक्त पद्धति का मेरे द्वारा विकास किया गया है और इसे मेरे द्वारा लागू किया जाता है और इस पद्धति का मूल आधार ज्योतिष की मानक पुस्तकों से लिया गया है। उचित उदाहरण द्वारा उपरोक्त को स्पष्ट करने की कोशिश की जा रही है।

कुण्डली सं० १

जन्म तारीख ८–८–१९१२ जन्म समय ७–३५ बजे संध्या (आई. एस. टी.)

अक्षांस १३° उत्तर, देशा० ७७° ३४′ पूर्व

राशि

नवांश

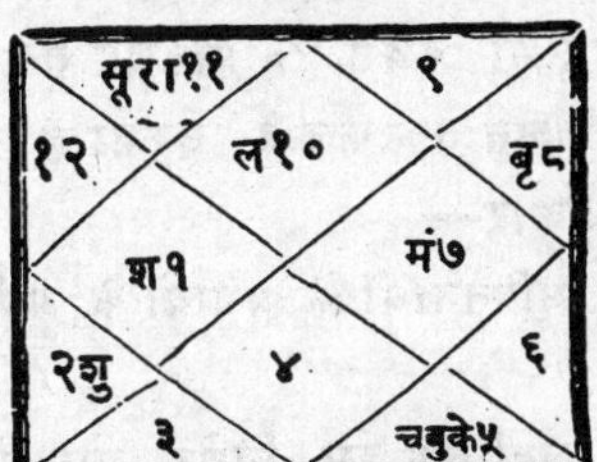

जन्मजात बल

सूर्य ६ २
चन्द्रमा ८·९
मंगल ६·४
बुध ६·३
बृहस्पति ६·९
शुक्र ५·०
शनि ६·८

आवासीय बल

सूर्य २४ प्रतिशत
चन्द्रमा ४० प्रतिशत
मंगल ३१ प्रतिशत
बुध ८० प्रतिशत
बृहस्पति ९० प्रतिशत
शुक्र ३७ प्रतिशत
शनि ९५ प्रतिशत

शुभ और अशुभ—चूंकि लग्न भाव में कुम्भ राशि है अत: शुक्र, सूर्य, शनि और मंगल शुभ हैं; बुध तटस्थ है; और बृहस्पति तथा चन्द्रमा अशुभ हैं। चन्द्रमा और बृहस्पति के परस्पर केन्द्र में स्थित होने के कारण गजकेसरी योग बनता है।

योग कारक ग्रह—गजकेसरी योग बनाने वाले ग्रह चन्द्रमा और बृहस्पति हैं।

चन्द्रमा अशुभ अधिपति है	−१ यूनिट
चन्द्रमा शुभ अधिपति शनि से युक्त है	+१ यूनिट
चन्द्रमा उच्च का है	+१ यूनिट
चन्द्रमा का दृष्टि बल	−½ यूनिट
	जोड़ ½ यूनिट
बृहस्पति अशुभ अधिपति है	−१ यूनिट
बृहस्पति मित्र राशि में है	+१ यूनिट
बृहस्पति शुभ अधिपति शनि से दृष्ट है	+१ यूनिट
मंगल एक शुभ अधिपति और अन्य से दुष्ट है	+१¼ यूनिट
	२¼ यूनिट

इस प्रकार चन्द्रमा शुभ है और बृहस्पति और अधिक शुभ है। चन्द्रमा का सादबल बृहस्पति से अधिक हैं। अतः चन्द्रमा चौथे भाव से सम्बन्धित योग का अधिक फल देगा, जब कि बृहस्पति १०वें भाव से सम्बन्धित फल देगा। जातक के जीवन में चन्द्रमा की दशा नहीं आई अतः चन्द्रमा इस योग का फल केवल भुक्ति नाथ के रूप में दे सकता है और वह भी केवल ४० प्रतिशत तक। दूसरी ओर बृहस्पति १०वें भाव के सम्बन्ध में ९० प्रतिशत तक फल दे सकता है और दूसरे तथा ११वे भाव का फल देता है।

इस प्रकार—

१. भुक्तिनाथों के प्रभावों के अधीन रहकर बृहस्पति की दशा में योग का फल मिलेगा।

२. जहाँ तक इस विशेष योग का सम्बन्ध है बृहस्पति की दशा में चन्द्रमा की भुक्ति उत्तम रहेगी किन्तु चूंकि चन्द्रमा ४ थे भाव का केवल ४०% फल देगा। अतः इसे अधिक महत्त्व देने की आवश्यकता नहीं है।

३. सभी दशाओं में चन्द्रमा की भुक्ति के दौरान कुछ ही अनुपात में फल मिलेगा।

४. सभी दशाओं में बृहस्पति की भुक्ति के दौरान इस योग के फल का अनुपात उत्तम रहेगा किन्तु यह उन दशानाथों की स्थिति पर निर्भर करेगा जिनके भीतर बृहस्पति भुक्तिनाथ के रूप में आता है।

उपर बताई गई पद्धति का अध्ययन करना चाहिये और उसे सावधानी पूर्वक लागू करना चाहिये। पाठकों के समक्ष इसका उल्लेख इस विचार से किया गया है कि वे इसमें आगे अनुसंधान करेंगे। इस सिद्धान्त का और विस्तार करने पर इसमें संदेह नहीं कि किसी भी प्रकार के योग का विवेचन करना सम्भव हो सकेगा।

नीचे योगों का वर्णन करने में किसी विशेष क्रम का पालन नहीं किया गया है बल्कि केवल उन्हीं योगों (जिनमें से अधिकतर बहुत कम पाये जाते हैं) को लिया गया है जो जन्म कुण्डलियों में सामान्य होते हैं और जिन्हें ज्योतिष के विद्यार्थियों द्वारा आसानी से आंका जा सकता है ।

१. गजकेसरी योग

परिभाषा—यदि चन्द्रमा से केन्द्र में बृहस्पति हो तो गजकेसरी योग बनता है ।

फल—जातक के सम्बन्धी अनेक होंगे, वह नम्र और उदार स्वभाव का होगा । वह गाँव या शहर का निर्माण करेगा या उनके ऊपर शासन करेगा; मृत्यु के बाद भी उसकी प्रसिद्धि बनेगी ।

अभ्युक्तियाँ—यहाँ और अन्यत्र फलों की प्राप्ति में काफी अन्तर की व्याख्या कर देनी चाहिये । मूल लेखक कहते हैं कि इस योग में उत्पन्न व्यक्ति गाँव या शहरों का निर्माण करेगा । इन फलों की शाब्दिक व्याख्या से किसी निष्कर्ष पर नहीं पहुंचा जा सकता । उन्हें आधुनिक स्थिति और देश के अनुसार अपनाना चाहिए । इस योग में उत्पन्न व्यक्ति नगर पालिका का सदस्य बन सकता है, इंजीनियर बन सकता है या यदि योग वास्तव में प्रबल है तो मेयर बन सकता है । किसी योग के निर्धारित फल में योगकारक के बली और निर्बल होने के अनुसार संशोधन करना चाहिये । गाँव से जिला में मजिस्ट्रेट होते हैं और उनके अलग-अलग अधिकार होते हैं । एक छोटे से पुण्य स्मारक के निर्माण और बड़े मन्दिर के निर्माण में काफी अन्तर है । योग दिया जाता है किन्तु ग्रहों, भावों और नक्षत्रों के बल के अनुसार योग के फलों में अन्तर हो जाता है । हम नीचे दो विशिष्ट कुण्डली पर विचार करेंगे जो गजकेसरी योग में अलग-अलग फल के उदाहरण हैं ।

कुण्डली सं० २

जन्म तारीख १३-८-१८९४ जन्म समय २-३० बजे संध्या (स्थान० समय)

अक्षांस २३° उत्तर, देशान्तर ७५° पूर्व

राशि

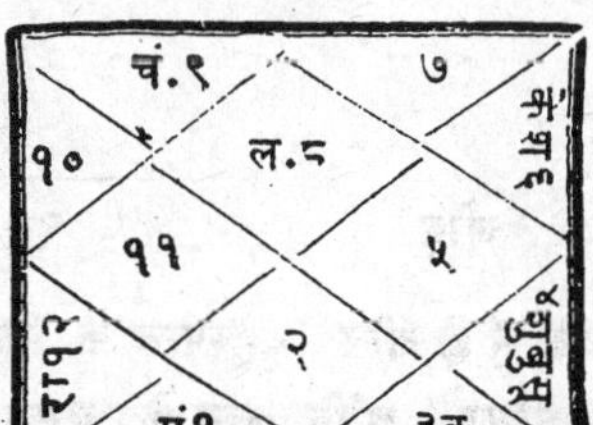

नवांश

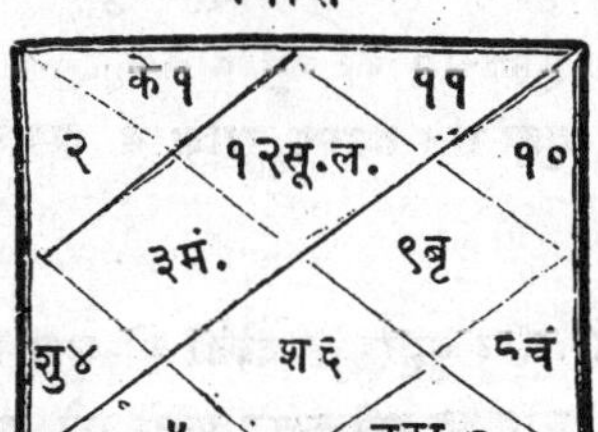

शुक्र की दशाशेष—२ वर्ष ४ महीने २४ दिन

कुण्डली सं० ३

जन्म तारीख ९-८-१९११ जन्म समय ६'७ बजे प्रातः (आई एस टी)

आक्षांस २९° १' उत्तर, देशान्तर ७७° ४' पूर्व

राशि

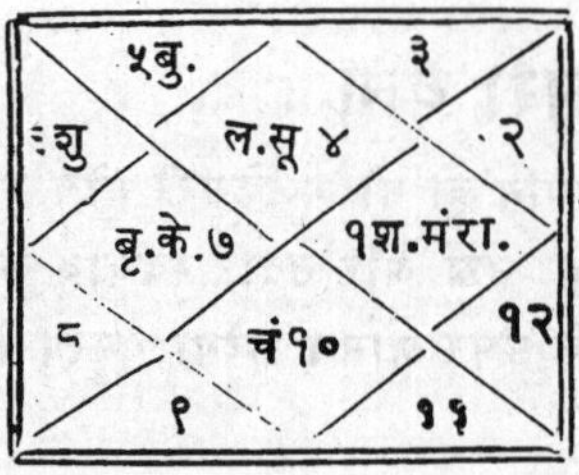

नवांश

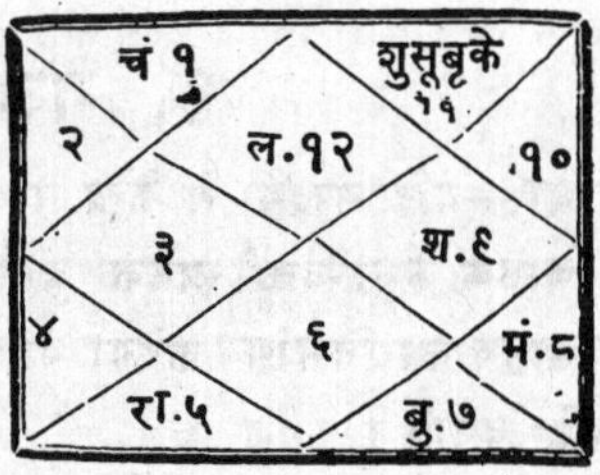

चन्द्रमा की दशा शेष—४ वर्ष ८ महीने २ दिन

ऊपर दो जन्म कुण्डलियां दी गई हैं जो गजकेसरी योग के उदाहरण हैं।

कुण्डली संख्या २—योग कारक बृहस्पति और चन्द्रमा हैं। लग्न वृश्चिक है अतः चन्द्रमा, सूर्य और बृहस्पति शुभ अधिपति हैं। बुध और शुक्र अशुभ तथा मंगल और शनि तटस्थ अधिपति हैं।

चन्द्रमा—

(क)	चन्द्रमा एक शुभ अधिपति है	१ यूनिट
(ख)	चन्द्रमा मित्र राशि में स्थित है	१ ,,
(ग)	चन्द्रमा का दृष्टि बल	५/८ ,,
(घ)	चन्द्रमा किसी ग्रह से युक्त नहीं है	० ,,
	जोड़	२ ५/८ यूनिट

बृहस्पति—

(क)	बृहस्पति एक शुभ अधिपति है	१ यूनिट
(ख)	बृहस्पति किसी ग्रह से युक्त नहीं है	० ,,
(ग)	बृहस्पति का दृष्टि बल	१ ,,
(घ)	बृहस्पति तटस्थ राशि में स्थित है	३/४ ,,
	जोड़	२ ३/४ यूनिट

चन्द्रमा और बृहस्पति दोनों ही शुभ स्थिति में हैं और बृहस्पति के यूनिट अधिक हैं अतः वह योग के अधिकतर फलों को पूरा करेगा। चूंकि जन्म के समय जातक को शुक्र की दशा (लगभग २ वर्ष) मिली थी अतः अपनी दशा में चन्द्रमा ने कुछ सीमा तक

योग का फल दिया (८ से १८ वर्ष की आयु) जबकि योग के अधिक भाग का फल (विशेष कर वित्त और भाग्य के बारे में) बृहस्पति की दशा में मिलेगा जो ४३ वर्ष की आयु में आरम्भ होगी। फलों की सीमा आवासीय बल पर निर्भर करती है।

कुण्डली संख्या ३—लग्न में कर्क राशि है। अतः शुभ ग्रह मंगल और बृहस्पति हैं; अशुभ ग्रह शुक्र और बुध तथा तटस्थ ग्रह सूर्य, चन्द्रमा और शनि है।

चन्द्रमा—

(क)	चन्द्रमा तटस्थ है	$\frac{1}{2}$ यूनिट
(ख)	चन्द्रमा किसी ग्रह से युक्त नहीं है	० ,,
(ग)	चन्द्रमा का दृष्टि बल	$\frac{3}{4}$,,
(घ)	चन्द्रमा शत्रु राशि में है	−1 ,,
	जोड़	$\frac{1}{4}$ यूनिट

बृहस्पति—

(क)	बृहस्पति शुभ अधिपति है	१ यूनिट
(ख)	बृहस्पति केतु के साथ है	−1 ,,
(ग)	बृहस्पति का दृष्टि बल	$1\frac{1}{8}$,,
(घ)	बृहस्पति शत्रु राशि में है	− १ ,,
	जोड़	$\frac{1}{8}$ यूनिट

बृहस्पति और चन्द्रमा क्षीण रूप से बली हैं। बृहस्पति की अपेक्षा चन्द्रमा योग का अधिक फल देगा। चन्द्रमा दशानाथ के रूप में और विशेषकर बृहस्पति की दशा में भुक्ति नाथ के रूप में फलों के अपने अंश को पूरा करेगा। यदि दोनों ग्रहों द्वारा प्राप्त बल की सकारात्मक और नकारात्मक यूनिटें बराबर हों तो योग निष्प्रभावी हो जाता है।

२. सुनफा योग

परिभाषा—यदि चन्द्रमा से दूसरे भाव में ग्रह हों (सूर्य को छोड़कर) तो सुनफा योग बनता है।

फल—जातक के पास स्वअर्जित सम्पत्ति होगी। वह राजा, शासक या उसके समतुल्य, तेज बुद्धि वाला, धनी और प्रसिद्ध होगा।

अभ्युक्तियां—इस योग में और निम्नलिखित दो योगों में चन्द्रमा का काफी महत्त्वपूर्ण हाथ होता है। दूसरे भाव में सूर्य के सिवाय ग्रहों का होना आवश्यक हैं।

दूसरे भाव में मंगल, बुध, वृहस्पति, शुक्र और शनि अकेले या एक साथ हो सकते हैं। पुनः इस योग का स्वरूप मुख्यतः दूसरे भाव में स्थित अधिपतियों के स्वभाव पर अधिक सीमा तक निर्भर करता है। इस प्रकार मान लिया जाय कि चन्द्रमा वृषभ राशि में है और बुध, वृहस्पति और शुक्र दूसरे भाव में हैं। यह एक प्रबल सुनफा योग है जो काफी धन देता है। इस मामले में यदि लग्न भाव में सिंह राशि हो तो इस योग की गहनता और अधिक होगी क्योंकि योग का सम्बन्ध १० वें और ११ वें भावों से होगा। योग बनाने के लिए जिम्मेदार ग्रहों की दशा और भुक्ति में इस योग के फल प्राप्त होंगे।

कुण्डली संख्या ४

जन्म तारीख ३१-१०-१९१० जन्म समय १-२१-१३ बजे संध्या (स्था० समय)
अक्षांस १३° उत्तर, देशा० ७७′ ३४′ पूर्व

राशि

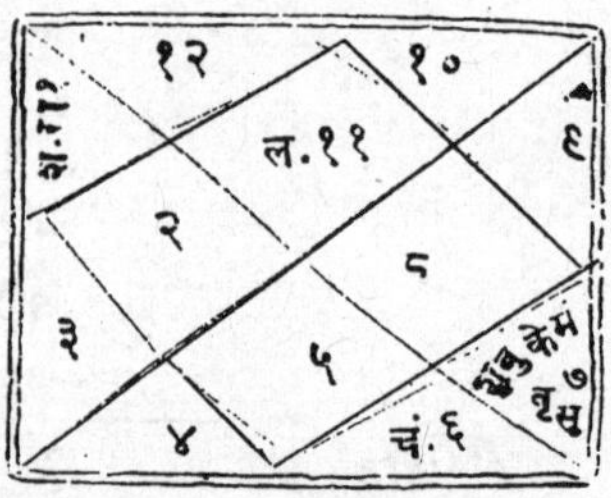

नवांश

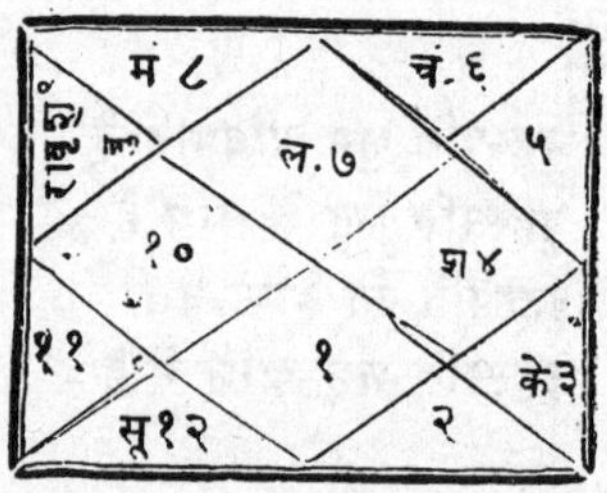

मंगल की दशा शेष—५ वर्ष ७ महीने १० दिन

कुण्डली संख्या ५

जन्म तारीख २८-५-१९०३ जन्म समय १-१९ बजे प्रातः (स्था० समय)
अक्षांस ९° उत्तर, देशा. ७७° ४२′ पूर्व

राशि

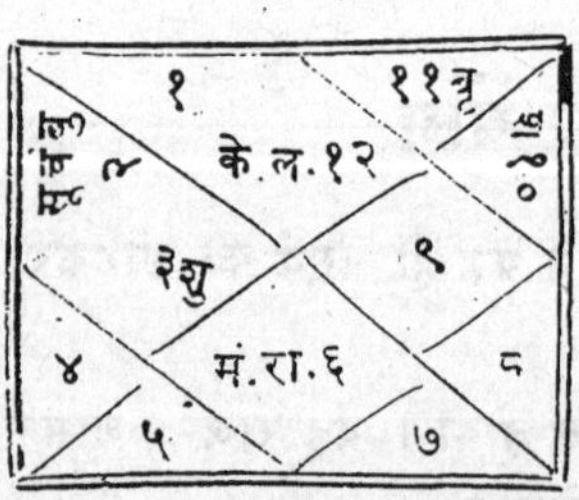

नवांश

मंगल की दशा शेष—५ वर्ष ३ महीने २५ दिन

कुण्डली सं० ४ एक अद्भुत कुण्डली है। चन्द्रमा से दूसरे भाव में पांच ग्रहों की स्थिति पर ध्यान दें जो सुनफा योग बनाते हैं। व्यावहारिक रूप से यह योग निष्क्रिय

है क्योंकि इस पर सभी बुरे प्रभाव हैं। सूर्य नीच का है और केतु के साथ तथा शनि और राहु से दृष्ट है। इस योग का कोई फल नहीं मिला है और जातक का कोई अस्तित्व नहीं है। कुण्डली संख्या ५ के साथ इसकी तुलना करें जिसमें सुनफा योग विद्यमान है क्योंकि शुक्र चन्द्रमा से दूसरे भाव में स्थित हैं। शुक्र चन्द्रमा से योग कारक है और उसके साथ सुनफा योग बनने के कारण जातक की वित्तीय स्थिति प्रबल हो गई है। यह ध्यान में रखें कि सुनफा योग का व्यक्ति की वित्तीय सम्पन्नता पर काफी प्रभाव होता है।

३. अनफा योग

परिभाषा—यदि चन्द्रमा से १२ वें भाव में ग्रह स्थित हो तो अनफा योग बनता है।

फल—जातक के अंग गठीले, मुखाकृति आकर्षक होती है। वह प्रसिद्ध होता है, वह नम्र, उदार, आत्मसम्मानी, कपड़ों तथा मनोरंजन का प्रेमी होता है, जीवन के अन्तिम काल में त्यागी और संन्यासी बनता है।

अभ्युक्तियाँ—अनफा योग में भी सूर्य को हिसाब में नहीं लिया जाता है। सुनफा के लिये दी गई अभ्युक्तियां कुछ अन्तर के साथ यहाँ भी लागू होती हैं।

कुण्डली संख्या ६

जन्म तारीख २०-८-१९०२ जन्म समय ११-३३ वजे प्रातः

अक्षांस ९° ५८′ उत्तर, देशान्तर ७८° १८′ पूर्व

राशि

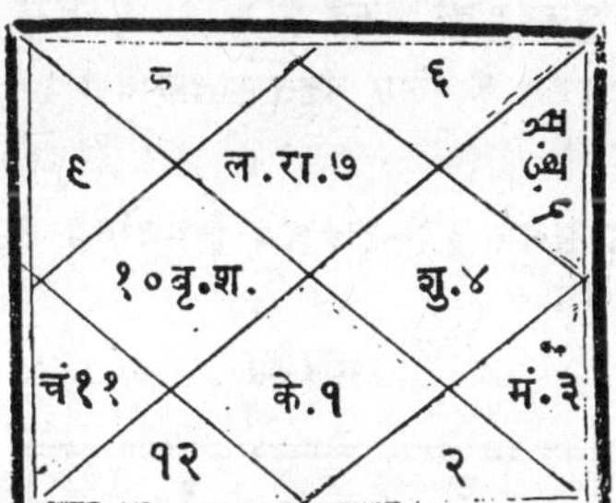

नवांश

राहु की दशा शेष—३ वर्ष ७ महीने २२ दिन

चन्द्रमा से १२ भाव में बृहस्पति और शनि स्थित होने के कारण अनफा योग बनता है। यह योग क्षीण है क्योंकि बृहस्पति नीच का है, यद्यपि नीच भंग है क्योंकि शनि लग्न से केन्द्र में स्थित है। इस योग के अपने हिस्से का फल शनि अपनी दशा में देगा। इस तथ्य को भी ध्यान में रखें कि १२ वें भाव का सम्बन्ध मोक्ष या त्याग से होता है। अतः जातक जीवन के आखिरी काल में सांसारिक वस्तुओं से विरक्त हो जायेगा।

४. दुरुधरा योग

परिभाषा—यदि चन्द्रमा के दोनों ओर ग्रह स्थित हों तो जो योग बनता है उसे दुरुधरा योग कहा जाता है।

फल—जातक सुन्दर होता है और उसके पास काफी धन और सवारियाँ होंगी।

अभ्युक्तियाँ—विभिन्न योगों के लिए विहित फल चाहे जो भी हो, एक महत्त्वपूर्ण सत्य उद्भूत होता है जो यह है कि जातक धन, शक्ति, नाम और प्रसिद्धि अलग-अलग श्रेणी में प्राप्त करता है। वास्तव में यह परिवराजा योग में लागू नहीं होता है। पाँच ग्रहों के परिवर्तन और संयोजन द्वारा अनेक प्रकार के सुनफा, अनफा और दुरुधरा योग बनते हैं और उनके फलों पर विशेष रूप से ध्यान देना चाहिए। यदि दूसरे में मंगल और १२वें में बुध हो तो एक प्रकार का दुरुधरा योग बनता है। इसी प्रकार १२वें में मंगल और दूसरे में बुध हो तो अन्य प्रकार का योग बनता है और दूसरे में बृहस्पति तथा १२वें में बुध हो तो एक और अन्य प्रकार का योग बनता है यद्यपि इन सबको दुरुधरा योग कहते हैं। इन परिवर्तनों में प्रत्येक संधि में अलग-अलग फल होता है। एक साधारण उदाहरण के रूप में मान लेते हैं कि दूसरे भाव में मकर राशि में मंगल है जहाँ वह उच्च का है और १२वें भाव में वृश्चिक में वृहस्पति अपनी मित्र राशि में है, अब दूसरे भाव में बृहस्पति (नीच) को लें और १२वें भाव में मंगल (स्वराशि) को लें, क्या दोनों ही मामलों में फल एक जैसा होगा? इन सभी परिवर्तनों का सावधानी पूर्वक विश्लेषण करना चाहिए। सुनफा के ३१ प्रकार हो सकते हैं और अनफा योग के भी इतने ही प्रकार हो सकते हैं और दुरुधरा योग के लगभग १८० प्रकार हो सकते हैं। अधिक विवरण के लिए बृहत्जातक देखें।

कुण्डली संख्या ७

जन्म तारीख ३१–३–१९१० जन्म समय ३२–१५ घं० (सूर्योदय के बाद)
अक्षांस ८° ४४′ उत्तर, देशा० ७७° ४४′ पूर्व

राशि

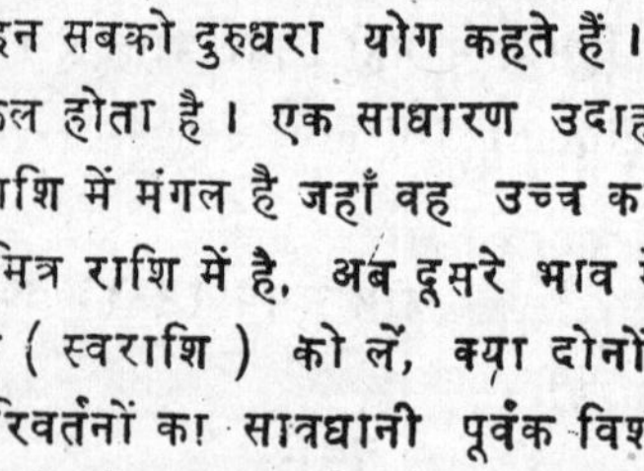

नवांश

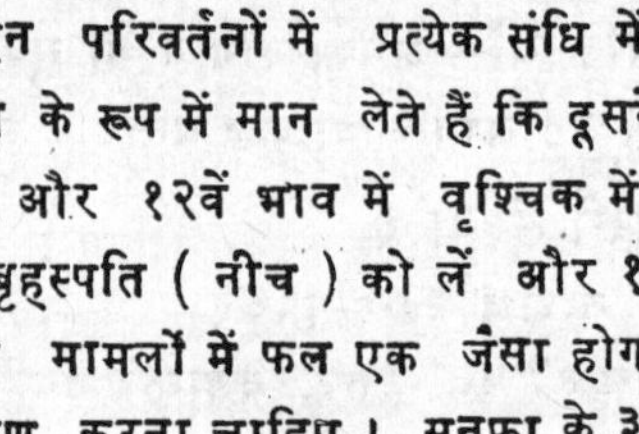

चन्द्रमा की दशा शेष—७ वर्ष ३ महीने २३ दिन

इस कुण्डली का दुरुधरा योग एक अद्भुत है। चन्द्रमा वृषभ राशि में उच्च का है, शनि उससे १२वें में है और शुक्र दूसरे में। चन्द्रमा से शनि योग कारक है। इस योग का सबसे अधिक फल शनि की दशा में और विशेषकर शुक्र की भुक्ति में प्राप्त होगा।

५. केमद्रुम योग

परिभाषा—यदि चन्द्रमा की दोनों ओर कोई ग्रह न हो तो केमद्रुम योग बनता है।

फल—जातक गन्दा, दुखी, अनुचित काम करने वाला, गरीब, दूसरे पर निर्भर, दुष्ट और ठग होगा।

अभ्युक्तियाँ—कुछ लेखकों का कहना है कि यदि जन्म लग्न या चन्द्रमा से केन्द्र में ग्रह हों या चन्द्रमा किसी ग्रह से युक्त हो तो केमद्रुम योग नहीं बनता। फिर भी कुछ अन्य लेखकों का मत है कि ये योग केन्द्र और नवांश से बनते हैं किन्तु यह मत सामान्यतः स्वीकार्य नहीं है। बराहमिहिर इस बात पर जोर देते हैं कि राजकीय परिवारों में पैदा होने वाले व्यक्तियों की कुण्डली में इस प्रकार के योग बनते हों तो उनके मामले में साधारण परिवारों में पैदा होने वाले व्यक्तियों की अपेक्षा अधिक दुर्भाग्य की भविष्यवाणी करनी चाहिए। दुःख का अर्थ शारीरिक तथा मानसिक दुःख होता है। मूलतः नीच शब्द का प्रयोग किया जाता है और इससे ऐसे कामों का सम्बन्ध होता है जो धर्म नैतिकता और सामाजिक व्यवस्था से मना है और इसे अपमानजनक माना जाता है।

कुण्डली सं० ८

जन्म तारीख २८-७-१८९६ जन्म समय—सूर्योदय के बाद १० घटी

अक्षांस १३° उत्तर, देशा० ७७° ३४′ पूर्व

राशि

नवांश

बृहस्पति की दशाशेष—१० वर्ष ९ महीने ४ दिन

कुण्डली सं० ८ केमद्रुम योग का एक विशेष उदाहरण है। चन्द्रमा की दोनों ओर कोई ग्रह नहीं है और लग्न या चन्द्रमा से केन्द्र में भी कोई ग्रह नहीं है।

कुण्डली सं० ९

जन्म तारीख २६-२-१९०८ जन्म समय २-५६ बजे प्रातः (स्था० समय)
अक्षांश १८° ५५′ उत्तर देशा० ७२° ५४′ पूर्व

राशि

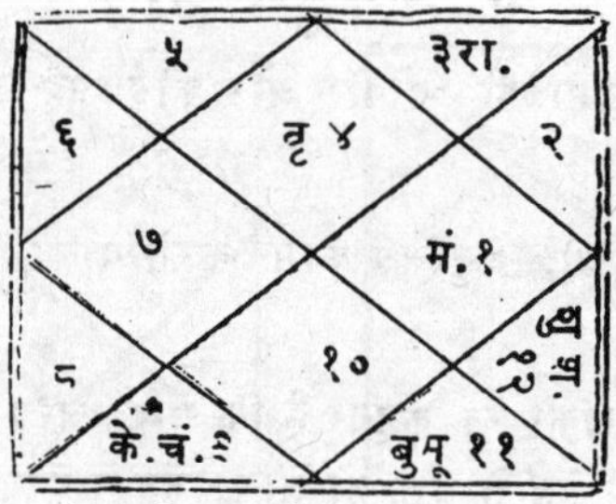

केतु की दशाशेष ६-३-१५

कुण्डली सं० ९ में आप देखेंगे कि इसमें केमद्रुम योग है क्यों कि चन्द्रमा की दोनों ओर के भाव खाली हैं, किन्तु केमद्रुम योग का स्पष्टतः भंग हो रहा है क्यों कि (क) चन्द्रमा से केन्द्र में ग्रह हैं और (ख) लग्न से केन्द्र में भी ग्रह हैं।

६. चन्द्र-मंगल योग

परिभाषा—यदि मंगल चन्द्रमा से सम्यानित (संयुक्त) हो तो यह योग बनता है।

फल—कदाचार साधनों से आय, स्त्रियों को बेचने वाला, मां के साथ रूखा और उसके तथा अन्य सम्बन्धियों के साथ दुर्व्यवहार करने वाला होगा।

अभ्युक्तियाँ—ऊपर दिये गये फल प्राचीन लेखकों के अनुसार हैं। इस विज्ञान के युग में प्राचीन विद्वानों के प्रति आदर भाव रखते हुए मैं यह कहना चाहता हूं कि किसी व्यक्ति की वित्तीय स्थिति सुदृढ़ बनाने में चन्द्र-मंगल योग का महत्त्वपूर्ण योगदान होता हैं। सामान्यतः आधुनिक युग में ठेका, शराब की दुकान, शराबखाना आदि जैसे व्यवसायों से आय होगी। जातक लोगों की मूल आवश्यकताएं पूरी करेगा परन्तु जब चन्द्रमा और मंगल उत्तम स्थिति में हों तो अन्य उचित माध्यमों से आय होगी। ऐसा कहा जाता है कि मंगल और चन्द्रमा की युति से यह योग बनता है किन्तु मैं महसूस करता हूं कि यदि चन्द्रमा और मंगल में परस्पर दृष्टि परिवर्तन हो तो भी यह योग बनता है। मान लें कि चन्द्रमा वृषभ में और मंगल वृश्चिक में है। चन्द्रमा कर्क में और मंगल मकर में है। यह उत्कृष्ट स्थिति होती है। इस योग से बहुत उत्तम फल होगा यदि यह योग २, ९, १० या ११वें भावों में बनता हो।

कुण्डली संख्या १०

जन्म तारीख २४–८–१८९० जन्म समय सूर्योदय के बाद ३७–१० घटी

अक्षांस १३° उत्तर, देशा० ७७° ३४′ पूर्व

राशि

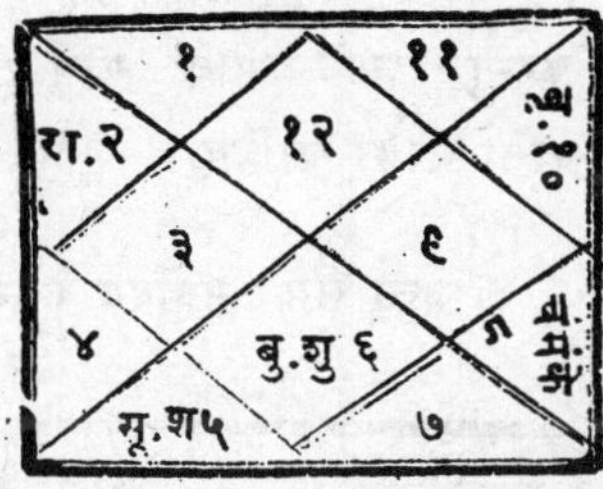

नवांश

बुध की दशाशेष—७ वर्ष ३महीने २४ दिन

कुण्डली सं० १० में लग्न से ९वें भाव वृश्चिक राशि में चन्द्र-मंगल योग बनता है। मंगल अपने ही भाव में है और चन्द्रमा नीच का है। चूँकि चन्द्रमा बली है और मंगल अपनी ही राशि में है अतः इस योग में कुछ बल है। मंगल की दशा सबसे अच्छी रहेगी।

जब विपरीत भावों में चन्द्र-मंगल योग बनता है तो जातक चरित्रहीन होता है और वह अपनी स्त्री, अपनी बहन को भी बेच सकता है और अपवित्र लेनदेनों से धन कमाता है।

७. अधियोग

परिभाषा—यदि चन्द्रमा से ६, ७ और १२वें भाव में शुभग्रह स्थित हो तो अधियोग बनता है।

फल—ऐसा व्यक्ति नम्र और विश्वासी होगा, उसका जीवन खुशहाल होगा, ऐश आराम की वस्तुओं से घिरा रहेगा, शत्रुओं पर विजयी होगा, स्वस्थ होगा और आयु लम्बी होगी।

अभ्युक्तियाँ—अधियोग एक महत्त्वपूर्ण योग है, ज्योतिष के लेखकों ने अधियोग को पापाधियोग और शुभाधियोग दो भागों में बांटा है किन्तु बराहमिहिर और उन जैसे ज्योतिषियों ने इस वर्गीकरण को मान्यता नहीं दी है। बराहमिहिर की पुस्तकों के विद्वान् व्याख्याकार भट्टोत्पल कहते हैं कि पापाधियोग होता है। बराहमिहिर स्पष्ट रूप से इसे सौम्य ही कहते हैं—जिसमें वे सिर्फ सौम्य ग्रहों अर्थात् बुध, बृहस्पति

और शुक्र को ही लेते हैं। ये सभी सोम्य ग्रह ६, ७ या ८वें भाव में हो सकते हैं या दो भावों में हो सकते हैं या ये सभी इनमें से किसी एक भाव में हो सकते हैं। यदि इनमें से किसी एक राशि में एक ग्रह पूर्ण रूप से बली हो तो वह व्यक्ति नेता बनता है। यदि दो ग्रह बली हों तो वह व्यक्ति मंत्री बनेगा और यदि तीन ग्रह बली हों तो वह व्यक्ति जीवन में महत्त्वपूर्ण पद प्राप्त करेगा। यदि तीनों ही सौम्य ग्रह ऊपर लिखी तीन राशियों में हों तब भी अधियोग बनेगा परन्तु इसके प्रभाव गौण होंगे। अधियोग को राजयोग या इसके बराबर का योग माना जाना चाहिए।

कुण्डली संख्या ११

जन्म तारीख २४-९-१८७१ जन्म समय सूर्योदय के बाद ७ घटी

अक्षांस १०° उत्तर, देशा० ७७° ३४′ पूर्व

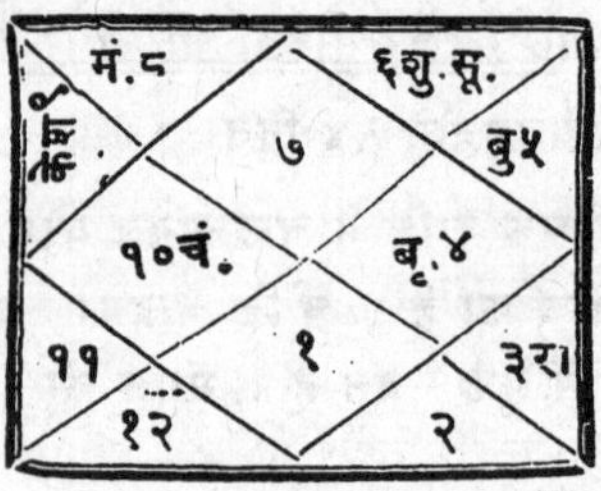

चन्द्रमा की दशा शेष—८ वर्ष ८ महीने ७ दिन

कुण्डली संख्या ११ में अधियोग बली है क्योंकि चन्द्रमा से ७वें भाव में बृहस्पति उच्च का है और बुध ८वें भाव में है। जातक की बृहस्पति की दशा काफी अच्छी रही क्योंकि इस दशा में जातक अच्छे पद पर चला गया। इस कुण्डली में गजकेशरी योग भी है क्योंकि चन्द्रमा से ७वें भाव में बृहस्पति उच्च का है। दो योगों में बृहस्पति शामिल है।

कुण्डली संख्या १२

जन्म तारीख ७-८-१८८७ जन्म समय १-३० बजे संध्या (स्था० स०)

अक्षांस ११° उत्तर, देशा० ७७° २′ पूर्व

राशि

नवांश

बृहस्पति की दशा शेष—० वर्ष ७ महीने ६ दिन

कुण्डली सं० १२ में भी अधियोग प्रबल है, शुक्र और बृहस्पति चन्द्रमा से ७वें और ८वें भाव में स्थित हैं। यद्यपि शुक्र नीच का है, बली है, वह मित्र के नवांश में है जब कि बृहस्पति शत्रु भाव में है। जातक की शुक्र की दशा काफी अच्छी रही और वह व्यक्ति भारत की राजनीति में अग्रगण्य था।

८. चतुःसागर योग

परिभाषा—जब सभी केन्द्र भावों में ग्रह स्थित हों तो चतुःसागर योग बनता है।

फल—जातक की प्रसिद्धि होगी, शासक तुल्य होगा, दीर्घायु और सम्पन्न होगा, बच्चे उत्तम होंगे, उसका स्वास्थ्य अच्छा होगा और चारों सागरों की यात्रा करेगा।

अभ्युक्तियाँ—'केन्द्रस्थितिबलं शुभं' के सिद्धान्त के अनुसार केन्द्र में स्थित ग्रह कुण्डली का बल बढ़ाते हैं। कुण्डली के चार कोण किसी भवन की चार दीवारों के समान होते हैं। इस परिणाम को ज्यों का त्यों लागू नहीं करना चाहिए। दसम केन्द्र में स्थित ग्रह सप्तम केन्द्र में स्थित ग्रह से बली होते हैं; सप्तम केन्द्र में स्थित ग्रह चतुर्थ केन्द्र में स्थित ग्रह से बली होते हैं। इसी प्रकार चतुर्थ केन्द्र में स्थित ग्रह प्रथम भाव में स्थित ग्रह से बली होते हैं यद्यपि लग्न का केन्द्र अपवाद है। दशा फल पर विचार करते समय शुभ और अशुभ स्वामी ग्रहों का विचार कर लेना चाहिए। चतुस्सागर योग में वित्तीय सम्पन्नता होती है और उस व्यक्ति का काफी नाम होता है। इसमें यह नहीं देखा जाता कि वह व्यक्ति शासक है या नहीं।

कुण्डली संख्या १३

जन्म तारीख १९-७-१८१६ जन्म समय सूर्योदय के बाद १५ घ० ४५ प०

अक्षांश १७° उत्तर, देशा० ५ घं० १० मि० २० से० पूर्व

राशि

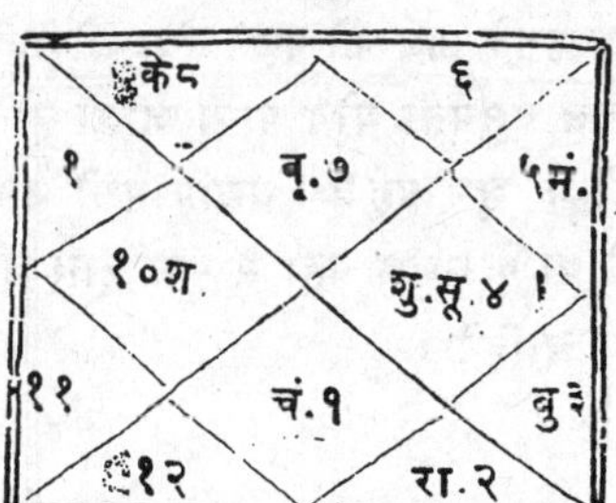

नवांश

कुण्डली सं० १३ दिवंगत प्रो० वी० सूर्यनारायण राव के पिताजी की है। यह

ध्यान दें कि सभी केन्द्र भावों में ग्रह स्थित हैं। वे एक बड़े ही आत्मसम्मानी व्यक्ति थे, वे दीवान के पद पर थे, वे एक महान योगी थे और आठ भाषाओं के ज्ञाता थे।

९. वसुमती योग

परिभाषा—यदि लग्न से या चन्द्रमा से उपचय (३, ६, १० और ११) में शुभ ग्रह स्थित हों तो इस योग का नाम वसुमती योग होता है।

फल—जातक किसी के ऊपर निर्भर नहीं होगा बल्कि वह काफी धन का स्वामी होगा।

अभ्युक्तियाँ—वसुमती योग का सम्बन्ध अधिकतर धन से होता है। ऐसा पाया गया है कि लग्न से वसुमती योग अधिक प्रभावी होता है अपेक्षाकृत चन्द्रमा से वसुमती योग के।

इस निहितार्थ का यह भी अर्थ होता है कि दो शुभ ग्रह कम धन देंगे जबकि एक शुभ ग्रह साधारण धन देता है। यदि उपचय के ग्रह उच्च के हों तो योग पूरा बली होता है जबकि यदि उपचय के ग्रह नीच के हों तो विपरीत फल देते हैं। चन्द्रमा से गिनती करने पर सभी चारों उपचय में ग्रह नहीं हो सकते क्योंकि केवल तीन ही शुभ ग्रह होते हैं। इस बात पर लेखक चुप हैं और वे केवल यह कहते हैं कि उपचय में ग्रह होने चाहिए। ऐसा प्रतीत होता है कि वराहमिहिर ने इसे काफी आगे तक देखा है और कहा है कि साधारण योग के आधार पर की गई भविष्यवाणी कभी कभी गलत भी हो जाती है किन्तु वसुमती योग पर की गई भविष्यवाणी कभी गलत नहीं होती। इसके सभी ग्रह-योगों में योग के वास्तविक बल का निर्धारण करने में सावधान रहना चाहिए और यह देख लेना चाहिए कि किसी अन्य प्रबल योग द्वारा इसके फल को पहले दबा तो नहीं दिया गया है। यह देखने में आयेगा कि शायद ही केवल वसुमती योग पाया जाता हो। आप कुछ उदाहरण देखेंगे जिनमें सभी उपचय भावों में शुभ ग्रह हैं। यद्यपि सभी उपचय में शुभ ग्रह हैं, उनके साथ अशुभ ग्रह भी युक्त होंगे या वे अशुभ ग्रहों से दृष्ट होंगे और इस प्रकार की बुरी स्थिति पर भी विचार कर लेना चाहिये।

कुण्डली संख्या १४

जन्म तारीख ३१-१०-१८९५ जन्म समय ७-० बजे संध्या

अक्षांस ३१° २७′ उत्तर, देशान्तर ७४° २६′ पूर्व

राशि

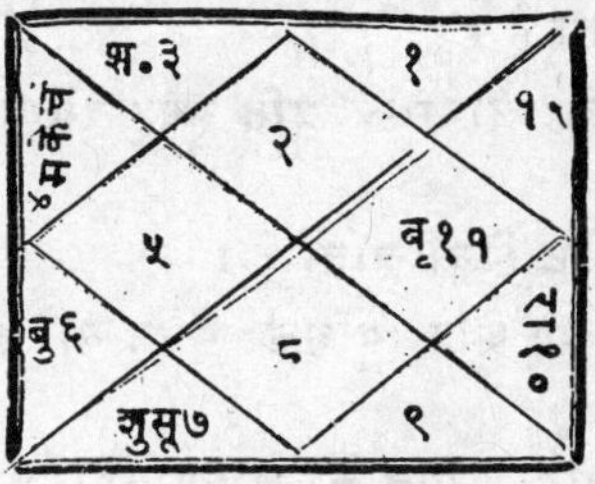

नवांश

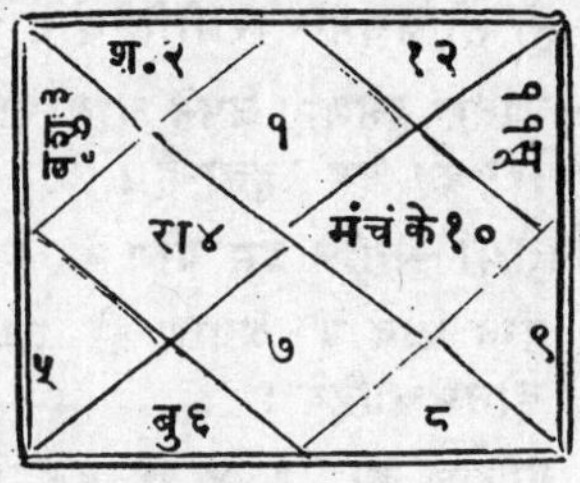

बुध की दशा शेष—१२ वर्ष ८ महीने ७ दिन

कुण्डली सं० १४ में ३, ६, और १० वें भाव में क्रमशः चन्द्रमा, शुक्र और बृहस्पति स्थित हैं जिनसे वसुमती योग बनता है। इन ग्रहों में से शुक्र अधिक बली है अतः योग के अधिकतर फल शुक्र की दशा या भुक्ति में प्राप्त होंगे। पूरी तरह लाभप्रद वसुमती योग नहीं बन सकता क्योंकि बिरले ही मामलों में सभी उपचय स्थानों में ग्रह स्थित होते हैं।

१० राजलक्षण योग

परिभाषा—बृहस्पति, शुक्र, बुध और चन्द्रमा लग्न भाव में हों या केन्द्र में हों तो राजलक्षण योग बनता है।

फल—जातक का चेहरा आकर्षक होगा और उसमें उच्च व्यक्तित्व के सभी गुण होंगे।

अभ्युक्तियां—यदि चन्द्रमा निर्बल हो और बुध बुरे ग्रहों से युक्त हो तो वह व्यक्ति सुन्दर नहीं हो सकता है। तथापि इस योग वाले जातक का अरिष्ट या सौभाग्य इस प्रकार से होता है कि वह व्यक्ति आदर प्राप्त करने वाला, और उच्च पद पर होगा। यह आवश्यक रूप से राजा नहीं हो सकता और उसमें सभी अच्छे गुण नहीं हो सकते क्योंकि सभी राजा सद्‌गुणी नहीं होते। व्यक्तित्व या सौभाग्य सभी लोगों में नहीं होता और जिसकी अधिकतर लोगों को आकांक्षा रहती है।

राजलक्षण योग का उदाहरण कुण्डली सं० १ (पृष्ठ ७) में पाया जाता है क्योंकि बृहस्पति, शुक्र, बुध और चन्द्रमा सभी केन्द्र भाव में स्थित हैं। परन्तु चन्द्रमा और शनि की युति के कारण और लग्न तथा चन्द्रमा पर शनि के प्रभाव की प्रधानता के कारण शारीरिक ढांचे के अतिरिक्त इस योग के सभी फल विपरीत हैं।

११. वंचन-चोरभीति योग

परिभाषा—यदि लग्न भाव में अशुभ ग्रह हों और त्रिकोण में गुलिक अथवा

केन्द्राधिपति या त्रिकोणाधिपति गुलिक से युक्त हो अथवा लग्नाधिपति राहु, शनि या केतु से युक्त हो तो वंचन-चोरभीति योग बनता है।

फल—जातक हमेशा अपने आस पास के लोगों के प्रति संदेह रखेगा। उसे ठगे जाने और चोरी का भय रहता है।

अभ्युक्तियां—नीचे इस योग का एक सेट दिया जाता है।

(क) लग्न भाव में अवश्य ही अशुभ ग्रह और गुलिक पंचम या नवम भाव में होना चाहिये।

(ख) गुलिक का १, ४, ७, १०, ५ और ९ भाव के अधिपतियों के साथ योग होना चाहिये।

(ग) लग्नाधिपति को राहु या शनि या केतु के साथ होना चाहिये।

इन सभी मामलों में उस व्यक्ति को न केवल ठगी और चोरी का भय रहेगा बल्कि उसकी काफी सम्पत्ति की हानि होगी, यह योग लगभग सभी कुण्डलियों में पाया जाता है जिससे हम सबको ठगी का भय रहता है और किसी न किसी रूप में हम सब ठगे जाते हैं। यह हमारी सामाजिक व्यवस्था का दोष है कि गरीब का छीनकर व्यापारी करोड़पति बनता है जबकि जो गरीब हैं वे दरिद्रता के कारण चोरी करते हैं और कानून के घेरे में आ जाते हैं। ठगी का अनेक प्रकार से प्रयोग किया जाता है। उर्वरक मस्तिष्क वालों के पास अपने साथियों को ठगने की अनेक बुद्धि होती है। व्यापारी अनेक प्रकारों से अपने ग्राहकों को ठगते हैं। वकील भी ठगने में इसी प्रकार सफल होते हैं। चिकित्सक भी अनेक प्रकार से अपने रोगियों को ठगते हैं।

गुलिक को शनि का पुत्र माना जाता है और ग्रह मण्डल में उसकी स्थिति सावधानी पूर्वक निर्धारित करनी होती है, ऊपर दिये गये योग का सम्बन्ध उन व्यक्तियों से होता है जिनके साथ ठगी होती है परन्तु यही योग उन लोगों पर भी लागू होता जो इस प्रकार का काम करते हैं।

कुण्डली सं० १५

जन्म तारीख २९–७–१९०९ जन्म समय–सूर्योदय के बाद १ घ० १५ पल
अक्षांस १७° उत्तर, देशान्तर ७७° पूर्व

राशि

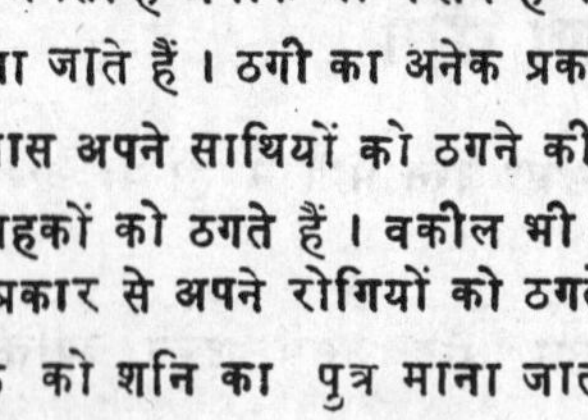

नवांश

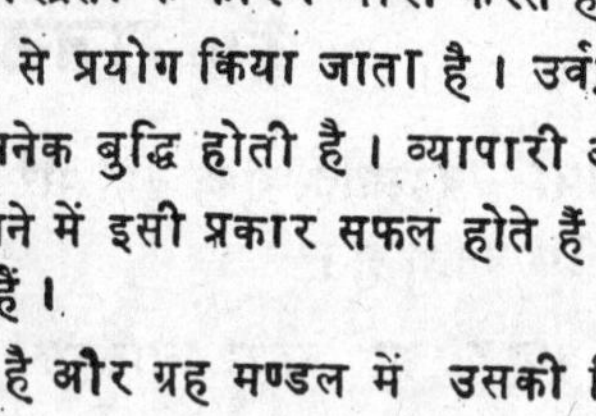

बुध की दशा शेष— ६ वर्ष ६ महीना १६ दिन

कुण्डली सं० १५ में आप देखेंगे कि लग्नाधिपति नीच का है और केतु से युक्त तथा राहु से दृष्ट है। लग्न भाव में सूर्य स्थित है। जातक को हमेशा इस बात का भय रहता है कि उसके साथ धोखा होगा और ठगी होगी। स्वभावतः वह भयभीत है और काफी संवेदनशील, कंजूस और सावधान है। वह दूसरों के प्रति भी ऐसा ही संदेह रखता है, वह सोचता है कि दूसरे उसके साथ ऐसा ही करेंगे। यह एक विशिष्ट कुण्डली है।

१२. शकट योग

परिभाषा—यदि चन्द्रमा बृहस्पति से ६, ८ या १२ वें भाव में स्थित हो तो शकट योग बनता है।

फल—जातक के धन का नाश होता है और वह पुनः उसे प्राप्त कर लेता है। वह साधारण व्यक्ति, दरिद्र, हठी स्वभाव का होगा और तथा सम्बन्धियों से घृणित होगा।

अभ्युक्तियाँ—जबकि ज्योतिष के लेखकों का सामान्य मत यह है कि शकट योग से बुरे फल होते हैं। इस योग की परिभाषा के संबन्ध में भी मतभिन्नता है। पराशर ऋषि और बराहमिहिर कहते हैं कि जब सभी ग्रह प्रथम और ७ वें भाव में हों तो शकट योग बनता है। प्रो० राव का मत है कि इस परिभाषा में यह सन्देह उत्पन्न होता है कि सप्तम भाव ही क्यों होना चाहिए। इसके विपरीत ऊपर दी गई परिभाषा अधिक युक्ति संगत प्रतीत होती है क्योंकि सबसे अधिक शुभ ग्रह बृहस्पति से दुः स्थान में यदि चन्द्रमा स्थित हो तो यह योग बनता है जिससे भाग्य के मुक्त प्रवाह में रुकावट आती है, परन्तु इसमें भी आपत्ति हो सकती है जैसा कि नीचे दिया जाता है—

मैंने अधिक से अधिक कुण्डलियों की जाँच की है और हमारे देखने में यह आया है कि शकट योग के कारण जातक वास्तव में गरीब नहीं होता है बल्कि कभी-कभी साधारण गरीबी होती है। हमारे पास शुक्रनाडी नाम की पुस्तक है जिसमें यह कहा गया है कि शकट योग में उत्पन्न व्यक्ति के भाग्य में कभी-कभी रुकावट आयेगी। इसके लिए प्रयुक्त सही शब्द 'शकटयोगजातस्य योगभंगः पदे-पदे।" दुर्भाग्य की अवधि अशुभ राशि अर्थात् ६, ८ और १२ में गोचर के समय होगी। अन्य शब्दों में जब-जब चन्द्रमा जन्म के बृहस्पति से ६, ८ या १२वें में गोचर में आयेगा तो शकट योग का प्रभाव होगा।

ऊपर दी गई परिभाषा के अनुसार जब बृहस्पति से चन्द्रमा ६, ८ या १२वें भाव में हो तो शकट योग बनता है। जब कोई ग्रह एक दूसरे से ८वें भाव में हो तो स्वभावतः दूसरा छठे भाव में होगा।

१३. अमल योग

परिभाषा—लग्न या चन्द्रमा से दसम भाव में शुभ ग्रह हो तो अमल योग बनता है।

फल—यह व्यक्ति प्रसिद्ध होगा। उसका चरित्र कलंकरहित होगा और वह सम्पन्न जीवन बितायेगा।

अभ्युक्तियाँ—जैसा कि प्रत्येक योग की व्याख्या करने में किया जाता है, अमल योग बनाने वाले अधिपतियों के बल पर विधिवत् विचार करना चाहिये और उस पर दृष्टि डालने वाले ग्रहों और उससे युक्त ग्रहों पर भी उचित विचार करना चाहिये। लग्न या चन्द्रमा से १०वें भाव में कोई शुभ ग्रह स्थित हो सकता है जिससे अमल योग बनता हो। यदि कोई शुभ ग्रह न हो तो अमल योग नहीं बनता है। किन्तु फिर भी "उदयात् इन्दुतो वाऽपि ये ग्रहा दशमे स्थिताः ते। सर्वेऽर्थप्रदा ज्ञेया स्वदशासु यथोदिताः" के सिद्धान्त के आधार पर जिसका अर्थ यह है कि लग्न या चन्द्रमा से दसम भाव में जो ग्रह स्थित होता है वह अपनी दशा के दौरान धन देता है, इसमें अशुभ ग्रह को भी शामिल किया गया है। अमल का अर्थ शुद्ध है और जब यह योग शुभ ग्रहों से बनता हो तो उचित साधनों से धन और सम्पन्नता की प्राप्ति होती है जब कि अशुभ ग्रह हों तो अनुचित ढंग से धन आता है। इन सबके बावजूद कुछ के अनुसार साधनों का औचित्य होता है। अतः अमल योग में जहाँ तक आय के साधनों का सम्बन्ध है जातक कर्तव्यनिष्ठ होता है जब कि १० वें भाव में अशुभ ग्रह के होने पर यह अपने आप में उत्तम नहीं है क्यों कि धन आने से वह व्यक्ति प्रसिद्ध नहीं होगा या चरित्रवान् नहीं होगा।

कुण्डली सं० १६

जन्म तारीख १२–२–१८५६ जन्म समय १२–२१ बजे संध्या (स्था० स०)

अक्षांस १८° उत्तर, देशा० ८४° पूर्व

राशि

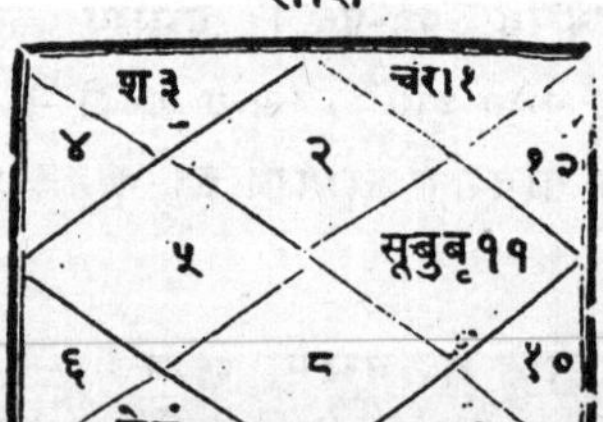

नवांश

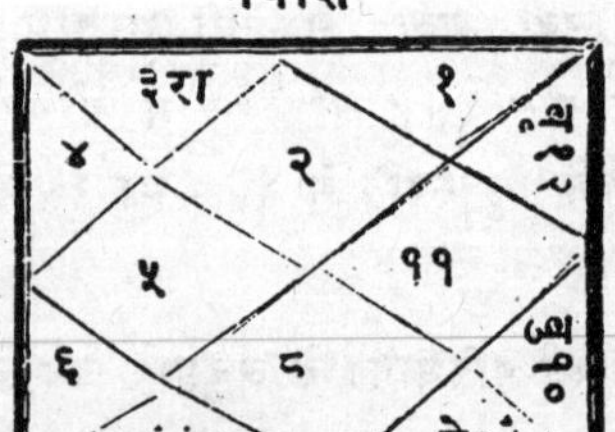

शुक्र की दशा शेष—६ वर्ष ११ महीने ३ दिन

कुण्डली सं० १६ में अमल योग का आसानी से पता लगाया जा सकता है क्योंकि लग्न से १०वें भाव में बृहस्पति और बुध स्थित हैं।

कुण्डली सं० १७

जन्म तारीख ७-९-१९०४ जन्म समय १.५५ वजे संध्या (स्था० स०)
अक्षांस १८° ५४' उत्तर, देशा० ६२° ४६' पूर्व

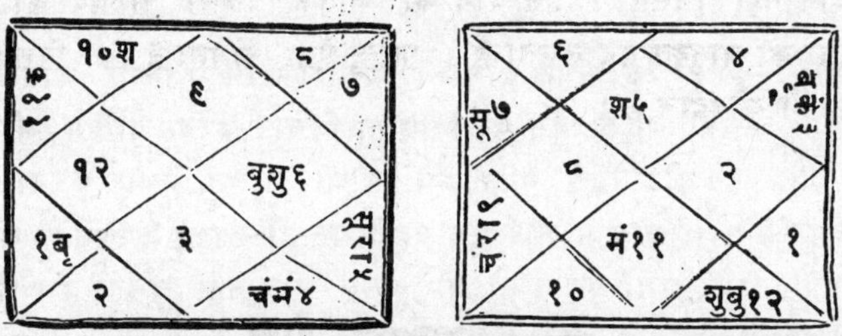

बुध की दशा शेष—१४ वर्ष ५ महीने २७ दिन

कुण्डली सं० १७ में लग्न से १०वें भाव में बुध और शुक्र तथा चन्द्रमा से १०वें भाव में बृहस्पति के स्थित होने से अमल योग स्पष्ट रूप से बनता है। जातक उच्च सिविल पद पर है और मानव स्वभाव से सुपरिचित है। अमल योग के कारक के रूप में शुक्र जातक के लिए काफी लाभप्रद रहा।

१४. पर्वत योग

परिभाषा—यदि केन्द्र भावों में शुभ ग्रह हों, ६ और ८वें भावों में कोई ग्रह न हो या शुभ ग्रह हो तो पर्वत योग बनता है।

फल—जातक धनी, सम्पन्न, स्वतन्त्र, दानशील, मजाकिया और नगर या गाँव का प्रधान होगा। वह कामुक भी होगा।

अभ्युक्तियाँ—कुछ लेखकों के अनुसार यदि लग्नाधिपति और १२वें भाव का अधिपति परस्पर केन्द्र में हों तो भी पर्वत योग बनता है। इस प्रकार इस योग के तीन सेट बने—

(क) केन्द्र में शुभ ग्रह हों और ६ तथा ८वें भावों में कोई ग्रह न हो।

(ख) केन्द्र में शुभ ग्रह हों।

(ग) लग्नाधिपति और १२वें भाव के अधिपति परस्पर केन्द्र में हों।

कुम्भ लग्न के मामले में ऊपर (ग) में दी गई परिभाषा सही नहीं हो सकती

क्यों कि लग्न और १२वें भावों का अधिपति शनि होगा। ६ और ८वें में शुभ ग्रहों के स्थित होने के बावजूद यह बेहतर है कि वे रिक्त हों। इस मामले में जातक शत्रु और ऋण से मुक्त रहेगा। मेरे विचार में पर्वत योग इतना बली नहीं हो सकता कि अन्य महत्त्वपूर्ण योगों का बल कम कर दे। इसमें सन्देह नहीं है कि इस योग के होने पर जातक सीमित सर्कल में महत्त्वपूर्ण होता है। इस योग से राजनैतिक शक्ति में कोई योगदान नहीं मिलता। इस योग का जातक जिला परिषद का सदस्य या नगर पालिका का आयुक्त बन सकता है। परन्तु ऐसा लगता है कि वित्तीय स्थिरता में इसका काफी योगदान है।

१५. काहल योग

परिभाषा—यदि चतुर्थेश और नवमेश एक दूसरे से केन्द्र में हों और लग्नाधिपति बली स्थिति में हो तो काहल योग बनता है।

फल—जातक जिद्दी होगा, वह साहसी होगा और छोटी सेना का प्रधान और कुछ गांवों का प्रधान होगा।

अभ्युक्तियां—इस योग की शब्दशः व्याख्या नहीं करनी चाहिए, यदि आधुनिक व्यवस्था के अनुसार परिणाम लेना हो तो। काहल योग की उचित और बुद्धिसंगत व्याख्या का यह अर्थ है कि सम्बन्धित व्यक्ति सेना या पुलिस का सदस्य होगा या कलक्टर अथवा तहसीलदार के रूप में काम करेगा।

जब चतुर्थेश उच्च का हो या अपनी राशि में हो और दशमाधिपति से युक्त या दृष्ट हो तब भी काहल योग बनता है। काहल योग की ऊपर लिखी दोनों ही परिभाषाओं में लग्न, चौथे और ९वें भावों को बली बताया गया है। कुम्भ लग्न के लिये शुक्र चतुर्थेश और नवमेश है। अतः केवल इसकी परिभाषा के अनुसार ही कुम्भ लग्न में यह योग लागू होता है जिसका अर्थ यह है कि शुक्र को मीन, वृषभ या तुला में होना चाहिए और मंगल से युक्त या दृष्ट होना चाहिए। स्वभावतः यदि मीन में शुक्र हो और धनु में मंगल हो तो एक आदर्श काहल योग बनेगा।

कुण्डली सं० १ में चतुर्थेश और नवमेश दोनों ही शुक्र है। वह केन्द्र में है और लग्नेश चौथे भाव में बली है परन्तु लग्नेश पर बृहस्पति की दृष्टि से इस योग की बुरी दृष्टि समाप्त हो जाती है।

१६. वेशि योग

परिभाषा—यदि सूर्य से दूसरे भाव में चन्द्रमा के अतिरिक्त कोई अन्य ग्रह हो तो वेशि योग बनता है।

फल—जातक भाग्यशाली, प्रसन्न, धार्मिक, प्रसिद्ध और कुलीन होगा।

अभ्युक्तियां—चन्द्रमा, राहु और केतु को छोड़कर किसी अन्य ग्रह या ग्रहों के कारण वेशि योग बनता है। यदि सूर्य से दूसरे भाव में अशुभ ग्रह स्थित हों तो पाप वेशि योग बनता है जबकि यदि शुभ ग्रह स्थित हों तो शुभ वेशि योग बनता है। अच्छा या बुरा फल देने के लिए योग की क्षमता सूर्य और योग बनाने वाले अन्य ग्रहों पर अधिक निर्भर करती है। ऊपर दिये गये फल शुभ वेशि योग के लिए हैं। स्पष्टतः पाप वेशि योग में फल विपरीत होते हैं। यदि सूर्य उच्च का हो, लग्न भाव में कर्क राशि हो और वृषभ राशि में शुक्र के स्थित होने के कारण शुभ वेशि योग बनता हो और सूर्य तथा शुक्र दोनों ही बली हों तो इस तथ्य के वावजूद कि सूर्य और शुक्र दोनों ही नैसर्गिक शत्रु हैं, योग बली बनता है और इसके कारण सभी उत्तम फल प्राप्त होंगे जबकि इन दोनों ग्रहों की दशा चालू होगी। स्पष्टतः यदि एक से अधिक ग्रह योग बनाते हैं जिनमें से एक ग्रह अशुभ हो अर्थात् शनि, तो उत्तम फलों में आनुपातिक रूप से कमी होगी। इस प्रकार यह देखने में आयेगा कि किसी योग की उचित व्याख्या आसान नहीं है। इसके लिये ज्योतिषी में विश्लेषण की क्षमता अत्यधिक होनी चाहिए और उसे विषय की तकनीकों का पूरा ज्ञान होना चाहिये।

कुण्डली संख्या १८

जन्म तारीख ८-८-१९१२ जन्म समय ७-२३ बजे संध्या (स्था. स.)

अक्षांस १३° उत्तर, देशान्तर ७७°३४′ पूर्व

मंगल की दशा शेष–६ वर्ष १० दिन

कुण्डली संख्या १८ में सूर्य से दूसरे भाव में मंगल, बुध और शुक्र के स्थित होने के

कारण वेशि योग बनता है, लग्न भाव में कुम्भ राशि है। योग कारक ग्रहों में से मंगल सबसे कम बली है क्योंकि वह लगभग २६ अंश सूर्य से दूर है जबकि केवल बुध और शुक्र योग कारक के रूप में काम कर रहे हैं। मूलतः यह योग सप्तमाधिपति और सप्तम भाव में स्थित ग्रहों के कारण बना है अतः इसी भाव से सम्बन्धित फल होंगे और सप्तम भावके सभी कार्यों के सम्बन्ध में जातक भाग्यशाली होगा बशर्ते कि सम्बन्धित भाव बली हों।

१७. वाशि (वोशि) योग

परिभाषा—यदि सूर्य से १२ वें भाव में चन्द्रमा के अतिरिक्त अन्य ग्रह हों तो वाशि योग बनता है।

फल—जातक प्रसन्न, सम्पन्न, स्वतन्त्र और शासक वर्ग का प्रिय होगा।

अभ्युक्तियाँ—यहां पर भी परिभाषा और फल शुभ वाशि योग के सम्बन्ध में है। यदि १२ वें भाव में अशुभ ग्रह स्थित हों तो परिणाम विल्कुल विपरीत होंगे। इससे पहले जो योग लिखा गया है उसके बारे में दिये गये स्पष्टीकरण यहां भी लागू होंगे।

१८. उभयचरी योग

परिभाषा—यदि सूर्य के दोनों ओर चन्द्रमा के अतिरिक्त अन्य ग्रह स्थित हों तो उभयचरी योग बनता है।

फल—जातक कुशल वक्ता होगा। उसके अंग आनुपातिक होंगे और सभी हालत में खुश रहेगा, धनी तथा प्रसिद्ध व्यक्तियों का प्रिय होगा।

अभ्युक्तियां—लगभग प्रत्येक कुण्डली में सूर्य द्वारा बनने वाले एक या एक से अधिक योग बनते हैं। जब तक सूर्य किसी राशि के अन्तिम चरण में न हो और बुध प्रलंबित न हो तब तक बुध सूर्य से कतिपय दूरी पर स्थित होता है। इस मामले में वह सूर्य से तीसरे या ११ वें भाव में होगा, वहां पर वेशि या वाशि योग स्पष्ट रूप से बनेगा। इससे स्पष्ट होता है कि सूर्य से बनने वाले इन योगों की राजयोग के महत्त्व के साथ तुलना नहीं की जा सकती है। ये सम्बन्धित व्यक्ति के अहं का संकेत देते हैं। कभी कभी सूर्य से बनने वाले ये योग धन या राजयोग के साथ मिल जाते हैं जिसका परिणाम यह होता है कि कुण्डली में पाये जाने वाले अन्य बली योगों के निकट विश्लेषण के अधीन व्याख्या की जाती है।

१९. हंस योग

परिभाषा—यदि बृहस्पति अपनी राशि में या उच्च का हो और केन्द्र में स्थित हो तो हंस योग बनता है।

फल—उसके पैरों पर शंख, कमल, मछली और अंकुश का चिह्न होगा। उसका शरीर सुन्दर होगा, वह सबका प्रिय होगा, वह न्यायी तथा स्वच्छ मस्तिष्क वाला होगा।

अभ्युक्तियां—यह योग और निम्नलिखित चार योगों को पंचमहापुरुष योग कहा गया है जिसमें पांच प्रकार के महान् पुरुषों का जन्म होता है। वाराहमिहिर ने अपनी वृहत्-संहिता में इन पांच योगों का वर्णन किया है। यदि बृहस्पति केन्द्र में हो और स्वक्षेत्र में हो या उच्च का हो तो हंस योग बनता है। दूसरे शब्दों में सभी द्विस्वभाव और चर राशियों अर्थात् मेष, कर्क, तुला और मकर में हंस योग संभव है। यहाँ पर यह मान लिया गया है कि लग्न भी एक केन्द्र है। अचर राशियों (वृष, सिंह वृश्चिक और कुम्भ में उत्पन्न व्यक्ति की कुण्डली में हंस योग नहीं बन सकता क्योंकि इन राशियों से केन्द्र में बृहस्पति की उच्च राशि या अपनी राशि नहीं आती है। इस योग का बल भी पहले की तरह लग्न और बृहस्पति जिस केन्द्र में स्थित है उसके बल पर निर्भर करता है। स्पष्टतः दशम केन्द्र अधिक बली होता है। बृहस्पति का केन्द्राधिपति होना आवश्यक नहीं है किन्तु जब हंस योग बनता हो तो सामान्य सिद्धान्त का महत्त्व समाप्त हो जाता है। चूंकि बृहस्पति का केन्द्र में स्थित होना स्वक्षेत्रता के बराबर है और केन्द्र उसके उच्च स्थान के बराबर है और उच्च स्थान द्वारा हंस योग अधिक अधिमान्य है क्योंकि बृहस्पति के चतुष्कोणी स्वामित्व के कारण बुरे प्रभाव समाप्त हो जाते हैं। हंस योग की व्याख्या सावधानी पूर्वक करनी चाहिए क्योंकि इस योग वाला व्यक्ति चरित्रवान् और महान् नैतिक होता है।

कुण्डली संख्या १९

जन्म तारीख १२–५–१९१६ जन्म समय सूर्योदय के बाद ३१ घ० १५ पल
अक्षांस १३° उत्तर, देशान्तर ७७° ३५′

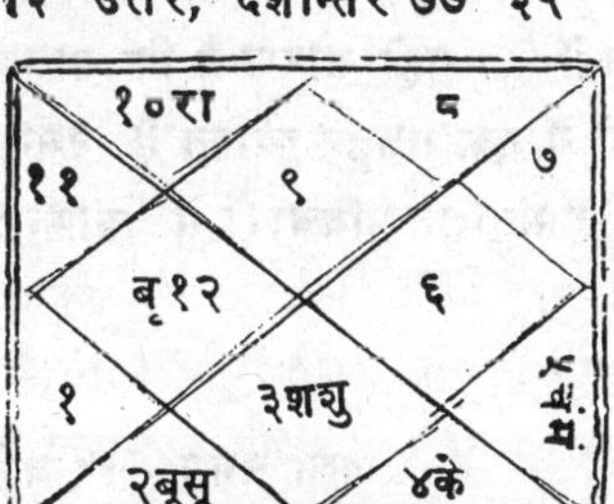

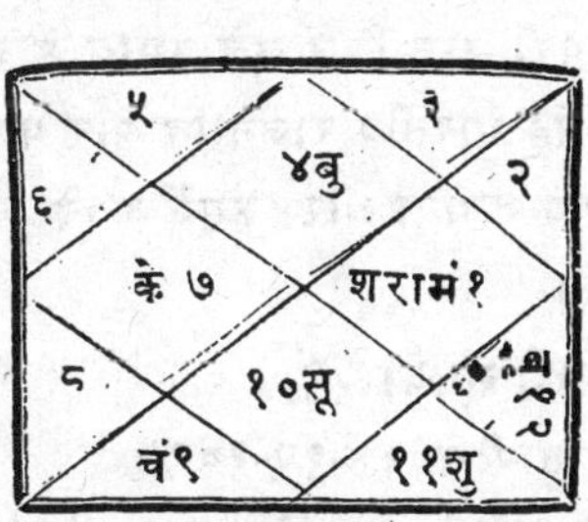

सूर्य की दशा शेष—५ वर्ष ११ महीने ३ दिन

कुण्डली सं० १९ में लग्न भाव धनु राशि है और बृहस्पति मीन राशि में है जिससे हंस योग बनता है। परन्तु फिर जातक न तो राजा है और न ही कोई उच्च व्यक्तित्व वाला है। इसका कारण स्पष्ट है। बृहस्पति पर शनि और मंगल की बली दृष्टि हैं। परन्तु फिर भी बृहस्पति अपनी दशा में हंस योग का फल देने के लिए सक्षम है। जातक उत्तम व्यक्तित्व वाला है, अच्छे स्वभाव का है और अपने सहयोगियों का प्रिय है। उपरोक्त कुण्डली का उदाहरण इस विचार से दिया गया है कि हंस योग के प्रतिबन्धित फल को दर्शाया जा सके जब कि बृहस्पति पर बुरे ग्रहों की दृष्टि हो या वह बुरे ग्रहों से युक्त हो।

कुण्डली संख्या २०

जन्म तारीख ११-४-१८८० जन्म समय–सूर्योदय के बाद १२ घटी

अक्षांस १८° उत्तर, देशान्तर ३२° ४′ पूर्व

शुक्र की दशा शेष–११ वर्ष ६ महीने २७ दिन

कुण्डली संख्या २० में लग्न से १० वें भाव में अपनी ही राशि में बृहस्पति के स्थित होने के कारण हंस योग बनता है। दसम भाव अति महत्त्वपूर्ण केन्द्र भाव है और बृहस्पति लग्नाधिपति, पंचमाधिपति और नवमाधिपति से युक्त है अतः बली है। फिर भी योग पूरी तरह मिले जुले प्रभाव से बंचित नहीं है। यही कारण है कि जातक राजा नहीं है। वह भारतीय राजनीति और पत्रकारिता में एक मशहूर व्यक्ति है, उसने अपना जीवन स्वयं बनाया और उसमें अपने शान्त और संतुलित विचारों से काफी प्रसिद्धि प्राप्त की।

कुण्डली संख्या २१

जन्म तारीख १४-१२-१८९५ जन्म समय ३-५ बजे प्रातः

अक्षांस ५१° उत्तर, देशान्तर ०° ५′ पूर्व

शनि की दशा शेष–१७ वर्ष १० महीने २७ दिन

कुण्डली संख्या २१ अपने आप में पूर्ण हंस योग का एक विशिष्ट उदाहरण है। लग्न में तुला राशि है और बृहस्पति दशम भाव में केन्द्र में उच्च का है। स्वभावतः दशम भाव के सम्बन्ध में यह योग बनता है। इस कुण्डली में हंस योग के अतिरिक्त मालव्य योग और शशक योग भी विद्यमान है क्योंकि शुक्र और शनि भी लग्न से केन्द्र भाव में क्रमशः स्वक्षेत्रका और उच्च स्थान में हैं। इसमें आश्चर्य नहीं कि यह कुण्डली एक महान् राजा की है। शशक योग के कारण जातक दूसरों के धन का लोभी बन गया। परिणाम स्वरूप वह एक महान साम्राज्य का प्रधान बन गया, जो आधुनिक गणतन्त्र और स्वतन्त्रता की परिकलपना का काल दोष है।

२०. मालव्य योग

परिभाषा—यदि शुक्र अपनी ही राशि में हो या उच्च का हो और केन्द्र में स्थित हो तो मालव्य योग बनता है।

फल—जातक का शरीर पूर्ण विकसित होगा, वह दृढ़ मस्तिष्क वाला होगा, धनी और बच्चों तथा पत्नी के साथ प्रसन्न रहेगा। उसके पास गाड़ियां होंगी, स्पष्ट विचार वाला, प्रसिद्ध और विद्वान् होगा।

अभ्युक्तियां—मालव्य योग तभी बन सकता है यदि शुक्र केन्द्र भाव में उच्च का हो अथवा केन्द्र भाव में अपनी ही राशि में स्थित हो। ग्रह मण्डल की प्रत्येक राशि में मालव्य योग नहीं बन सकता है। शुक्र के स्वभाव के अनुसार मालव्य योग वाला जातक दृढ़ निश्चयी और काफी धनी होता है और पत्नी तथा बच्चों से सुख प्राप्त होता है, प्रसिद्धि की प्राप्ति होती है। शुक्र स्वामी, ऐन्द्रिय सुख, संगीत, नृत्य, ललित कला, ऐश आराम और भौतिक सुख का कारक होता है। स्वभावतः मालव्य योग से जातक का झुकाव शुक्र के फलों की ओर होता है परिणाम स्वरूप भौतिक सुख और आनन्द की

तुलना में आध्यात्मिक प्रगति विपरीत होगी। दूसरे शब्दों में चूंकि हंस योग वाला जातक अधिक आदर्शवादी, आध्यात्मिक, उदार और निःस्वार्थ होता है और मालव्य योग का जातक आनन्द का प्रेमी और भौतिक वादी होता है। विभिन्न लग्नों में उत्पन्न व्यक्तियों के लिए विभिन्न भावों के सम्बन्ध में मालव्य योग नीचे दिया जाता हैं।

वृश्चिक, तुला और मीन	प्रथम भाव
मेष, वृश्चिक और कन्या	सप्तम भाव
मिथुन, सिंह, मकर, धनु, कुम्भ और कर्क	दशम भाव

कुण्डली सं० २० को मालव्य योग के उदाहरण के रूप में लिया जा सकता है क्योंकि शुक्र दशम भाव में उच्च का है जो केन्द्र भाव है। इस बात पर ध्यान दें कि पंच महापुरुष नाम से जाने जाने वाले सभी योग अपवाद स्वरूप मामलों में ही बन सकते हैं और कुण्डली के सामान्य अध्ययन से ये योग राजनैतिक क्षेत्र में काफी महत्त्वपूर्ण नहीं हो सकते।

२१. शशक योग

परिभाषा—यदि शनि अपनी ही राशि में हो या उच्च राशि में हो और केन्द्र भाव में स्थित हो तो शशक योग बनता है।

फल—इस योग में उत्पन्न व्यक्ति के पास अनेक नौकर होंगे। उसके आचरण पर संदेह किया जा सकता है। वह गांव या नगर का प्रधान होगा या राजा भी हो सकता है। उसे दूसरों के धन की लालसा होगी और स्वभाव से दुष्ट होगा।

अभ्युक्तियाँ—इस योग में शनि सम्बन्धित होता है, उसे केन्द्र भाव में उच्च का होना आवश्यक है या उसे अपनी ही राशि में केन्द्र में स्थित होना आवश्यक है। चर या स्थिर राशियों में जन्म होने पर शनि की कतिपय स्थिति के कारण शशक योग बनता है। स्वभावतः द्विस्वभाव राशियों में यह योग नहीं बनता। शशक योग विद्यमान होने पर जातक में शनि के नैसर्गिक गुण होते हैं। शनि कठोर, नीच, अपरिष्कृत और पापी ग्रह है और इन विशेषताओं के अनुसार शशक योग के फल होते हैं। इसमें सन्देह नहीं कि जातक प्रसिद्ध और सुखी होता है किन्तु उसका ऐन्द्रिक विचार विकृत होता है। वह परस्त्री के साथ समागम करता है और दूसरे का धन लेने के लिए सभी अनाचारी साधनों का प्रयोग करता है। अधिकतर युद्ध ठेकेदारों की कुण्डली में संभवतः शशक योग होता है; अन्यथा गरीबों का धन लेकर वे करोड़पति नहीं बन सकते थे।

शशक योग की व्याख्या करते समय चन्द्रमा की स्थिति पर विचार कर लेना चाहिए। यदि यह प्रकाशीय ग्रह बुरे प्रभावों से मुक्त है तो शशक योग वाला व्यक्ति दूसरों का धन नहीं लेगा और न ही कदाचारी होगा। जहाँ चन्द्रमा पर बुरे प्रभाव न हों वहां शशक योग के कारण बुरे प्रभाव सीमित होते हैं।

कुण्डली संख्या २२

जन्म तारीख ३१-१-१८९६ ;जन्म समय ४-४० बजे प्रातः

अक्षांस २२° २०′ उत्तर, देशा० ७३° पूर्व

राशि

नवांश

बुध की दशा शेष-२ वर्ष ३ महीने १ दिन

कुण्डली सं० २२ में शनि चन्द्रमा से केन्द्र भाव चौथे स्थान में उच्च का है। चन्द्रमा बुरे प्रभाव से मुक्त नहीं है। परन्तु बृहस्पति के उच्च का होने के कारण चन्द्रमा की स्थिति काफी मजबूत हो गयी है जिसके परिणामस्वरूप जातक में अपवित्र विचार नहीं आये। शशक योग बली है क्योंकि यह योग चौथे भाव में बन रहा है जो भूमि, मकान आदि का भाव है। इससे जातक राजा के समकक्ष होगा और उसकी आय लाखों में होगी। शनि के कारण जातक एक बहुत बड़ा उद्योगपति बन गया।

२२. रुचक योग

परिभाषा—यदि मंगल अपनी ही राशि में हो या उच्च का हो और केन्द्र भाव में स्थित हो तो रुचक योग बनता है।

फल—रुचक योग में उत्पन्न व्यक्ति का शरीर मजबूत होता है, वह प्रसिद्ध और प्राचीन ग्रन्थों का ज्ञाता होगा। परम्परा और परिपाटी के अनुसार राजा या राजा के समकक्ष होगा। उसका शरीर सख्त, आकर्षक, धर्मार्थ, धनी, दीर्घजीवी और सेना का अग्रगण्य होगा।

अभ्युक्तियाँ—जब सम्बन्धित ग्रह बली हों और पूर्ण रूप से प्रबल हों तो पंचमहापुरुष योग बनता है। इसका अर्थ होता है पांच प्रकार के महापुरुष। स्वभावतः वास्तव में प्रबल योग एक विरला प्रतिभास है। बलिष्ट शब्द पर जोर दिया जाता है जिससे कि यदि कोई ग्रह नीच, युक्ति या दृष्टि के कारण निर्बल हो तो योग पूरा फल नहीं देता है, यद्यपि योग का फल साधारण होता है। वहाँ पर योग की विधितः विद्यमानता की अपेक्षा वस्तुतः विद्यमानता पर अधिक जोर दिया जाता है। पंचमहापुरुष योगों के उदाहरण के रूप में ऊपर दी गई अनेक कुण्डलियों में से कुण्डली सं० २० और २१ को छोड़कर शेष का कोई व्यावहारिक मूल्य नहीं है क्योंकि उनका बल या तो साधारण है अथवा नगण्य है।

यदि केन्द्र में मंगल बली होकर स्थित हो तो रुचक योग बनता है जिसमें मंगल को अपनी ही राशि या उच्च राशि में रहना आवश्यक है, रुचक योग से जातक पर मंगल का प्रभाव होता है, वह लोगों का नेता होता है, वह कमाण्डर होता है, वह आक्रमणकारी होता है परन्तु देशभक्त शासक होता है या उसके बराबर होता है।

कुण्डली सं० २३

जन्म तारीख २०-४-१८८९ जन्म समय ६-३० बजे संध्या

अक्षांस ४८° उत्तर, देशा० १३° पूर्व

राशि

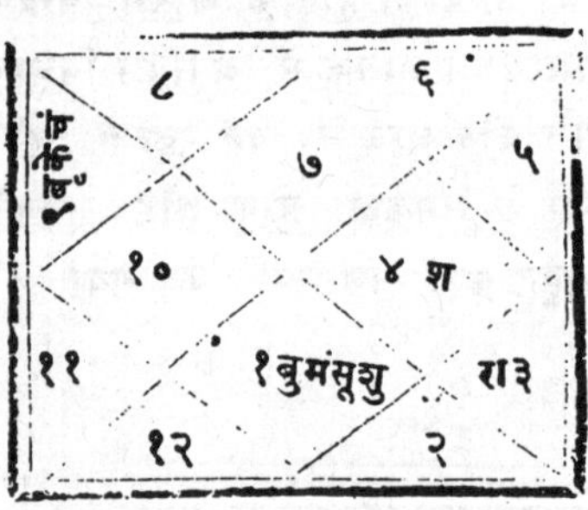

नवांश

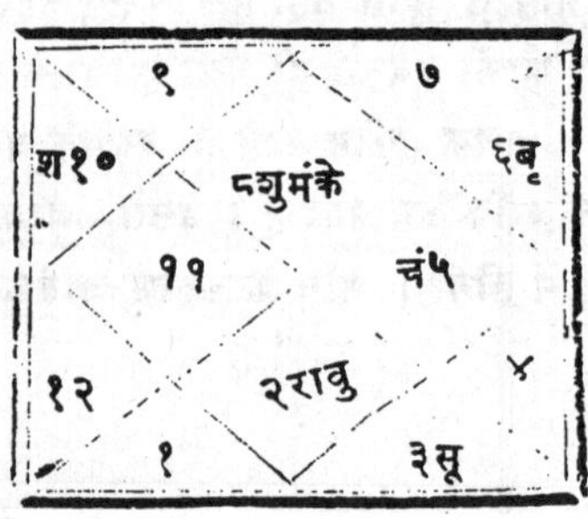

शुक्र की दशा शेष—१६ वर्ष ४ महीने ६ दिन

कुण्डली सं० २३ में मंगल ७वें भाव में है जो एक केन्द्र स्थान है। सूर्य और एकादशेश योगकारक शनि और नवमाधिपति बुध के साथ युक्त होने के कारण मंगल बली है। इसमें सन्देह नहीं कि मंगल बली है परन्तु यह अति अशुभ है। अतः रुचक योग पूर्णतः बली है परन्तु चूंकि मंगल पर अन्य बुरे प्रभाव हैं अतः इस योग में विनाश का तत्त्व है। रुचक योग के कारण जातक, साहसी, आक्रामक, अभिमानी और एक महान् नेता और एक महान् शासक और आधुनिक युग का तानाशाह बन

गया और अपने देश को विनाश की गहराई में ले गया। यद्यपि साधारण परिस्थिति में जन्म हुआ था वह अति शक्तिशाली देश का शासक बना और उसकी निकृष्टता और विनाशी शक्ति के सामने सारा महादेश कांप उठा।

२३. भद्र योग

परिभाषा—यदि बुध अपनी ही राशि या उच्च राशि में हो और केन्द्र में स्थित हो तो भद्र योग बनता है।

फल—भद्र योग में उत्पन्न व्यक्ति शक्तिशाली, शेर के जैसा चेहरा और छाती पूर्ण रूप से विकसित, आनुपातिक अंग होगा, वह अल्पभाषी होगा, अपने सम्बन्धियों की मदद करेगा और दीर्घजीवी होगा।

अभ्युक्तियाँ—बुध बुद्धि का कारक होता है और बुध के नैसर्गिक स्वभाव के साथ भद्र योग का सम्बन्ध होता है। बुध का बली होना आवश्यक है अन्यथा यह योग मात्र विधितः होकर रह जायेगा।

कुण्डली सं० २४

जन्म तारीख २३-१०-१८८३ जन्म समय सूर्योदय के बाद १० घ० ४५ प०

अक्षांस १२° उत्तर, देशा० ७७° ३४′ पूर्व

राशि नवांश

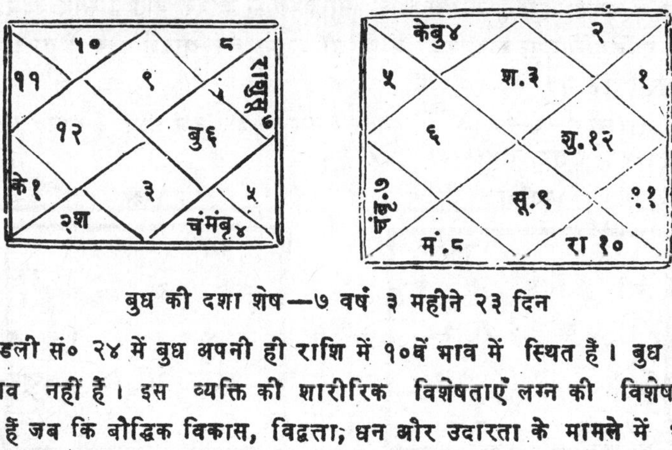

बुध की दशा शेष—७ वर्ष ३ महीने २३ दिन

कुण्डली सं० २४ में बुध अपनी ही राशि में १०वें भाव में स्थित है। बुध पर कोई बुरे प्रभाव नहीं हैं। इस व्यक्ति की शारीरिक विशेषताएं लग्न की विशेषताओं के अनुसार हैं जब कि बौद्धिक विकास, विद्वत्ता, धन और उदारता के मामले में भद्र योग का पूरा प्रभाव है।

२४. बुधादित्य योग

परिभाषा—यदि बुध और सूर्य युक्त हों तो बुध-आदित्य योग बनता है।

फल—अधिक बुद्धिमान्, सभी कार्यों में निपुण, अच्छी ख्याति, आत्म सम्मान और सभी प्रकार के सुख व आराम से घिरा हुआ होगा।

अभ्युक्तियाँ—सामान्यतः सूर्य से युक्त कोई भी ग्रह दाह में होता है या अस्त होता है और उत्तम फल के लिए बलहीन हो जाता है। संभवतः बुध इसका अपवाद है। इस बात की कोई गारण्टी नहीं है कि सूर्य और बुध के बीच दूरी का ध्यान किये बिना ही बुध-आदित्य योग बनेगा। इसके विपरीत बुध-आदित्य योग के लिये सूर्य और बुध के बीच की दूरी १०° से कम नहीं होनी चाहिये।

२५. महाभाग्य योग

परिभाषा—किसी व्यक्ति का जन्म यदि दिन का हो और सूर्य, चन्द्रमा तथा लग्न विषम राशियों में हों। किसी स्त्री का जन्म यदि रात का हो और सूर्य, चन्द्रमा तथा लग्न सम राशियों में हों तो महाभाग्य योग बनता है।

फल—इस योग में उत्पन्न व्यक्ति का चरित्र उच्च होगा, वह दूसरों के लिए आनन्द का साधन होगा, उदार, प्रसिद्ध, शासक या शासक तुल्य होगा और दीर्घजीवी होगा। इस योग में उत्पन्न स्त्री दीर्घजीवी बच्चों वाली और अमीर होगी और उसका आचरण उत्तम होगा।

अभ्युक्तियाँ—महाभाग्य का अर्थ उत्तम भाग्य होता है। स्पष्टतः इस योग में उत्पन्न जातक भाग्यशाली होता है। लग्न, सूर्य और चन्द्रमा जीवन के त्रिपाद होते हैं क्यों कि वे क्रमशः शरीर, आत्मा और मस्तिष्क के कारक होते हैं और जब ये तीनों तत्त्व सम राशियों या पुरुष राशियों में हों तो जातक एक आदर्श पुरुष होगा।

कुण्डली सं० २५

जन्म तारीख १-९-१८९७ जन्म समय ८-३५ बजे संध्या (स्था० स०)
अक्षांस ११° उत्तर, देशा० ७८° ४०′ पूर्व

राशि

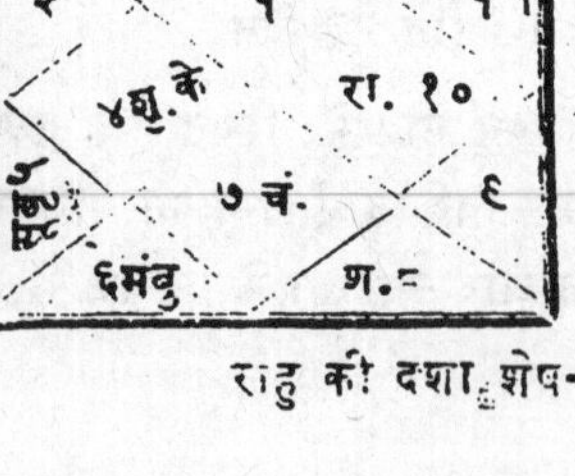

नवांश

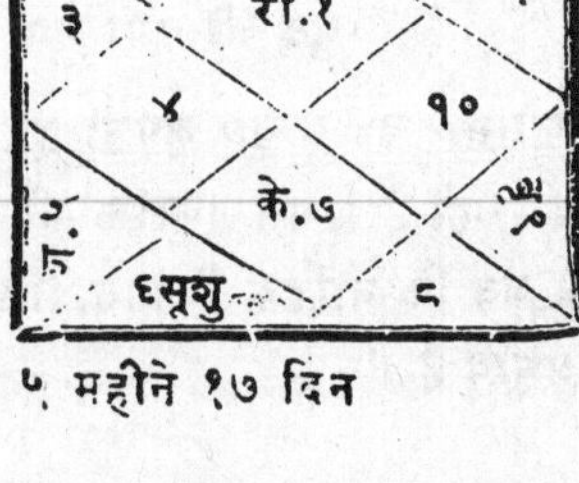

राहु की दशा शेष—३ वर्ष ५ महीने १७ दिन

कुण्डली सं० २५ में लग्न भाव में मेष राशि है; सूर्य सिंह राशि में है और चन्द्रमा तुला राशि में है—सभी विषम राशियाँ हैं। परिणामस्वरूप इसमें महाभाग्य योग विद्यमान है। किन्तु चूँकि लग्नाधिपति बृहस्पति के प्रभाव से वंचित है अतः जातक के पास प्रचुर धन होते हुए वह कंजूस है। उसने अपने गुण से उन्नति की है।

२६. पुष्कल योग

परिभाषा—चन्द्रमा (लग्नाधिपति से युक्त) जिस राशि में स्थित है वहाँ का अधिपति यदि केन्द्र में हो या अपने परममित्र की राशि में हो और लग्न पर दृष्टि डाल रहा हो और साथ ही लग्न भाव में कोई बली ग्रह स्थित हो तो पुष्कल योग बनता है।

फल—धनी, मृदुभाषी, प्रसिद्ध और राजा या स्वामी द्वारा सम्मानित।

अभ्युक्तियाँ—यह योग कुछ सीमा तक जटिल है। सर्वप्रथम लग्नाधिपति का चन्द्रमा के साथ होना आवश्यक है। चन्द्रमा जिस राशि में है वहाँ के अधिपति को मित्र राशि या केन्द्र में स्थित होकर लग्न पर दृष्टि आवश्यक है और लग्न भाव में बली ग्रह का स्थित होना आवश्यक है। वास्तविक व्यवहार में पुष्कल योग का पूरा महत्त्व है क्योंकि इसमें लग्न, लग्नाधिपति, चन्द्रमा और चन्द्र लग्न के अधिपति को बली होना आवश्यक है।

कुण्डली सं० २६

जन्म तारीख ८-८-१९१२ जन्म समय ७-२३ बजे संध्या (स्था० स०)

अक्षांस १३° उत्तर, देशा० ७७° ३४′ पूर्व

राशि

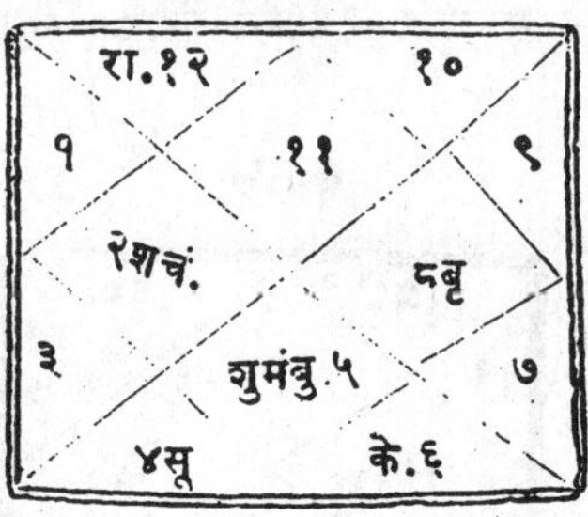

नवांश

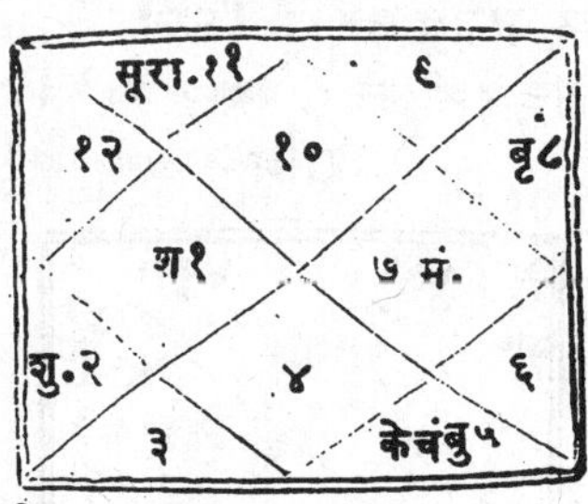

मंगल की दशा शेष—६ वर्ष ० महीने १० दिन

कुण्डली सं० २६ में लग्नाधिपति शनि चन्द्रमा के साथ है, चन्द्रलग्न का अधिपति केन्द्र में है और लग्न भाव को देख रहा है। किन्तु लग्न भाव में कोई ग्रह नहीं है।

तीसरी शर्त के अभाव के अध्यधीन यह कहा जा सकता है कि पुष्कल योग विद्यमान है। जातक को इस योग के सभी फल प्राप्त हुए हैं। इस योग का पूरी तरह बनना लगभग असम्भव है।

२७. लक्ष्मी योग

परिभाषा—यदि लग्नाधिपति बली हो और नवमाधिपति उच्च या अपनी ही राशि में केन्द्र या त्रिकोण में स्थित हो तो लक्ष्मी योग बनता है।

फल—वह व्यक्ति धनी, उत्तम, विद्वान् और ख्यातिप्राप्त होगा, आकर्षक चेहरा, अच्छा शासक और जीवन के सभी सुख और आराम को भोगने वाला होगा।

अभ्युक्तियाँ—लक्ष्मी योग के लिए भिन्न-भिन्न परिभाषाएं दी जाती हैं। पाठकों की सूचना के लिए हम कुछ मतों का उल्लेख करते हैं। (क) लग्नाधिपति और नवमाधिपति की परस्पर युक्ति (ख) नवमाधिपति यदि केन्द्र या त्रिकोण में स्थित हो या उच्च का हो और लग्नाधिपति बली हो और (ग) नवमाधिपति और शुक्र अपनी राशि या उच्च राशि में हो और केन्द्र या त्रिकोण में स्थित हो।

इससे यह स्पष्ट है कि लक्ष्मी योग में लग्नाधिपति, शुक्र और नवमाधिपति का बली होना आवश्यक है। लक्ष्मी का मुख्यत: धन से सम्बन्ध होता है और इस योग में उत्पन्न व्यक्ति धनी होगा; योग बनाने वाले ग्रहों के बल और क्षीणता के अनुसार धन की मात्रा में घटा बढ़ी होगी। पैरा (ग) में दी गयी परिभाषा में अति प्रबल लक्ष्मी योग बनता है जिसमें प्रचुर धन की प्राप्ति होती है, जब कि लग्नाधिपति और नवमाधिपति के बीच ३, ६ और ८ से भिन्न भावों में परस्पर युक्ति या दृष्टि द्वारा भी साधारण लक्ष्मी योग बनता है जो अन्य धन योग विद्यमान होने पर फलीभूत होता है।

कुण्डली संख्या २७

जन्म तारीख १४-७-१८८७ जन्म समय ९-१५ बजे प्रातः (स्था० स०)

अक्षांस १३° उत्तर, देशा० ७७° ३४′ पूर्व

राशि

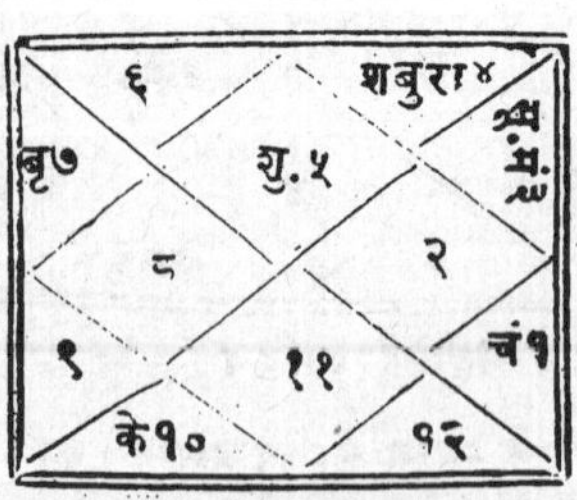

नवांश

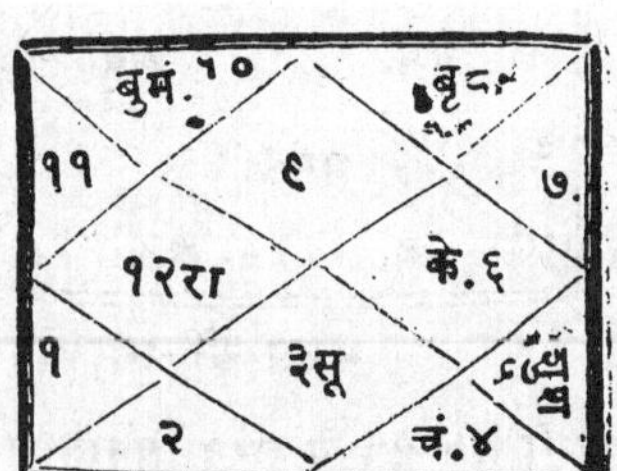

केतु की दशा शेष—१ वर्ष ५ महीने १६ दिन

कुण्डली सं० २७ में लग्नाधिपति (सूर्य) और नवमाधिपति मंगल की युक्ति द्वारा लक्ष्मी योग बनता है क्योंकि दोनों ही ११ वें भाव में स्थित हैं। मंगल की दशा काफी अच्छी रही और इस दशा में जातक को काफी धन, नाम और ख्याति मिली।

जहाँ पर वास्तव में प्रबल धन योग होता है जो वास्तव में बिरले ही होता है वहाँ पूरा फल देखने को मिलता है।

परन्तु लगभग प्रत्येक कुण्डली में धन की प्राप्ति के लिए किसी न किसी रूप में धन योग पाया जाता है।

कुण्डली संख्या २८

जन्म तारीख २६-९-१८७४ जन्म समय १०-० बजे संध्या

आक्षांस १३° उत्तर, देशा० ७७° ३४′ पूर्व

राशि

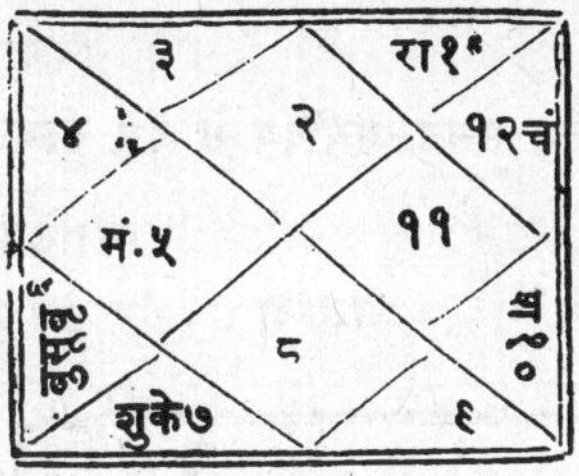

नवांश

बुध की दशा शेष—७ वर्ष १० महीने २६ दिन

कुण्डली सं० २८ में नवमाधिपति अपनी ही राशि में त्रिकोण भाव में स्थित है। परन्तु यद्यपि शुक्र अपनी ही राशि में है, केन्द्र या त्रिकोण में नहीं है। इसमें लक्ष्मी योग विद्यमान है, धन योग सर्वोत्तम है क्यों कि दूसरे भाव का अधिपति बुध पांचवें भाव में उच्च का है और चतुर्थेश सूर्य से युक्त है। जातक एक छोटा किन्तु स्वतन्त्र राज्य का शासक था और वह काफी धनी था।

२८. गौरी योग

परिभाषा—यदि दशमाधिपति नवांश के अधिपति के साथ हो और नवांश का अधिपति दशम भाव में उच्च का हो और लग्नाधिपति से युक्त हो तो गौरी योग बनता है।

फल—जातक सम्मानित परिवार में जन्म लेता है, उसके पास अनेक भूमि होती

है, वह धर्मार्थ काम करता है, धार्मिक संस्कार करता है, उसके पुत्र उत्तम आचरण वाले होंगे और वह एक प्रशंसित व्यक्ति होगा।

अभ्युक्तियाँ—इस योग के लिये भी दो परिभाषाएं पायी जाती हैं, ऊपर जो कुछ भी दिया गया है उसके अतिरिक्त कुछ ज्योतिषियों का यह मत है कि यदि नवमाधिपति और चन्द्रमा अपनी ही राशि में या उच्च राशि में हों और त्रिकोण या केन्द्र में स्थित हों तो गौरी योग बनता है। कुछ पुराने विचार के पंडितों का मत है कि केवल ३६ से ४८ वर्ष की आयु के बीच गौरी योग बनता है। यह मत युक्तियुक्त प्रतीत नहीं होता क्योंकि इस विश्वास के लिये कोई विशेष व्यादेश नहीं है। हम ऊपर की पहली परिभाषा पर अधिक जोर देंगे और यह देखेंगे कि गौरी योग के लिए दशमाधिपति का नवांश के अधिपति के साथ होना और नवांश अधिपति का दशम भाव में उच्च का होना आवश्यक है। इस परिभाषा में दशम भाव में किसी अन्य ग्रह का होना मना नहीं किया गया है।

कुण्डली संख्या २९

जन्म तारीख १–८–१९०८ जन्म समय–सूर्योदय से १५ घटी ३० पल

अक्षांस ११° उत्तर, देशा० ७८° ४०′ पूर्व

राशि

नवांश

सूर्य की दशा शेष—४ वर्ष १ महीने १० दिन

कुण्डली संख्या २९ में दशमाधिपति चन्द्रमा है। वह नवांश में मीन राशि में है। इस नवांश का अधिपति बृहस्पति है और वह दशम भाव में उच्च का है। गौरी योग की यह एक विशेष कुण्डली है। जातक भारतीय सिविल सेवा में है और उसमें गौरी योग की सभी विशेषताएं हैं।

२९. भारती योग

परिभाषा—यदि नवांश का अधिपति द्वितीयेश, पंचमेश और एकादशेश के साथ

हो और नवांश का अधिपति राशि में उच्च का हो और नवमाधिपति से युक्त हो तो भारती योग बनता है।

फल—विश्व में प्रसिद्ध, विद्वान्, संगीत का शौकीन, आसिक मिजाज, आकर्षक धर्म की ओर प्रवृत्तिवाला और आँख मटकाने वाला होगा।

अभ्युक्तियाँ—इसमें तीन योग बनते हैं क्योंकि तीनों नवांश अधिपतियों के साथ नवमाधिपति एक साथ युक्त नहीं हो सकता हैं। अतः निम्नलिखित परिस्थितियों में भारती योग की विद्यमानता कही जा सकती है (क) यदि नवांश का अधिपति द्वितोयेश के साथ हो और उच्च का हो तथा नवमाधिपति से युक्त हो (ख) यदि नवांश का अधिपति पंचमेश के साथ हो, उच्च का हो और नवमाधिपति से युक्त हो (ग) यदि नवांश का अधिपति एकादशेश के साथ हो, उच्च का हो और नवमाधिपति से युक्त हो। भारती योग एक साधारण योग नहीं है।

कुण्डली सं० ३०

जन्म तारीख २८––१८६२ जन्म समय—सूर्योदय के बाद ५२–० घटी

अक्षांस १३° उत्तर, देशान्तर ७७° ३४′ पूर्व

राशि

नवांश

राहु की दशा शेष—६ वर्ष १२ महीने २१ दिन

कुण्डली सं० ३० में पंचमाधिपति शुक्र मिथुन के नवांश में है जिसका अधिपति बुध चौथे भाव में उच्च का है और नवमाधिपति शनि से युक्त है, यह कुण्डली भारती योग का एक विशेष उदाहरण है। अन्य बुरे योगों के कारण भारती योग का महत्त्व कम हो गया।

३०. चाप योग

परिभाषा—यदि लग्नाधिपति उच्च का हो और चतुर्थेश तथा दशमाधिपति के बीच परस्पर राशि परिवर्तन योग हो तो चाप योग बनता है।

फल—ऐसा व्यक्ति राजा की परिषद में शामिल होगा, धनी होगा और पूरा बलशाली होगा अथवा खजाने का नियन्त्रक होगा।

अभ्युक्तियां—लगभग बीस वर्षों तक इस पर छान बीन करने पर हम इस निष्कर्ष पर पहुंचे कि चाप योग वाला व्यक्ति दूसरों के धन का नियन्त्रण करता है न कि वह स्वयं धनी होता है, इस प्रयोजन के लिए बैंक के खजांची, वित्तीय सचिव और खजाना अधिकारियों की कुण्डली का अध्ययन किया जा सकता है।

३१. श्रीनाथ योग

परिभाषा—यदि उच्च का सप्तमाधिपति दशम भाव में स्थित हो और दशमाधिपति नवम भाव के अधिपति के साथ हो तो श्रीनाथ योग बनता है।

फल—जातक के शरीर पर विष्णु अर्थात शंख, पहिया अदि का निशान होगा, वह अच्छा वक्ता, ईश्वर से डरने वाला अच्छी पत्नी और बच्चों वाला तथा सबका प्रिय होगा।

अभ्युक्तियां—श्रीनाथ योग एक राजयोग होता है क्योंकि ७, ९ और १० वें भावों के बीच एक सम्बन्ध स्थापित होता है। यह कहा जाता है कि इससे व्यक्ति धनी और अधिकार वाला होता है। सप्तम भाव के अधिपति को १० वें भाव में उच्च का होना चाहिए और साथ ही दशमाधिपति को नवमेश के साथ होना चाहिए। इससे यह स्पष्ट है कि श्रीनाथ योग केवल धनु राशि के मामले में बन सकता है जिस में कि सप्तमाधिपति बुध दशम भाव में उच्च का हो सकता है। किसी अन्य लग्न के लिए सप्तमाधिपति दशम भाव में उच्च का नहीं हो सकता। चूंकि मूल लेखकों ने इस बात पर जोर दिया है कि सप्तमाधिपति को दशम भाव में उच्च* का होना चहिए अतः हम यह निष्कर्ष निकाल सकते हैं कि यह योग बिरले बनता है और धनु के अतिरिक्त किसी अन्य लग्न के सम्बन्ध में यह योग नहीं बन सकता है। यदि परिभाषा को इस अर्थ में लिया जाय कि उच्च के सप्तमेश की १० वें भाव पर दृष्टि भी हो तो इस योग में कर्क और तुला को शामिल किया जा सकता है। क्या ऐसा परिवर्तन किया जा सकता है। इस पर हम निश्चित रूप से कुछ कह नहीं सकते क्योंकि हमारे पास जो भी सामग्री है वह कोई निश्चित मत देने के लिए पर्याप्त नहीं है।

---

* कामेश्वरः कर्मगतः स्वतुंगे

३२ से ४३ मालिका योग

परिभाषा—यदि सातों ग्रह सभी सातों भावों में समीपस्थ हों, जिसे लग्न या किसी भी भाव से देखा जा सकता है तो सही मालिका योग बनता है।

फल—**लग्न मालिका**—राजा; शासक या कमान्डर, धनी। **धन मालिका**—काफी धनी, कर्तव्य परायण, कृत संकल्प, सहानुभूति न करने वाला। **विक्रम मालिका**—शासक; धनी, बीमार, साहसी लोगों के बीच रहने वाला, **सुख मालिका**—धर्मार्थ और धनी। **पुत्र मालिका**—अत्यधिक धार्मिक और प्रसिद्ध व्यक्ति होगा। **शत्रु मालिका**—लालची और गरीब, **कलत्र मालिका**—स्त्रियों की आकांक्षा करने वाला और प्रभावी। **रन्ध्र मालिका**–गरीब, स्त्री हो तो पति पर शासन करने वाली, **भाग्य मालिक**–धार्मिक, सम्पन्न, शक्तिशाली और उत्तम, **कर्म मालिका**—सम्मानित और सदाचारी, **लाभ मालिका**—कुशल और प्रिय स्त्री, **व्यय मालिका**—सम्मानित, स्वतन्त्र और आदरणीय।

अभ्युक्तियाँ—प्रत्येक भाव के लिए १२ प्रकार के मालिका योग बनते हैं। इस प्रकार लग्न भाव से आरम्भ होने वाला योग लग्न मालिका कहलाता है। इसी प्रकार प्रत्येक भाव के सम्बन्ध में समझें। सात ग्रहों (राहु और केतु को छोड़कर) को किसी भी भाव से समीपस्थित सात भावों में स्थित होना चाहिये। जब कि १२ प्रकार के मालिका योग के बारे में अधिकतर ज्योतिषियों का मत ऊपर दिये गये मत के अनुरूप है, भावार्थ रत्नाकर का मत भिन्न है और उसमें यह कहा गया है कि मालिका योग हमेशा लग्न से आरम्भ होता है और लग्न से पांच से नौ भावों में सभी ग्रह स्थित होते हैं। इस मत के अनुसार प्रत्यक्षतः समीपस्थता लागू नहीं होती है।

४४. शंख योग

परिभाषा—यदि पंचमेश और षष्ठेश एक दूसरे से केन्द्र में स्थित हों और लग्नाधिपति बली हो तो शंख योग बनता है।

फल—आमोद का शौकीन, पत्नी और बच्चों वाला तथा भूमि का स्वामी, अच्छा काम करने वाला, विज्ञान का ज्ञाता और दीर्घ जीवी होता है।

अभ्युक्तियां—जहां ग्रह या भाव बली न हो वहां किसी विशेष योग का फल प्राप्त नहीं होता बल्कि केवल उनकी विद्यमानता ही पाई जाती है। जिस कुण्डली में शंख योग हो उसमें षष्ठेश भी शुभ होता है क्योंकि इस योग के कारण वह भी अपनी

दशा या भुक्ति में उत्तम फल देने में सक्षम होता है। किन्तु षष्ठेश होने के कारण वह कलंकित होता है और वह ऋण, रोग या शत्रु से जातक को कष्ट देता है।

कुण्डली सं० ३१

जन्म तारीख ८-८-१९१२ जन्म समय ७-२३ बजे सन्ध्या (स्था० स०)
अक्षांस १३° उत्तर, देशा० ५ घं० १० मि० २० से० पूर्व

राशि

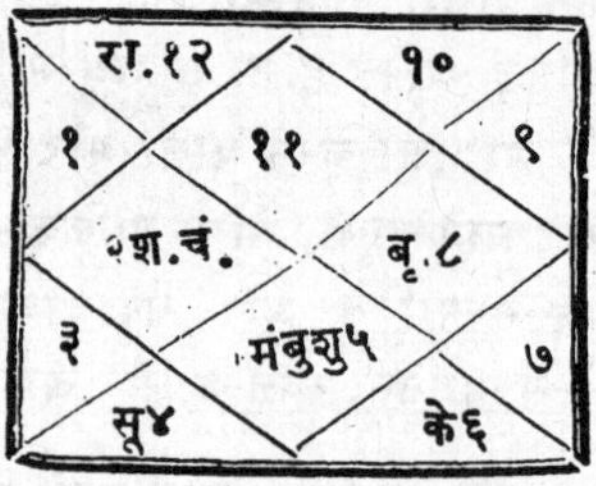

नवांश

मंगल की दशा शेष—६ वर्ष ० महीना १० दिन

कुण्डली संख्या ३१ में पञ्चमाधिपति बुध चन्द्रमा से केन्द्र में है जो षष्ठेश है और लग्नाधिपति शनि बली है क्योंकि वह चौथे भाव में स्थित है और लग्न भाव पर दृष्टि डाल रहा है।

४५. भेरी योग

परिभाषा—यदि लग्नाधिपति शुक्र और बृहस्पति आपस में एक दूसरे से केन्द्र में स्थित हों और नवमाधिपति बली हो तो भेरी योग बनता है।

फल—दीर्घ जीवी, रोग से मुक्त, शासक, आय के अनेक साधन, पत्नी और बच्चों से सुख, उच्च आत्मा, उदार और धार्मिक प्रवृत्ति।

अभ्युक्तियां—भेरी योग का सार यह है कि इस योग वाला व्यक्ति सुख और आराम का जीवन बिताता है।

कुण्डली संख्या ३२

जन्म तारीख २३-२-१८९६, जन्म समय—२८ घ० ३० पल
अक्षांस १२° उत्तर, देशा० ७७° ३५′ पूर्व

राशि

नवांश

मंगल की दशा शेष—२ वर्ष १ महीने २८ दिन

कुण्डली संख्या ३२ में शुक्र लग्नाधिपति है और वह बृहस्पति से केन्द्र में है और नवमाधिपति बुध बली है। जातक एक उच्च शिक्षा अधिकारी है और इस योग के फल ग्रहों की कुछ बुरी स्थिति के अध्यधीन उसे प्राप्त हुए हैं।

४६. मृदंग योग

परिभाषा—नवांश के अधिपति को, जो राशि में उच्च का हो, त्रिकोण या केन्द्र में मित्र राशि में या उच्च राशि में स्थित होना चाहिये और लग्नाधिपति को बली होना चाहिये।

फल—शासकों द्वारा सम्मानित, प्रसिद्ध, आकर्षक और काफी प्रभाव शाली।

अभ्युक्तियां—इस योग की परिभाषा कुछ भ्रामक है। कुछ ग्रह उच्च के हों और वे नवांश में हों। उपरोक्त नवांश के अधिपति का केन्द्र या त्रिकोण में स्थित होना आवश्यक है जो उसकी अपनी या उच्च या मित्र राशि हो। इसके अतिरिक्त लग्नाधिपति का भी बली होना आवश्यक है।

कुण्डली सं० ३३

जन्म तारीख १४–१२–१८९५ जन्म समय ३–५ बजे प्रातः

अक्षांश ५१°–३१′ उत्तर, देशा० ०°–१′ पश्चिम

राशि

नवांश

शनि की दशा शेष—१७ वर्ष १० महीना २७ दिन

कुण्डली सं० ३३ में उच्च का वृहस्पति धनु के नवांश में है। इसका अधिपति स्वयं बृहस्पति है और वह केन्द्र में उच्च का है। यदि शुक्र (अन्य उच्च ग्रह) को नवांश मान लिया जाये जहां शनि स्थित है तो हम यह देखेंगे कि वह केन्द्र में अपनी ही राशि में स्थित है जब कि लग्नाधिपति भी शुक्र है। इस कुण्डली में मृदंग योग है। जातक एक बहुत बड़े साम्राज्य का शासक था।

४७. पारिजात योग

परिभाषा—जिस भाव में लग्नाधिपति स्थित हो वहीं नवांश का अधिपति अथवा राशि का अधिपति स्थित हो, जिसमें लग्नाधिपति स्थित हो उस राशि का अधिपति यदि केन्द्र, त्रिकोण, अपनी राशि या उच्च का हो तो पारिजात योग बनता है।

फल—जीवन के मध्य और अन्तिम काल में सुखी, राजा और शासकों से सम्मानित, युद्ध का शौकीन, हाथी और घोड़ों का स्वामी, परम्परा का पालन करने वाला, उदार और प्रसिद्ध होता है।

अभ्युक्तियाँ—पारिजात योग राजयोग के बराबर माना जाता है। जहाँ पारिजात योग विद्यमान हो या पारिजात योग के अतिरिक्त बाद का योग भी विद्यमान हो वहां जातक धर्म का प्रधान बनता है और राजा के सभी निजी सामान पर अधिकार रखता है और करोड़ों लोगों पर आध्यात्मिक अधिकार रखता है।

कुण्डली संख्या ३४

जन्म तारीख ११–३–१८५८ जन्म समय ९–० बजे संध्या

अक्षांस १३° उत्तर, देशा० ७७° ३४′ पूर्व

राशि

नवांश

चन्द्रमा की दशा शेष—७ वर्ष २ महीने ८ दिन

कुण्डली सं० ३४ एक विद्वान् व्यक्ति की है जिसमें यह योग विद्यमान है। लग्नाधिपति शुक्र है। वह मीन राशि में है; इस राशि का अधिपति अर्थात् बृहस्पति मेष में है और इस राशि का अधिपति मंगल अपनी राशि में है जिससे पारिजात योग बनता है। इस कुण्डली का जातक अपने समय के विद्वानों में से था और एक पहुँचा हुआ योगी था। वह करोड़ों हिन्दुओं अनेक राजा महाराजाओं का प्रधान था जो उसके पैरों पड़ते थे। उसके अधिकार में सभी सुविधाएँ और एक धर्म निरपेक्ष शासक की निजी सामग्री थी हालांकि उसका प्राधिकार पूर्णतः धार्मिक था।

४८. गज योग

परिभाषा—यदि ग्यारहवें भाव से नवमाधिपति चन्द्रमा के साथ ग्यारहवें भाव में स्थित हो और एकादशेश से दृष्ट हो तो गज योग बनता है।

फल—जातक के पास अनेक पशु, हाथी और घोड़े होंगे, जीवन में सुखी और धनी होगा।

अभ्युक्तियां—यह कहा जाता है कि यह योग २० और २१ वर्ष की आयु के बीच फलीभूत होता है। यह मत इस कथन के विपरीत है कि जातक जीवन में सुखी रहेगा। ग्यारहवें भाव से नवम भाव ७वां भाव होगा। इसलिए सप्तमाधिपति को एकादशभाव में चन्द्रमा के साथ होना चाहिए और उसपर एकादशेश की दृष्टि होनी चाहिये। जातक साधारणतः जीवन भर सुखी रह सकता है। परन्तु जिस अवधि में यह योग फलीभूत होगा वह अवधि इस योग को बनाने वाले विभिन्न ग्रहों के अनुपात में होगी और उनकी दशा और भुक्ति पर निर्भर करेगा। इस मत से यह प्रतीत होता है कि जब गज योग बली हो तो जातक दूसरों के साथ व्यापार में हमेशा लाभ में रहेगा।

गज योग का उदाहरण प्राप्त करना कठिन है। कुण्डली सं० ३५ में सप्तमाधिपति (अथवा एकादश भाव से नवमेश) चन्द्रमा है। वह ११वें भाव में मंगल से दृष्ट है जो ११वें भाव का अधिपति है। अतः यह एक गज योग का उदाहरण है। चूंकि सप्तमाधिपति स्वयं चन्द्रमा है अतः उसका चन्द्रमा के साथ होने का प्रश्न ही नहीं उठता।

कुण्डली सं० ३५

जन्म तारीख ६-९-१९४३ जन्म समय ६-१५ बजे संध्या (स्था० स०)

अक्षांस १८° ५८′ उत्तर, देशा० ७२° ४९′ पूर्व

राशि

नवांश

शनि की दशा शेष—१२ वर्ष ९ महीने १८ दिन

४९. कलानिधि योग

परिभाषा—बृहस्पति को दूसरे या पांचवें भाव में बुध और शुक्र के साथ या इनसे दृष्ट होना चाहिये; बृहस्पति को दूसरे या पांचवें भाव में बुध या शुक्र के स्वक्षेत्र में होना चाहिये।

फल—अत्यधिक कामुक, उत्तम स्वभाव, राजाओं द्वारा सम्मानित, विभिन्न प्रकार की सवारियों का स्वामी और सभी प्रकार के कुलीन साज सामान वाला और रोगों से मुक्त।

अभ्युक्तियाँ—हमारे परीक्षण के आधार पर ऐसा प्रतीत होता है कि कलानिधि योग बुध और शुक्र की राशि में उनके साथ बृहस्पति के स्थित होने के कारण नहीं बनता है बल्कि दूसरे या पाँचवें भाव में बुध, बृहस्पति और शुक्र की युक्ति द्वारा बनता है। इसके अतिरिक्त जहां पर कलानिधि योग वास्तव में बली होता है वहां जातक सम्पन्नता की वैकल्पिक अवधि का लाभ उठाता है। इस आशय का किसी

प्राचीन पुस्तक में सुझाव नहीं मिलता है किन्तु अपने परीक्षण के आधार पर मैं अपना मत दे रहा हूँ। यह एक पक्का राजयोग है क्योंकि इस योग में धन या भाग्य भाव में तीन शुभ ग्रहों की युक्ति होती है। हमने यह भी पाया है कि यदि बृहस्पति, बुध या शुक्र के साथ या दोनों के साथ दूसरे और पांचवें भाव में अथवा नवम भाव में स्थित हो तो कलानिधि योग का फल मिलता है क्योंकि नवम भाव भाग्य भाव होता है। नीचे एक विशेष जन्म कुण्डली दी जाती है जिसमें यह देखा जा सकता है कि प्रबल कलानिधि योग का फल क्या होता है।

कुण्डली सं० ३६

जन्म तारीख २०।२१-२-१८७१ जन्म समय ४-३० बजे प्रातः (स्था० स०)
अक्षांश १०' ४३' उत्तर, देशा० ७६° ४८ पूर्व

राशि

नवांश

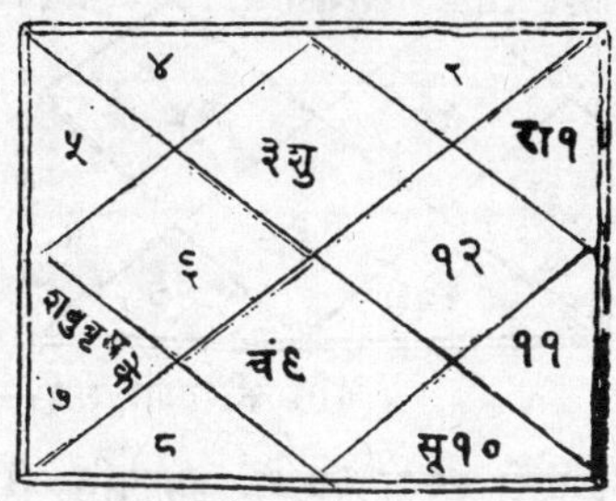

राहु की दशा शेष—१४ वर्ष ६ महीने २९ दिन

कुण्डली सं० ३६ एक महान प्रशासक, तेजस्वी वकील और चतुर राजनेता की है। लग्न भाव में मकर राशि है और दूसरे भाव में बृहस्पति, बुध और शुक्र (सूर्य और चन्द्रमा के अतिरिक्त) स्थित हैं। इससे प्रबल कलानिधि योग बनता है। जातक एक प्रमुख भारतीय राज्य का दीवान था। उसने वायसराय की कार्यकारी परिषद में काम किया और एक सक्षम राजनीतिज्ञ था। वह संविधानिक विधि का ज्ञाता था। वह न केवल शासकों द्वारा सम्मानित हुआ बल्कि वह पूर्णतः स्वतन्त्र था और कुछ सीमा तक तानाशाह भी था। इस कुण्डली से पूर्ण रूप से यह पता लगता है कि एक प्रबल कलानिधि योग का क्या फल हो सकता है।

५०. अंशावतार योग

परिभाषा—यदि शुक्र और बृहस्पति केन्द्र में हों, लग्न चर राशि में हो और शनि केन्द्र में उच्च का हो तो अंशावतार योग बनता है।

फल—निष्कलंक प्रसिद्धि, मुक्त विद्वान्, लैंगिक आनन्द का शौकीन, नियन्त्रण के अधीन कामुक, दर्शनशास्त्र का ज्ञाता, शासक या शासक तुल्य।

अभ्युक्तियां—इसमें निष्कलंक या शुद्ध प्रसिद्धि पर जोर दिया गया है। इस योग में उत्पन्न व्यक्ति दुराचारी नहीं हो सकता। किन्तु यदि किसी कुण्डली में अनेक अन्य प्रभाव विद्यमान हों तो केवल योग के आधार पर उसके आचरण का विश्लेषण नहीं करना चाहिये, भले ही वह बली हो।

कुण्डली सं० ३७

जन्म तारीख १४-१२-१८९५　　　　जन्म समय ३-५ बजे प्रातः (स्था० स०)

अक्षांस ५१° ३१′ उत्तर, देशा० ०° ६′ पश्चिम

राशि

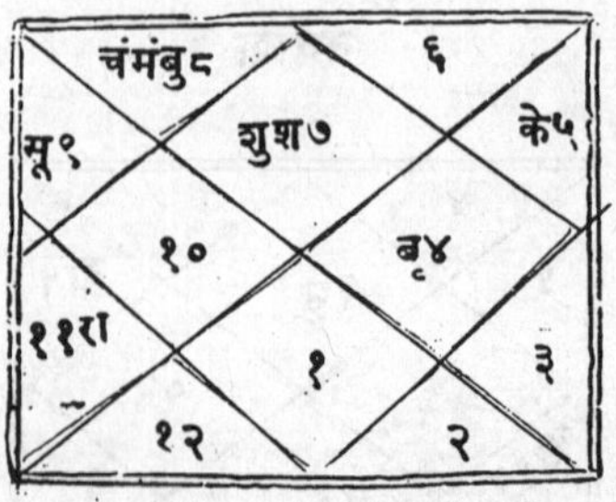

नवांश

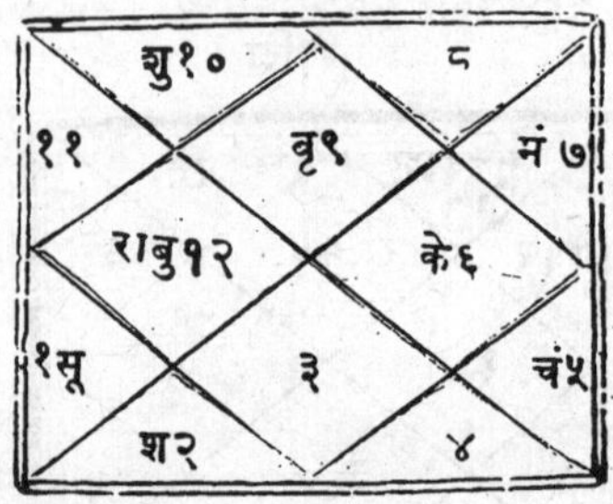

शनि की दशा शेष—१७ वर्ष १० महीने २७ दिन

कुण्डली संख्या ३७ में बृहस्पति और शुक्र केन्द्र में स्थित हैं और शनि केन्द्र में उच्च का है। जिससे अंशावतार योग बनता है। जातक एक पूरे साम्राज्य का शासक था।

५१. हरिहरब्रह्मा योग

परिभाषा—यदि दूसरे भाव के अधिपति से ८वें या १२ वें भाव में शुभ ग्रह हों अथवा यदि बृहस्पति, चन्द्रमा और बुध सप्तमाधिपति से ४, ९ और ८ वें भाव में हों अथवा यदि सूर्य, शुक्र और मंगल लग्नाधिपति से ४, १० और ११ वें भाव में हो तो हरिहरब्रह्मा योग बनता है।

फल—इस योग में उत्पन्न व्यक्ति वेदों का ज्ञाता, विश्वासी होगा। उसके पास आनन्द के सभी सामान होंगे, आकर्षक वक्ता, लैंगिक आनन्द का शौकीन, शत्रुओं पर विजय पाने वाला, दूसरों की मदद करने वाला और पवित्र कार्यों में लगा रहने वाला होगा।

अभ्युक्तियां—ऐसा प्रतीत होता है कि यह एक जटिल योग है। इसमें तीन योगों का वर्णन है अर्थात् (क) दूसरे भाव के अधिपति से ८ और १२ वें भावों में शुभ ग्रह होने चाहिए (ख) बृहस्पति, चन्द्रमा और बुध को सप्तमाधिपति से ४, ९ और ८ वें भाव में होना चाहिए या (ग) सूर्य, शुक्र और मंगल को लग्नाधिपति से ४, १० और ११ वें भावों में होना चाहिए। इस प्रकार लग्न, दूसरे और सातवें भावों के अधिपतियों को गौरव का स्थान दिया गया है। इन तीन तथ्यों पर विचार करने के लिए कुछ उत्तम कारण प्रतीत होते हैं। लग्न जन्म या व्यक्ति सृजन का द्योतक होता है। दूसरा भाव धन का द्योतक होता है जो सुरक्षा या संरक्षण के लिए अति आवश्यक है जबकि सप्तम भाव मारक होने के कारण नाश करने का द्योतक होता है। सृजन, सुरक्षा और विनाश के ये तीन क्रिया कलाप हिन्दुओं के त्रिदेवों द्वारा किये जाते हैं अर्थात् ब्रह्मा, विष्णु और महेश। अतः इस योग का नाम हरिहरब्रह्मा योग दिया गया।

५२. कुसुम योग

परिभाषा—यदि बृहस्पति लग्न में हो, चन्द्रमा सातवें भाव में हो और सूर्य चन्द्र राशि से ८ वें में हो तो कुसुम योग बनता है।

फल—जातक राजा या राजा के तुल्य होगा, अपने जनों की सुरक्षा करने वाला, नगर का निवासी या प्रधान और निष्कलंक प्रसिद्धि वाला होगा।

अभ्युक्तियां—यदि लग्न में बृहस्पति हो तो यह एक शुभ योग होता है और जब चन्द्रमा से ७ वें भाव में बृहस्पति हो तो गज केसरी योग बनता है। चन्द्रमा से अष्टम भाव में सूर्य स्थित होने का अर्थ है दूसरे भाव में सूर्य हो जिससे शुभवासी योग बनता है क्योंकि बृहस्पति १२ वें भाव में होगा। इस प्रकार कुसुम योग में गज केसरी योग और वासी योग शामिल होते हैं। जिन मामलों में दो या अधिक योग एक साथ मिल जाते हैं वहां काफी प्रबल भाग्य का हिसाब लिया जाता है, जब बली कुसुम योग बनता है तो जातक न्यायाधीश, मुन्सिफ, गाँव का प्रधान, मेयर और नगरपालिका का आयुक्त बनता है।

कुण्डली सं० ३८

जन्म तारीख १५-१२-१८९९ जन्म समय ५-४२ बजे प्रातः (स्था. स.)

अक्षांस १०°४५' उत्तर, देशा० ११° ४' पूर्व

राशि

नवांश

सूर्य की दशा शेष—१ वर्ष २ महीना १२ दिन

कुण्डली सं० ३८ कुसुम योग का एक विशेष उदाहरण है। बृहस्पति लग्न में है, चन्द्रमा सप्तम भाव में है और सूर्य दूसरे भाव में है। परन्तु इस योग को बनाने वाले तीनों ग्रह बुरे प्रभाव में हैं क्योंकि चन्द्रमा केतु के साथ है, बृहस्पति पर राहु का प्रभाव है। और सूर्य शनि तथा अन्य अशुभ ग्रहों से युक्त है। चूंकि कुण्डली सं० ३८ इस योग के सिद्धान्त का एक उदाहरण है, इसका २० या २५% से अधिक फल नहीं मिला क्यों कि यह योग सीमित है।

प्रो० राव अपनी शत योग मञ्जरी में अन्य परिभाषा देते हैं जिसके अनुसार शुक्र का अचर राशि में केन्द्र में स्थित होना अनिवार्य है, कमजोर चन्द्रमा त्रिकोण में हो और सूर्य १० वें भाव में हो तो कुसुम योग बनता है। इससे स्पष्ट है कि शुक्र १० वें भाव के अतिरिक्त किसी केन्द्र भाव में स्थित नहीं रह सकता, यदि १० वें भाव में सूर्य भी स्थित हो क्योंकि सूर्य और शुक्र एक दूसरे से ४७° से अधिक दूरी पर नहीं रह सकते। अतः इसका यह अर्थ होगा कि कमजोर चन्द्रमा त्रिकोण में होना चाहिये और सूर्य तथा शुक्र १० वें भाव में होने चाहिये। तथापि उच्च अंश में जहां भाव में दो राशि एक साथ मिल जाती हैं शुक्र या तो लग्न भाव में स्थित हो सकता है अथवा सप्तम भाव में और सूर्य १० वें भाव में जो इस बात पर निर्भर होगा कि शुक्र शुभ या अशुभ युक्ति में है। चूंकि सभी योग ग्रहों की कतिपय परस्पर स्थिति से बनते हैं अतः राशि का महत्त्व होता है न कि भाव का। प्रत्येक कुण्डली में किसी विशेष योग को बनाने वाले ग्रहों के बीच दूरी अलग अलग होगी। इस प्रकार उदाहरण स्वरूप कुसुम योग में सूर्य का १० वें भाव में होना अनिवार्य है। राशि के अनुसार इसका अर्थ २७०° पर दृष्टि होगी

जबकि भाव के अनुसार इसका अर्थ यह हो सकता है कि लग्न और १० वें भाव के बीच दूरी प्रत्येक कुण्डली में अलग अलग होगी। इस योग पर अधिक जोर दिये बिना यह मान लेना सुरक्षित प्रतीत होता है कि एक दूसरी राशि में ग्रहों की स्थिति के आधार पर योग बनता है।

५३. मत्स्य योग

परिभाषा—यदि लग्न और नवम भाव में अशुभ ग्रह हों, पंचम भाव में शुभ और अशुभ दोनों हों और चौथे तथा ८ वें भावों में अशुभ ग्रह हों तो मत्स्य योग बनता है।

फल—ऐसा व्यक्ति प्यार का सागर होगा, समय की परख रखने वाला, उत्तम आचरण वाला, प्रसिद्ध, धार्मिक और विद्वान् होगा।

अभ्युक्तियां—यह एक विचित्र योग प्रतीत होता है क्योंकि दो महत्त्वपूर्ण भाव लग्न और नवम में अशुभ ग्रह स्थित होने चहिये, पंचम भाव में शुभ और अशुभ दोनों प्रकार के ग्रह होने चाहिये और चौथे तथा ८ वें भावों में केवल अशुभ ग्रह होने चाहिये। यद्यपि इस प्रकार के योग असंभव नहीं हैं फिर भी बिरले पाये जाते हैं क्योंकि यदि बुध और चन्द्रमा शुभ युक्ति और बली होने के कारण शुभ ग्रह बन जाते हैं तो केवल तीन ही अशुभ ग्रह बच जाते हैं (राहु और केतु को छोड़कर) जिनसे यह योग बन सकता है। यदि राहु और केतु को भी शामिल कर लिया जाय तो सभी अशुभ ग्रह ९, ४ और ८ वें भावों में स्थित नहीं हो सकते क्योंकि राहु और केतु सर्वदा एक दूसरे से १८०^{0} अंश की दूरी पर रहते हैं। किसी कुण्डली में मत्स्य योग की विद्यमानता तभी स्वीकार की जा सकती है यदि लग्न ४, ८ और ९ वें भावों में अथवा कम से कम लग्न और नवम भावों में अशुभ ग्रह हों और पंचम भाव में शुभ और अशुभ ग्रह हों। संस्कृत में मत्स्य का अर्थ मछली होता है और यह माना जाता है कि यह योग एक बहुत ही उत्तम योग है। इसे जो उच्च स्थान दिया गया है वह वास्तविक कुण्डली में इसकी विद्यमानता की कमी के अनुसार है। यदि हम ग्रहों की दृष्टि को भी लें तो यह योग अनेक कुण्डलियों में बन सकता है।

५४. कूर्म योग

परिभाषा—जब ५, ६ और ७ वें भावों में शुभ ग्रह हों और वे उच्च में अपनी

राशि या मित्र के नवांश में हों अथवा १, ३ और ११ वें भावों में शुभ ग्रह उच्च, स्वराशि या मित्र राशि में हों तो इससे कूर्म योग बनता है।

फल—विश्वविख्यात, राजकीय सुख, उचित व्यक्ति, साहसी, सुखी, दूसरों की मदद करने वाला, लोगों का नेता और नम्र स्वभाव वाला होगा।

अभ्युक्तियाँ—मित्रांशकराशियुत: शब्द की सही व्याख्या के सम्बन्ध में मतभिन्नता है जिसका अर्थ मित्र राशि या मित्र नवांश हो सकता है, कुछ लेखकों का मत है कि चूंकि इस पैरा के दूसरे भाग में मित्रोच्चसमस्थ: शब्द का प्रयोग किया गया है अत: इस प्रकार की व्याख्या अधिक युक्तिसगत है कि इसका संदर्भ मित्र राशि से है। वास्तव में यह कुछ कठिन प्रतीत होता है कि एक ग्रह किसी विशेष भाव में मित्र नवांश के समतुल्य हो क्योंकि इसमें योग के दो सेट दिये गये हैं। हम प्रो० राव का यह मत मानने को तैयार हैं कि इस योग का प्रथम सेट अंशत: नवांश की स्थिति के संदर्भ में है जब कि दूसरे सेट को पूर्णत: राशि की स्थिति पर लागू करना होगा। दूसरे शब्दों में कूर्म योग निम्नलिखित परिस्थितियों में बनता है।

(क) यदि ५, ६ और ७वें भावों में शुभ ग्रह हों और स्वराशि, उच्च तथा मित्र नवांश में हों।

(ख) यदि १, ३ और ११वें भावों में शुभ ग्रह हों जो उच्च, स्वराशि या मित्र राशि में हों। इसकी सत्यता और ऊपर दी गई व्याख्या के बारे में मुझे स्वयं ही संदेह है। अत: पाठक मेरी बातों को कुछ अपवाद के साथ स्वीकार करें। जहाँ तक इस योग के फलों का सम्बन्ध हैं ऐसा प्रतीत होता है कि कूर्म योग से प्रसिद्धि, ख्याति और प्रभाव प्राप्त होते हैं किन्तु अधिक धन नहीं।

कुण्डली सं० ३९

जन्म तारीख १–९–१८९७ जन्म समय ८–३५ बजे संध्या (स्था० स०)
अक्षांस १०° ५८′ उत्तर, देशा० ७९° २९′ पूर्व

राशि

नवांश

राहु की दशा शेष—३ वर्ष ८ महीने ८ दिन

कुण्डली सं० ३९ में ५, ६ और ७वें भाव में क्रमशः बृहस्पति, बुध और चन्द्रमा स्थित है। बृहस्पति अपने ही नवांश में है, चन्द्रमा और बुध मित्र के नवांश में हैं अतः कूर्म योग बन रहा है। परन्तु इसका प्रभाव काफी कम हो जाता है क्योंकि ५ और ६ भावों में अशुभ ग्रह स्थित हैं। जातक ने साधारण स्थिति से काफी उन्नति की किन्तु अनाचार ढंग से।

५५. देवेन्द्र योग

परिभाषा—जब लग्न अचर राशि में हो, लग्नाधिपति और एकादशेश के बीच परस्पर भाव परिवर्तन हो और द्वितीयेश १०वें भाव में हो या दशमाधिपति दूसरे भाव में हो तो देवेन्द्र योग बनता है।

फल—सुन्दर चेहरा, विनोदी, निष्कलंक ख्याति, भवनों के निर्माता, सेना में कमाण्डर और लम्बी आयु।

अभ्युक्तियाँ—ऐसा माना जाता है कि देवेन्द्र स्वर्ग के निवासियों के राजा हैं और उनके नाम से बना हुआ योग वाला व्यक्ति इस संसार में उत्तम आचरण वाला, शासक या शासक तुल्य हो सकता है, एक सफल कमाण्डर हो सकता है और एक शक्तिशाली राजा हो सकता है। यद्यपि ये सभी फल एक साथ नहीं हो सकते फिर भी इनमें से कुछ अवश्य होगा। यह आवश्यक है कि लग्न अवश्य अचर राशि में हो और लग्नेश का ११वें भाव में होना आवश्यक है। जब कि एकादशेश को लग्न भाव में होना चाहिये और द्वितीयेश तथा दशमाधिपति के बीच परस्पर राशि परिवर्तन होना चाहिये। अतः दो परिवर्तन योग बनने चाहिये। यह ध्यान देना चाहिये कि इस योग के लिये मात्र राशि परिवर्तन काफी नहीं है। इनके अधिपतियों का बली होना आवश्यक है।

५६. मकुट योग

परिभाषा—यदि बृहस्पति नवमाधिपति से नवम भाव में हो, बृहस्पति से नवम भाव में शुभ ग्रह हो और शनि १०वें भाव में हो तो मकुट योग बनता है।

फल—जातक राजा बनेगा या वन के जन जाति का प्रधान बनेगा या शिकारी बनेगा। वह शक्तिशाली, बुरे विचार वाला और एक सफल खिलाड़ी होगा।

अभ्युक्तियाँ—मेरा अनुसंधान विभाग जो हजारों कुण्डलियों के सांख्यिकी विश्लेषण में लगा है, यह विवेचन करने में सफल हो गया है कि छोटे-मोटे प्रधान, वन संरक्षकों, वन के जनजातियों के प्रधानों की प्रत्येक १० कुण्डलियों में से ६ से ७ में मकुट योग पाया जाता है। इस प्रकार के असभ्य दलों पर नियन्त्रण रखने के लिये किसी को भी कठोर बनना पड़ता है। अतः यह आवश्यक है कि शनि दशम भाव में या कर्म भाव में हो।

५७. चंडिका योग

परिभाषा—यदि नवांश के अधिपति के साथ षष्ठेश हो और नवांश के अधिपति के साथ नवमाधिपति हो और सूर्य से युक्त हो और यदि लग्न स्थिर राशि हो षष्ठेश से दृष्ट हो तो चंडिका योग बनता है।

फल—जातक आक्रमणकारी, धर्मार्थं, धनी, मंत्री या मंत्रीतुल्य होगा, वह दीर्घजीवी तथा सुखी और ख्याति वाला होगा।

अभ्युक्तियां—परिभाषा कुछ जटिल है। नवांश के अधिपति के साथ षष्ठेश और नवमेश को होना चाहिये और उसके साथ सूर्य का होना आवश्यक है। लग्न पर षष्ठेश की दृष्टि होनी चाहिये और लग्न भाव में स्थिर राशि होनी चाहिये। यहाँ पर शुभ और अशुभ बलों के संपुटीकरण को मिश्रित कर दिया गया है ताकि अन्तिम फल उत्तम योग हो। ऐसा प्रतीत होता है कि छठे भाव के अधिपति का बुरा प्रभाव नवांश के अधिपति की युक्ति से समाप्त हो जाता है। छठे भाव के अधिपति के तत्व के कारण जातक लड़ाकू और आक्रमणकारी होगा। केवल चार राशियों के सम्बन्ध में यह योग बन सकता है अर्थात् वृषभ, सिंह, वृश्चिक और कुम्भ। चर और द्विस्वभाव राशि इस योग से सम्बद्ध नहीं हो सकते हैं। चंडिका योग राजनैतिक योग देता है।

५८. जय योग

परिभाषा—जब छठे भाव का अधिपति नीच का हो और दशमाधिपति उच्च का हो तो जय योग बनता है।

फल—जातक सुखी, शत्रुओं पर विजय पाने वाला, अपने सभी उद्यमों में सफल और दीर्घजीवी होगा।

अभ्युक्तियां—जैसा कि नाम से ही पता लगता है, जय योग से सभी कामों में सफलता मिलती है। यदि यह योग वास्तव में बली है तो जातक जीवन में शायद ही असफल और दुःखी होगा। छठा भाव दुःस्थान होता है और जब वहाँ का

अधिपति नीच का हो तो छठे भाव के सभी फल अर्थात ऋण, रोग और शत्रु कम हो जायेंगे और उस व्यक्ति के मार्ग की सभी रुकावटें समाप्त हो जायेंगी। दशमाधिपति या प्रयास, पेशा और कर्म भाव का अधिपति का अति उच्च का होना आवश्यक है अन्यथा इस योग का पूरा फल प्राप्त नहीं होगा।

कुण्डली सं० ४०

जन्म तारीख २१-४-१८६७ जन्म समय ९-३० बजे संध्या

अक्षांस १३° उत्तर, देशा० ७७° ३४′ पूर्व

राशि

नवांश

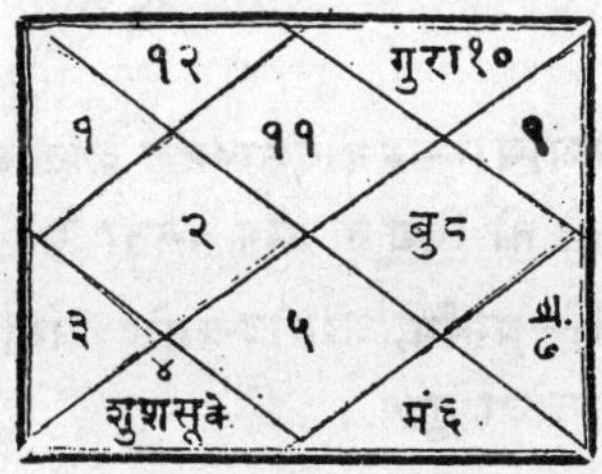

कुण्डली सं० ४० में षष्ठेश मंगल नीच का है और दशमाधिपति सूर्य अति उच्च का है। अतः यह जय योग का एक विशेष उदाहरण है। परन्तु इस योग का अधिक प्रभाव समाप्त हो गया है क्योंकि सूर्य छठे भाव में उच्च का है और लग्न तथा चन्द्रमा दोनों ही शनि से युक्त हैं इसमें सन्देह नहीं। षष्टेश नीच का है किन्तु चूंकि वह लग्नाधिपति भी है अतः उसकी यह स्थिति ठीक नहीं है।

कुण्डली सं० ४१

जन्म तारीख २५-२-१८६४ जन्म समय ८-५५ बजे प्रातः लगभग

अक्षांस १८° १२′ उत्तर, देशा० ७३° ५३′ पूर्व

राशि

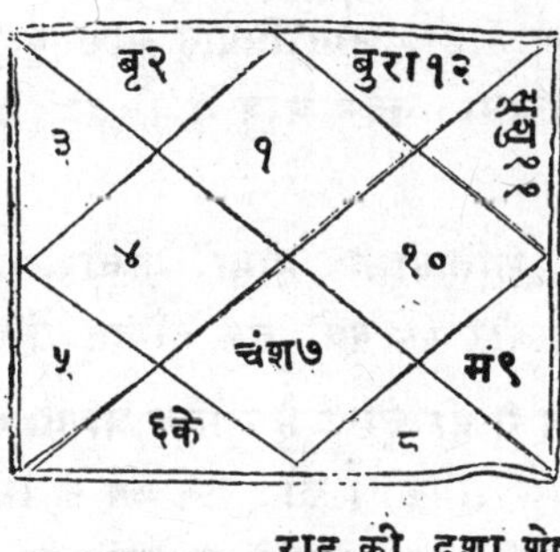

नवांश

राहु की दशा शेष—१ वर्ष १ महीने १५ दिन

कुण्डली सं० ४१ में षष्ठेश बुध नीच का है जब कि दशमाधिपति शनि उच्च का है। इससे निश्चित ही जय योग बनता है। यह कुण्डली एक महान् धार्मिक नेता और पैगम्बर की है जिसने संसार को प्रभावित किया। वह विश्व के धार्मिक क्षेत्र के चरण में एक महान व्यक्ति था। उसे अनेक दुष्ट और अनियन्त्रित तत्वों का मुकाबला करना पड़ा और ऐसा प्रतीत होता है कि जय योग के कारण वह करोड़ों लोगों की सहानुभूति प्राप्त करने में समर्थ हो गया। इस कुण्डली में अन्य बली तत्त्व भी विद्यमान हैं।

५९. विद्युत योग

परिभाषा—जब एकादशेश अति उच्च का हो और लग्नाधिपति से केन्द्र में शुक्र के साथ हो तो विद्युत योग बनता है।

फल—धर्मार्थ, आमोद-प्रमोद प्रिय, खजान्ची या धन का नियन्त्रक और महान् राजा या राजा तुल्य।

अभ्युक्तियाँ—इस योग को बनाने वाले दोनों अधिपतियों के आधार पर जातक या तो राजा होगा या राजा तुल्य होगा। वह धन का नियन्त्रक होगा और वह उदार प्रकृति का होगा। इस योग में यह अपेक्षित है कि एकादशेश और लग्नाधिपति तथा शुक्र कुण्डली में विशेष स्थिति में हो। शुक्र मनोरंजन और आराम का ग्रह है जब कि एकादशेश लाभ का संकेत देता है। स्वभावतः जब लग्न बली होगा और लाभ भाव तथा ऐश व आराम का अधिपति समान रूप से बली होगा तो जातक निश्चय ही जीवन में सुखी रहेगा।

६०. गान्धर्व योग

परिभाषा—यदि दशमाधिपति काम त्रिकोण में हो, लग्नाधिपति और बृहस्पति युक्त हों, सूर्य बली हो और उच्च का हो और चन्द्रमा नवम भाव में हो तो गान्धर्व योग बनता है।

फल—जातक ललित कला में प्रवीण होगा, शक्तिशाली होगा, मनोरंजन प्रिय होगा, अच्छी पोशाक पहनेगा, ख्याति प्राप्त होगा और ६८ वर्षों तक जीवित रहेगा।

अभ्युक्तियां—जैसा कि गान्धर्व योग के नाम से ही स्पष्ट है जातक ललित अर्थात् संगीत, नृत्य, पेन्टिंग आदि में प्रवीण होगा। काम त्रिकोण का अर्थ ७वें से त्रिकोण अर्थात ७, ११ और तीसरा भाव। इनमें से किसी एक भाव में बृहस्पति के साथ

दशमाधिपति का स्थित होना आवश्यक है, सूर्य का उच्च का होना और चन्द्रमा का नवम भाव में होना आवश्यक है। यदि ये सारी शर्तें पूरी हो रही हों तो यह योग पूरा बली होगा। अन्यथा अपूर्ण योग होने पर जातक की रुचि इन कलाओं में होगी परन्तु वह इनमें निपुण नहीं होगा।

६१. शिव योग

परिभाषा—यदि पंचमाधिपति नवम भाव में हो, नवमाधिपति दशम भाव में हो और दशमाधिपति पंचम भाव में हो तो शिव योग बनता है।

फल—जातक एक बहुत बड़ा व्यापारी होगा, विजयी होगा और सेना में कमान्डर होगा; उसके पास दैवी शक्ति होगी और एक पवित्र जीवन व्यतीत करेगा।

अभ्युक्तियाँ—ऐसा प्रतीत होता है कि यह योग एक साधारण योग है परन्तु यह काफी महत्त्वपूर्ण है। पंचम और नवम एक बली त्रिकोण भाव होता है और दशम भाव एक बली केन्द्र भाव होता है। यदि ये तीनों अधिपति एक विशेष क्रम में हों जैसा कि ऊपर बताया गया है तो भाग्य और कर्म भाव बली होंगे। अतः भाग्य व्यापार, दार्शनिकता और क्रियाकलापों के सम्बन्ध में जातक लाभ की स्थिति में होगा। इस योग के बल का हिसाब लगाते समय ९, ५ और १०वें भावों के अधिपतियों के परस्पर सम्बन्ध को विधिवत् महत्त्व देना चाहिये। इस प्रकार, मेष लग्न के सम्बन्ध में यदि पंचमेश (सूर्य) नवम भाव में हो और शनि दशम भाव में या पंचम भाव में हो क्यों कि शनि साथ के दोनों भावों का अधिपति है। सूर्य नवम भाव में हो और शनि दशम भाव में तो सूर्य और शनि के बीच परस्पर भाव परिवर्तन की अपेक्षा अधिक प्रबल शिव योग बनता है। बाद वाली परिस्थिति में इसमें सन्देह नहीं कि दशम भाव (शनि की राशि) में सूर्य (पंचमेश) के स्थित होने और शनि (दशमाधिपति) के पंचम भाव में स्थित होने के कारण शिव योग बनता है किन्तु दोनों ग्रह परस्पर कटु शत्रु हैं अतः पंचमाधिपति और दशमाधिपति के बीच परिवर्तन के कारण कुछ अन्य प्रकार का योग बनता है और इस योग में बुरे संकेत मिलते हैं। दूसरे शब्दों में जहाँ तक इस लेखक का अध्ययन है, मेष लग्न के सम्बन्ध में यह योग अधिक प्रभावी नहीं है जब तक सूर्य और शनि दोनों को पर्याप्त रूप से मूल त्रिकोणाधिबल प्राप्त न हों।

६२. विष्णु योग

परिभाषा—यदि जिस नवांश में नवमाधिपति स्थित हो और उसका अधिपति और दशमाधिपति नवमाधिपति के साथ दूसरे भाव में युक्त हो तो विष्णु योग बनता है।

फल—जातक सुखी जीवन व्यतीत करेगा, विभिन्न देशों से धन प्राप्त करेगा और लाखों में धन कमायेगा, शक्तिशाली होगा और बातचीत में निपुण होगा, वाद-विवाद में बुद्धिमत्ता से काम लेगा। वह विष्णु का उपासक होगा, शासक इसकी प्रशंसा करेंगे और वह रोगमुक्त होकर सौ वर्षों तक जीवित रहेगा।

अभ्युक्तियां—इस योग के सारे फल नहीं भी मिल सकते हैं। किन्तु जातक को विष्णु योग का आशीर्वाद प्राप्त होगा। इस योग के निर्माण में उस नवांश का महत्त्वपूर्ण हाथ होता है जिसमें नवमाधिपति स्थित हो। यदि संयोगवश नवांश का वह अधिपति प्रबल हो जिसे षड्बल की अपेक्षित मात्रा प्राप्त हो तो यह योग जीवनभर फल देगा। मेरे पास विष्णु योग का एक उदाहरण है जिसमें विष्णु योग प्रबल है और व्यक्ति मेरा निकट मित्र है। परन्तु दुर्भाग्यवश जिस नवांश में नवमाधिपति स्थित है उसका अधिपति शनि है और उसकी षड्बल शक्ति अधिक नहीं है। परिणामस्वरूप यह योग कतिपय रुकावटों के साथ फल देता है। विभिन्न प्रकार के फल साधारण हैं।

इस प्रकार के सभी मामलों में जहाँ योग का पूरा फल होता है, ज्योतिषियों को योग बनाने वाले मुख्य अधिपतियों के बल को निर्धारित करने में काफी सावधान रहना चाहिये। नवमाधिपति और दशमाधिपति के योग से एक प्रबल राज योग बनता है और यदि यह योग नवांश अधिपति के साथ दूसरे भाव में बनता है तो यह वास्तव में एक प्रबल धन योग होता है क्योंकि इसमें राज योग और धन योग का मिश्रण होता है। इस योग में यह निहित है कि दूसरे भाव में कम से कम तीन ग्रहों का स्थित होना आवश्यक है और ऐसा योग सर्वदा नहीं पाया जाता है।

कुण्डली संख्या ४२

जन्म तारीख १-१०-१९०१   जन्म समय ६-४८ बजे प्रातः (स्था० स०)

अक्षांस १३° उत्तर, देशा० ७७° ३५′ पूर्व

राशि

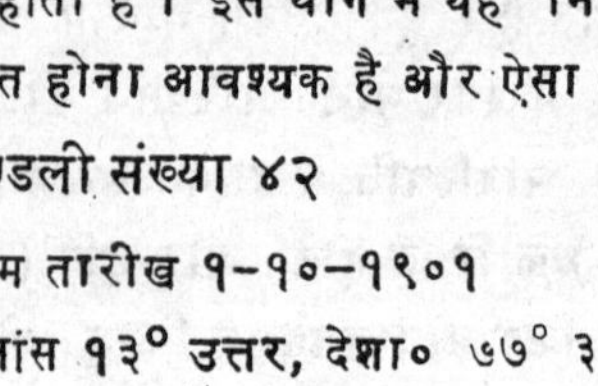

नवांश

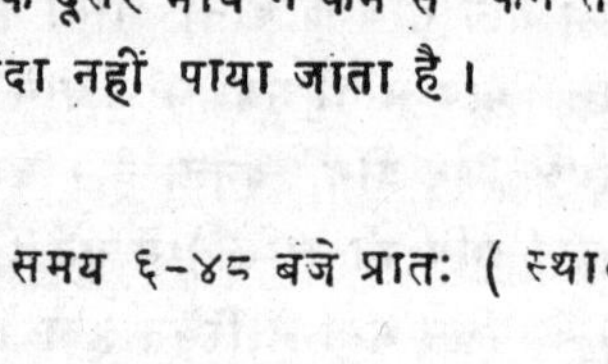

शुक्र की दशा शेष—१ वर्ष ७ महीना ६ दिन

कुण्डली सं० ४२ में नवमाधिपति शुक्र वृषभ नवांश में स्थित है। इस नवांश का अधिपति भी शुक्र है। वह दशमाधिपति के दूसरे भाव में स्थित है और वह स्वयं ही नवमाधिपति है। अतः इस कुण्डली में विष्णु योग विद्यमान है। किन्तु इस योग ने पूरा फल नहीं दिया क्योंकि दूसरे भाव में राहु विद्यमान है। यह कुण्डली एक उच्च पद पर आसीन एक प्रभावशाली व्यक्ति की है।

कुण्डली संख्या ४३

जन्म तारीख २१–२–१८७९ जन्म समय ४–५८ बजे प्रातः (स्था० स०)

अक्षांस १३° उत्तर, देशा० ७७° ३५′ पूर्व

राशि

नवांश

राहु की दशा शेष—१५ वर्ष १० महीने १६ दिन

कुण्डली सं० ४३ में विष्णु योग अधिक बली है। शुक्र न केवल दशम भाव का अधिपति है बल्कि नवमाधिपति बुध जिस नवांश में है वहां का भी अधिपति है। बुध और शुक्र दोनों ही दूसरे भाव में स्थित हैं। जातक को इस योग के लगभग पूरे फल प्राप्त हुए। उसने लाखों में धन अर्जित किया। वह कुछ भारतीय राजकुमारों और ब्रिटिश सरकार को प्रिय था। वह काफी विद्वान् था। वह एक तेजस्वी राजनेता तथा सफल वकील था।

६३. ब्रह्मा योग

परिभाषा—यदि बृहस्पति और शुक्र क्रमशः नवम और एकादश भावों के अधिपतियों से केन्द्र में स्थित हों और लग्नेश या दशमाधिपति से केन्द्र में बुध हो तो ब्रह्मा योग बनता है।

फल—जातक अच्छे भोजन का आनन्द उठायेगा और ब्राह्मण तथा विद्वानों द्वारा सम्मानित होगा। वह विद्वान् होगा, दीर्घजीवी होगा और हमेशा अच्छा काम करने में लगा रहेगा।

अभ्युक्तियां—ऐसा प्रतीत होता है कि इस योग के फल काफी लाभकारी होते हैं। जातक उत्तम स्वास्थ्य वाला होगा, धनी होगा, ख्याति प्राप्त होगा और इन सबके अतिरिक्त दूसरों की सेवा में लगा रहेगा। यह देखने में आयेगा कि इस योग के निर्माण में सभी नैसर्गिक शुभ ग्रह शामिल हैं। यहाँ भी योग का वास्तविक बल और महत्त्व कुण्डली में विद्यमान अन्य तथ्यों पर निर्भर करता है। उदाहरणस्वरूप मेष लग्न के लिए यह योग सभी प्रकार से नहीं बनेगा क्योंकि नवम भाव का अधिपति बृहस्पति है। अतः नवमाधिपति से केन्द्र में बृहस्पति स्थित नहीं हो सकता।

इसी प्रकार जब लग्न में कर्क राशि हो तो इस योग की दो शर्तें पूरी नहीं होंगी क्योंकि ९ और ११वें भाव के अधिपति क्रमशः बृहस्पति और शुक्र होंगे। पुनः यदि लग्न भाव में कन्या या धनु राशि हो तो यह योग पूरी तरह नहीं बनेगा क्योंकि कन्या लग्न के सम्बन्ध में बुध दशमाधिपति बनेगा जब कि धनु के सम्बन्ध में बुध और शुक्र दशमाधिपति और एकादशेश होगा। अतः शुक्र और बुध क्रमशः एकादशेश और दशमाधिपति से केन्द्र में स्थित नहीं हो सकते। जहाँ तक धनु का सम्बन्ध है दशमाधिपति के स्थान पर लग्नाधिपति पर विचार किया जा सकता है। अतः हम यह अनुमान लगा सकते हैं कि मेष, कर्क और कन्या के अतिरिक्त सभी अन्य राशियों के सम्बन्ध में ब्रह्मा योग का बनना सम्भव है तथापि यह अनुमान लगाना गलत नहीं होगा कि मेष, कर्क और कन्या लग्न के सम्बन्ध में भी थोड़ा संशोधन के साथ यह योग बन सकता है। यह कहा जाता है कि कतिपय योग बनने के लिए तीन तथ्य आवश्यक हैं। एक या दो की विद्यमानता से योग नहीं बनता बल्कि इससे योग का फल नगण्य होता है।

कुण्डली सं० ४४

जन्म तारीख ७–५–१८८६ जन्म समय २–३० बजे संध्या

अक्षांस ४०° २४′ उत्तर, देशा० ३ घं० ४१ मि० पश्चिम

राशि

नवांश

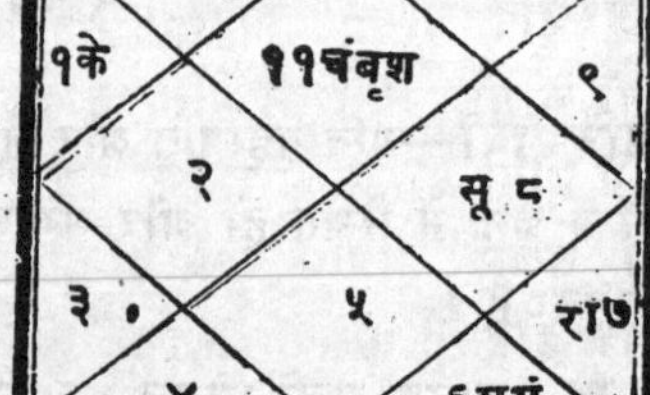

राहु की दशा शेष—१० वर्ष ४ महीना २२ दिन

कुण्डली सं० ४४ में बृहस्पति नवमाधिपति शुक्र से केन्द्र में है। शुक्र एकादशेश अर्थात चन्द्रमा से केन्द्र में है। तीसरा योग नहीं बन रहा है क्योंकि लग्न में कन्या राशि है। अतः कुछ परिवर्तन के साथ ब्रह्मा योग बन रहा है। इस कुण्डली का जातक एक भारतीय राज्य का शासक था और उसे इस योग के सभी फल प्राप्त हुये। इसे एक बिरला योग भाना जा सकता है जो बहुत कम कुण्डलियों में पाये जाते हैं।

६४. इन्द्र योग

परिभाषा—यदि ५वें और ११वें भावों के अधिपति के बीच भाव परिवर्तन योग हो और चन्द्रमा पांचवें भाव में हो तो इन्द्र योग बनता है।

फल—अत्यधिक साहसी, चिरकालिक प्रसिद्धि; राजाओं का राजा, उत्तम आनन्द और ३६ वर्षों की आयु।

अभ्युक्तियां—जब तक आयु भाव बली न हो तब तक यह मानना होगा कि इन्द्र योग आयु प्रदान नहीं करता है। प्रो० राव ने अपनी 'शतयोग मंजरी' में यह सुझाव दिया है कि ईशामसीह, शंकर और सिकन्दर कम आयु के उदाहरण हैं परन्तु उन्हें चिरकालिक ख्याति प्राप्त है और हम पाठकों को इन टिप्पणियों का हवाला देंगे। यद्यपि प्राचीन लेखकों ने इस योग के लाभकारी फलों के बारे में कहा है किन्तु हमें सन्देह है।

६५. रवि योग

परिभाषा—यदि सूर्य १०वें भाव से युक्त हो और दशमाधिपति शनि के साथ तीसरे भाव में हो तो रवि योग बनता है।

फल—शासकों से आदर; विज्ञान का ज्ञाता, १५ वर्ष के बाद ख्याति, अति कामुक, साधारण भोजन का शौकीन, कमल नयन और अति विकसित छाती।

अभ्युक्तियां—प्रत्येक नियम का अपवाद होता है। जब कि इस योग के अधीन कुण्डली के साथ शनि की युक्ति वांछित नहीं है। दशमाधिपति को शनि के साथ तीसरे भाव में होना चाहिये। उसकी दशा के दौरान इस योग के अधीन शनि उत्तम फल देने में सक्षम होगा। सूर्य, शनि, दशम और तीसरे भावों के बीच रवि योग का समावेश होता है। सूर्य को दसवें भाव में होना चाहिये जब कि दशमाधिपति को शनि के साथ तीसरे भाव में होना चाहिये। मेष, वृषभ और वृश्चिक लग्नों के लिये वास्तविक अर्थ में रवि योग नहीं बन सकता है।

धनु, मकर, सिंह और कन्या लग्नों के लिये रवि योग बनना लगभग असम्भव होता है क्योंकि इन मामलों में दशमाधिपति या तो बुध होगा या शुक्र; जब सूर्य दसवें भाव में होगा तो बुध और शुक्र लग्न से तीसरे भाव में कभी नहीं जा सकते क्योंकि इसमें सूर्य १५० से १८० अंश की दूरी आवश्यक होगी जो खगोल शास्त्र के अनुसार असम्भव है। उपरोक्त को ध्यान में रखते हुए कोई भी व्यक्ति सरलता से यह देख सकता है कि रवि योग बिरले ही बनता है।

कुण्डली सं० ४५

जन्म तारीख २१-३-१९२१ जन्म समय १२-० बजे दोपहर (स्था० स०)

अक्षांस १०° उत्तर, देशा० ७७° ३४′ पूर्व

राशि

नवांश

केतु की दशा शेष—४ वर्ष ६ महीने १० दिन

कुण्डली सं० ४५ में १०वें भाव में सूर्य है, दशमाधिपति बृहस्पति तीसरे भाव अर्थात सिंह में शनि के साथ है।

अतः यह कुण्डली रवि योग का एक विशेष उदाहरण है। वास्तव में मात्र एक इस योग के आधार पर कुण्डली के गुणों पर विचार नहीं किया जा सकता है।

६६. गरुड़ योग

परिभाषा—जिस नवांश में चन्द्रमा स्थित हो उसके अधिपति को उच्च का होना चाहिये और जन्म दिन के समय का होना चाहिये जब कि चन्द्रमा बली हो।

फल—पवित्र व्यक्तियों द्वारा सम्मानित, स्पष्टवादिता, शत्रुओं से भय और ३४ वर्ष की आयु में विष से खतरा।

अभ्युक्तियाँ—इस योग में चन्द्रमा को महत्त्व दिया जाता है। चन्द्रमा जिस नवांश में हो उसके अधिपति को उच्च का होना चाहिये। रात में जिस व्यक्ति का जन्म हुआ है उसके मामले में यह योग नहीं बन सकता या जब चन्द्रमा क्षीण हो तब यह योग नहीं बन सकता। जातक ३४ वर्ष की आयु में विष से उत्पन्न खतरे का सामना क्यों करेगा, यह बात स्पष्ट नहीं है।

इस योग के बनाने वालों ने काफी व्यावहारिक अनुभव के बाद यह योग बनाया होगा। जब आयुं भाव काफी बली हो तो इस खतरे की भविष्यवाणी नहीं करनी चाहिये।

कुण्डली संख्या ४६

जन्म तारीख–१५–९–१८६१ जन्म समय लगभग २–२० बजे दिन

राशि

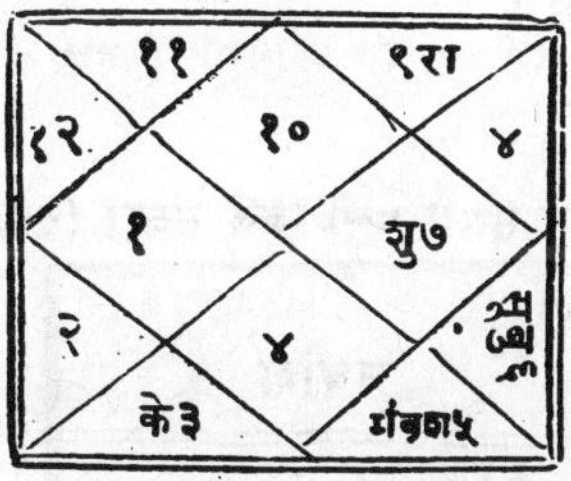

नवांश

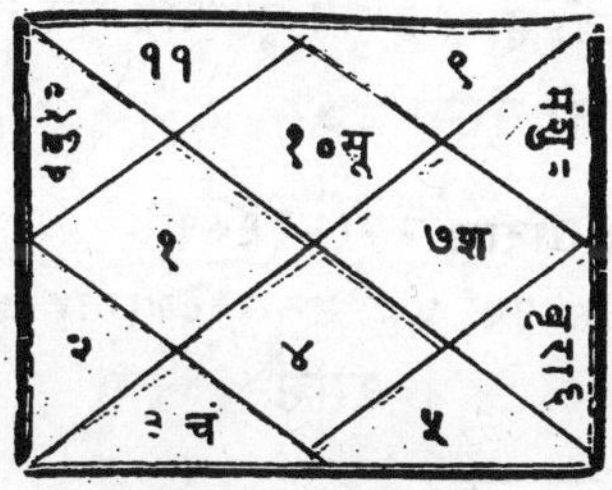

चन्द्रमा की दशा शेष—३१ वर्ष ११ महीने ०४ दिन

कुण्डली संख्या ४६ के जातक का जन्म दिन में हुआ था। जन्म चन्द्रमास के शुक्ल पक्ष में हुआ था। चन्द्रमा मिथुन के नवांश में है और वहाँ का अधिपति अर्थात् बुध उच्च का है। यह कुण्डली भारत के एक महान इन्जीनियर की है जो अन्तर्राष्ट्रीय ख्याति का राजनेता था। उसके ढंग और बातचीत काफी परिष्कृत थे और उसमें इस योग के संभवतः सभी गुण विद्यमान थे। ज्योतिष जैसे विज्ञान में किसी विशेष कुण्डली में लागू करने के लिये योग को अपनाना चाहिये क्योंकि कोई भी योग बिल्कुल प्रभावी नहीं हो सकता है।

६७. गो योग

परिभाषा—बली बृहस्पति को द्वितीयेश के साथ मूल त्रिकोण में होना चाहिये और लग्नाधिपति को उच्च का होना चाहिये।

फल—सम्मानित परिवार से होगा, राजा या राजा तुल्य होगा, धनी और शक्तिशाली होगा।

अभ्युक्तियां—बृहस्पति धन कारक है। उसे द्वितीयेश के साथ मूल त्रिकोण में होना चाहिये और लग्नाधिपति को उच्च का होना चाहिये।

सूर्य, चन्द्रमा, मंगल, बुध, बृहस्पति, शुक्र और शनि की मूल त्रिकोण राशि क्रमशः

सिंह, वृषभ, मेष, कन्या, धनु, तुला और कुम्भ है। बृश्चिक और कुम्भ के लिये चूंकि दूसरे भाव का अधिपति बृहस्पति है और द्वितीयेश के साथ युक्ति का प्रश्न ही नहीं उठता।

बृहस्पति का मूल त्रिकोण प्रथम तेरह अंश तक होता है। गो योग तभी विद्यमान हो सकता है जब बृहस्पति स्वर्ग में किसी विशेष अंश पर हो। दूसरे शब्दों में यह योग गजकेसरी, वासी या वेसी योग के समान किसी विशेष अवधि के अधीन बनता है। यह तभी प्रभावी होता है जब बृहस्पति मूल नक्षत्र में हो।

कुण्डली संख्या ४७

जन्म तारीख २-१-१६०१ जन्म समय ८-० बजे संध्या (स्था० स०)

अक्षांस १२° ५८′ उत्तर, देशान्तर ७७° ३४ पूर्व

राशि

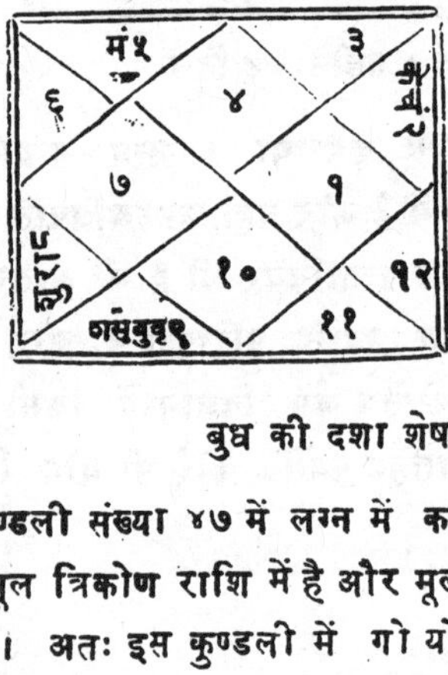

नवांश

बुध की दशा शेष—२ वर्ष ५ महीने २१ दिन

कुण्डली संख्या ४७ में लग्न में कर्क राशि है, द्वितीयेश सूर्य धनु में बृहस्पति के साथ है जो मूल त्रिकोण राशि में है और मूल नक्षत्र में है। लग्नाधिपति अर्थात् चन्द्रमा उच्च का है। अतः इस कुण्डली में गो योग विद्यमान है। वास्तव में केतु और चन्द्रमा की युक्ति और धनु में शनि की विद्यमानता के कारण विपरीत प्रभाव हुआ। अतः यह योग प्रभावी नहीं हुआ। यह उदाहरण मात्र इस विशेष योग की विद्यमानता के लिये है।

६८. गोल योग

परिभाषा—यदि पूर्णिमा का चन्द्रमा बृहस्पति और शुक्र के साथ नवम भाव में हो और बुध नवांश में युक्त हो तो गोल योग बनता है।

फल—नम्र, विद्वान्, न्यायाधीश या गांव का प्रधान, दीर्घजीवी और स्वादिष्ट भोजन खाने वाला।

अभ्युक्तियाँ—यह योग तभी प्रभावी होगा यदि चन्द्रमा पूर्णिमा का होगा अन्यथा नहीं। इस प्रकार के पूर्णिमा के चन्द्रमा को बृहस्पति और शुक्र के साथ नवम भाव में होना चाहिये। दूसरे शब्दों में गजकेसरी योग भी गोला योग में मिल जाता है क्योंकि जब बृहस्पति और चन्द्रमा युक्त होंगे तो वे एक दूसरे से केन्द्र में होंगे।

६९. त्रिलोचन योग

परिभाषा—सूर्य, चन्द्रमा और मंगल को एक दूसरे से त्रिकोण में होना चाहिये।

फल—धनी, अपने शत्रुओं के लिए आतंककारी, अति तेजस्वी और दीर्घजीवी।

अभ्युक्तियाँ—किसी विशेष प्रकार के योग की विद्यमानता का ध्यान किये बिना त्रिकोण भाव में ग्रहों का परस्पर परिवर्तन अति शुभ होता है। इस प्रकार के योग में उत्पन्न व्यक्ति का जीवन सुगम होगा और अहितकर बलों के प्रति संतुष्ट होगा।

७०. कुलवर्द्धन योग

परिभाषा—सभी ग्रहों को लग्न, सूर्य और चन्द्रमा से ५ वें भाव में होना चाहिये।

फल—उत्तर जीवी होंगे, धनी, स्वस्थ और दीर्घ जीवी होगा।

अभ्युक्तियाँ—जैसा कि नाम से पता लगता है जब लग्न, सूर्य और चन्द्रमा से ५वें भाव में शुभ ग्रह हों तो उस व्यक्ति के अनेक बच्चे होंगे और उसके बच्चों पोतों और परपोतों द्वारा पारिवारिक परम्परा कायम रखी जायेगी और इसमें कोई बाधा नहीं आयेगी। ५ वां भाव फोकस का केन्द्र बन जाता है। वह व्यक्ति स्वयं भी अनेक बच्चों को पैदा करने में सक्षम होगा।

७१. से १०२. नाभस योग

बराहमिहिर ने अपने बृहज्जातक में इन विभिन्न योगों का वर्णन किया है और दिवंगत प्रो० बी० सूर्य नारायण राव द्वारा इसकी अंग्रेजी में व्याख्या से ज्योतिष के विद्यार्थियों को काफी सहायता मिलेगी। यवन ने नाभस योग का विस्तार पूर्वक वर्णन किया है।

नाभस योग में चार समूह के योग शामिल हैं—

आकृति योग	२०
संख्या योग	७
आश्रय योग	३
दल योग	२
	३२

७१. यूप योग, ७२. इषु योग
७३. शक्ति योग, ७४. दण्ड योग

परिभाषा—जब लग्न से अन्य केन्द्र से समीपस्थ सभी ग्रह स्थित हों तो यूप, इषु, शक्ति और दण्ड योग बनते हैं।

फल—यूप में उत्पन्न व्यक्ति स्वतन्त्र, स्वयं ही पूर्ण और धर्मार्थ कार्य करने वाला होगा। इषु योग वाला जातक जेल अधीक्षक या जेल के प्रधान संकेन्द्रित कैम्प के रूप में सफल होता है। शक्ति योग से जातक आलसी, सुस्त, धन से बंचित होता है और साधारणतः लोग उसे पसन्द नहीं करते और दण्ड योग से यह संकेत मिलता है कि जातक पत्नी और बच्चों से प्राप्त होने वाले सुख से बंचित रहेगा।

अभ्युक्तियाँ—ये चार योग लग्न से या अन्य केन्द्रों से समीपस्थ चार भावों में सात ग्रहों के स्थित होने के कारण बनते हैं, इस प्रकार यदि सभी ग्रह लग्न, २, ३ और ४ भावों में स्थित हों तो यूप योग बनता है, ४, ५, ६ और ७ वें भावों में इषु या शर योग बनता है, ७, ८, ९ और १० वे भावों में शक्ति योग बनता है और १०, ११ और १२ वें भावों में दण्ड योग बनता है।

व्यक्तिगत रूप से हमारा यह मत है कि ये सभी विभिन्न आकृति योगों का कुण्डली बनाने में कोई योगदान नहीं होता है। वास्तव में ऐसा प्रतीत होता है कि ये जातक के जीविका के साधनों के बारे में संकेत देते हैं। इस प्रकार ४, ५, ६ और सातवें भावों में सात ग्रहों के स्थित होने पर इषु योग बनता है और यह जेल हिरासत से सम्बन्धित व्यक्तियों में साधारणतः पाया जाता है। वास्तव में यह निष्कर्ष मेरे अपने अनुभव पर आधारित है और पाठक इस पर आगे कार्य कर सकते हैं।

कुण्डली संख्या ४८

जन्म तारीख १-१०-१९४५ जन्म समय १-० बजे प्रातः (भा. स्टे० स०)

अक्षांस १८° ५२′ उत्तर, देशान्तर ७०° ३५ पूर्व

राशि

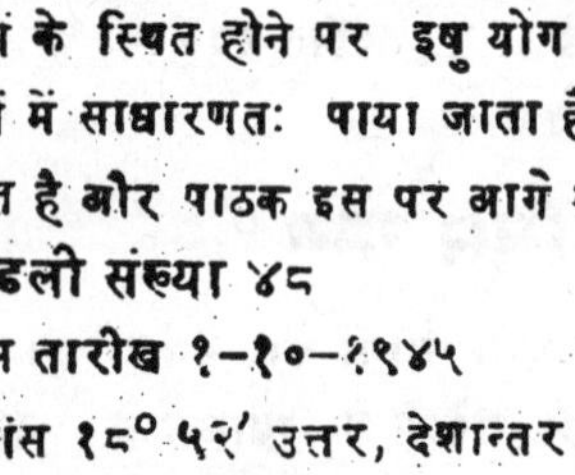

नवांश

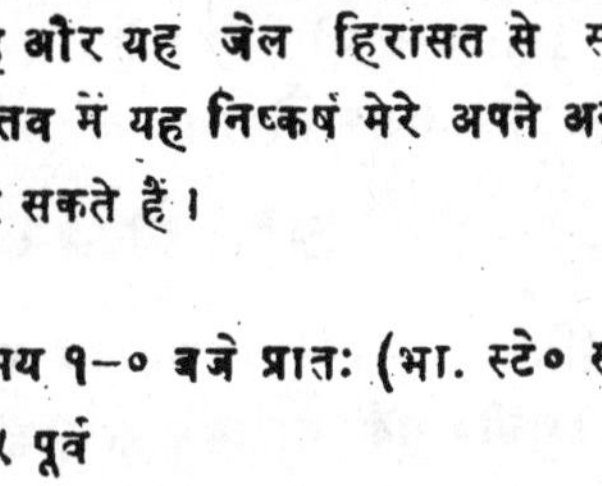

केतु की दशा शेष—२ वर्ष ८ महीने ५ दिन

कुण्डली सं० ४८ में लग्न केन्द्र से समीपस्थ चार भावों में सभी ग्रह स्थित हैं जिससे यूप योग बनता है जबकि कुण्डली सं० ४९ में ४, ५, ६ और ७ वें भावों में सभी ग्रहों के स्थित होने के कारण इषु योग बनता है, क्या विभिन्न नाभस योग कुण्डली पर स्वतन्त्र प्रभाव डालते हैं अथवा वे योगों के साथ मिश्रित हो जाते हैं। इस पर हम आगे विचार करेंगे। अभी यह कहना पर्याप्त है कि किसी व्यक्ति के जीवन के कतिपय पहलू पर इनका पर्याप्त प्रभाव होता है जो भावों में या उनके आस पास ग्रहों की स्थिति पर निर्भर करता है।

कुण्डली संख्या ४९

जन्म तारीख २८-८-१९२१ जन्म समय ८-३० बजे संध्या (स्था० स०)

अक्षांस ६° उत्तर, देशान्तर ८०° १०′ पूर्व

राशि

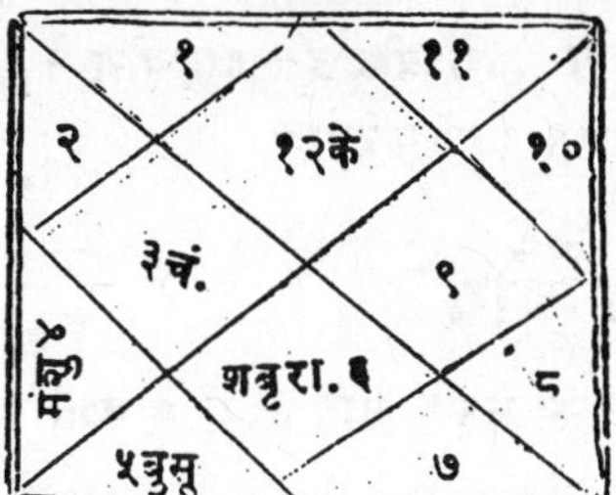

नवांश

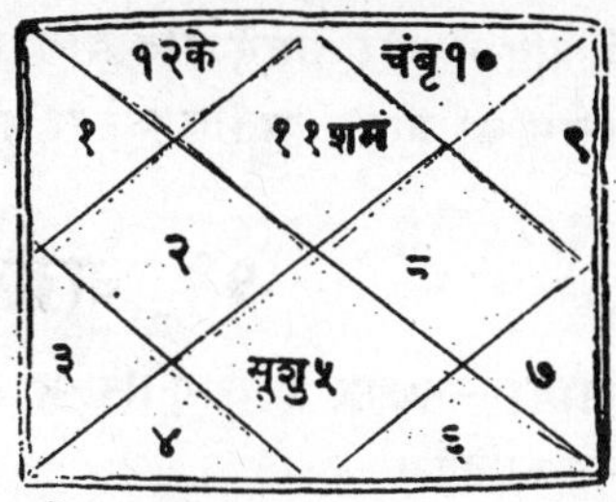

मगल की दशा शेप—१२ वर्ष ७ महीने २२ दिन

ऊपर चार योगों में से यूप और दंड योग इषु और शक्ति योग से बेहतर होते हैं क्योंकि बाद वाले में दो ग्रह लगभग चरम बिन्दु पर होते हैं या लगभग अस्त होते हैं।

७५. नवयोग, ७६. कूट योग
७७. छत्र योग ७८. चाप योग

परिभाषा—लग्न, चौथे भाव, ७ वें भाव और १० वें भाव से समीपस्थ सात ग्रहों के स्थित होने के कारण क्रमशः नव, कूट, छत्र और चाप योग बनता है।

फल—नव योग जातक को यदा कदा सुखी, प्रसिद्ध और दयनीय बनाता है, कूट में उत्पन्न व्यक्ति झूठा और जेलर बनता है। छत्र योग वाला व्यक्ति सुखी होता है जबकि चाप योग में उत्पन्न व्यक्ति जीवन के आरम्भ में और अन्त में बहादुर और सुखी होता है।

अभ्युक्तियाँ—ऊपर की परिभाषा सरल है। क्रमशः लग्न, ४, ७ और १० वें भावों से सात भावों में सात ग्रहों को स्थित होना चाहिये ताकि चार प्रकार के योग बन सकें। प्राचीन लेखकों द्वारा दिये गये कामों के अतिरिक्त हम कुछ अभ्युक्तियाँ दे सकते हैं।

नव योग (७५) के सम्बन्ध में सभी ग्रह स्वर्ग के अदृश्य क्षेत्र में होंगे। इससे साधारणतः उत्तम फल होते हैं और जातक जल, जल वाले स्थानों और जल वाली वस्तुओं से सम्बन्धित होगा।

कूट के सम्बन्ध में जब चौथे भाव से सात भावों में सभी ग्रह स्थित होंगे तो यह लगभग ग्रह पथ के दृश्य भाग में ग्रहों का समान वितरण होगा। जातक यदा कदा गुफा पहाड़ों आदि में रहेगा और उसमें बुरी आदतें होंगी, इस योग में डाकू, शराबी, धोखे बाज और अन्य उत्पन्न होते हैं। छत्र योग में सभी ग्रह दृश्य आधे में होंगे और ये शुभ फल देने वाले होंगे। जातक जीवन के आरम्भ में और अन्त में सुखी होगा। उसे मस्तिष्क बल प्राप्त होगा और काफी धन, अर्जित करेगा। चाप योग में सभी ग्रह १० वें भाव में और उससे बाद वाले भावों में होंगे और इस इस योग में उत्पन्न व्यक्ति आराम का जीवन व्यतीत करेगा और उत्तम कार्य करेगा।

७९. अर्द्धचन्द्र योग

परिभाषा—पणफर या आपोक्लिम से आरम्भ करके सात भावों में सभी ग्रहों को स्थित होना चाहिये।

फल—जातक का शरीर सुगठित होगा और वह जीवन भर सुखी रहेगा।

अभ्युक्तियां—चार पणफर (पतनोन्मुख भाव) और आपोक्लिम (उत्तरवर्ती भाव) होते हैं, परिणाम स्वरूप अर्द्धचन्द्र योग आठ प्रकार के होते हैं।

निम्नलिखित भावों में ग्रह स्थित होंगे (i) २ से ८ (ii) ३ से ९ (iii) ५ से ११ (iv) ६ से १२ (v) ८ से २ (vi) ९ से ३ (vii) ११ से ५ और (viii) १२ से ६

८०. चन्द्र योग

परिभाषा—सभी ग्रहों को १, ३, ५, ७, ९ और ११ वें भावों में स्थित होना चाहिए।

फल—जातक राजा या राजा तुल्य होगा। वह दूसरों का आदर प्राप्त करेगा और उत्तम आय करेगा और व्यय करेगा।

अभ्युक्तियाँ—आगे हमने समुद्र योग का वर्णन किया है जिसके बारे में यह कहा

जाता है कि सभी ग्रहों को सम भावों में स्थित होना चाहिये जबकि चन्द्र योग में सभी विषम भावों में ग्रहों को स्थित होना चाहिये। यह योग बिरले नहीं हैं। जहां तक फलों का सम्बन्ध है इस योग में शासक या सम्राट् उत्पन्न नहीं होते परन्तु जिस व्यक्ति की कुण्डली में यह योग होता है वह अपने लोगों के बीच अवश्य ही प्रसिद्ध होता है।

८१. गदा योग, ८२. शकट योग
८३. विहग योग

परिभाषा—यदि सभी ग्रह पास के दो केन्द्रों १ और ७ तथा ४ और १० में स्थित हों तो क्रमशः गदा, शकट और विहग योग बनते हैं।

फल—गदा योग से व्यक्ति अधिक धार्मिक और धनी होता है। शकट योग से जातक पारिवारिक जीवन में गरीब और दुखी रहता है और विहग योग वाला व्यक्ति आवारा, झगड़ालू और नीच होता है।

अभ्युक्तियाँ—बृहत् जातक में दिये गये नाभस योग और बराह मिहिर द्वारा दी गई टिप्पणियों के अध्ययन से यह स्पष्ट होता है कि प्रत्येक योग के कारण बल का स्पष्ट निर्धारण करने का प्रयास किया गया था।

जब दो उत्तरवर्ती केन्द्रों में ग्रह स्थित हों तो गदा योग बनता है। इसमें चार प्रकार की स्थिति बनती है अर्थात् (क) सभी ग्रह प्रथम और चौथे भावों में हो सकते हैं (ख) चौथे और सातवें भावों में हो सकते हैं (ग) ७ वें और १० वें भावों में हो सकते हैं (घ) १० वें और प्रथम भावों में हो सकते हैं। यवन इन्हें चार अलग अलग योग मानते हैं न कि एक ही योग का मात्रा परिवर्तन और उन्हें क्रमशः गदा, शकट, बिमुक और युरिया योग कहते हैं। उपरोक्त से यह स्पष्ट है कि गदा योग और इसके परिवर्तन कुछ नहीं बल्कि सभी ग्रहों का परस्पर केन्द्र में स्थित होना है। वास्तव में इस योग से राहु और केतु को निकाल दिया गया है, यह माना जाता है कि गदा योग का फल शुभ होता है जिससे कि पाश्चात्य ज्योतिष सम्वन्धी सिद्धान्त कि केन्द्र में सभी दृष्टि बुरे होते हैं, को हिन्दू ज्योतिष में नहीं माना जाता है। यह कहा जाता है कि लग्न में और सातवें भावों में सभी ग्रहों के स्थित होने पर शकट योग बनता है। यह देखने में आयेगा कि प्रथम और सातवाँ भाव आकर्षण का केन्द्र बन जाता है। जिससे विशेष कर जातक के शरीर और पत्नी के सम्बन्ध में बुरे फलों के कारणों के औचित्य का पता लगता है। इस योग से जातक शारीरिक परिश्रम द्वारा जीवन यापन करता है, वह रोगी होगा और उसकी पत्नी झगड़ालू होगी।

विहग का अर्थ पक्षी है और यदि सभी ग्रह ४ और १० वें भाव में हों तो विहग योग बनता है। इस योग से बुरे फल होते हैं। यह कहा जाता है कि जातक आवारा होता है और आधुनिक युग में यह योग यात्रा एजेन्टों और रेल के गार्डों की कुण्डली में यह योग साधारणतः पाया जाता है जिन्हें सर्वदा घूमना पड़ता है। यह कहा जाता है कि प्रबल विहग योग वाला जातक चुगलखोर होता है।

यह स्पष्ट है कि विपरीत दृष्टि के लिये प्राचीन लेखकों ने बुरा फल कहा है यद्यपि गजकेसरी योग जैसे कतिपय योग को अपवाद मानना चाहिये। किसी एक योग या योगों के मेल के कारण फल हमेशा कुण्डली के विरासती बल पर निर्भर करता हैं।

कुण्डली सं० ५० में सभी ग्रह ४ और १० वें भाव में हैं। अतः यह विहग योग का एक विशेष उदाहरण है।

कुण्डली सं० ५०

जन्म तारीख १–११–१९१० जन्म समय १–० बजे दिन

अक्षांस १३° उत्तर, देशान्तर ७७°३५′ पूर्व

राशि

नवांश

राहु की दशा शेष–१५ वर्ष ३ महीने २६ दिन

८४. वज्र योग, ८५. यव योग

रिभाषा—यदि लग्न और ७ वें भाव में शुभ ग्रह हों और ४ तथा १० वें भाव में अशुभ ग्रह हों तो वज्र योग बनता है और इसके विपरीत हो तो यव योग बनता है।

फल—वज्र योग से जातक सुखी और सुन्दर होता है जब कि भाव योग का जातक मध्य आयु में सुखी होता है।

अभ्युक्तियाँ—वज्र और यव योगों में बहुत थोड़ा अन्तर होता है। वज्र योग में लग्न और ७ वें भाव में शुभ ग्रह होते हैं और १० वें तथा ४ चौथे भाव में अशुभ ग्रह

होते हैं जब कि यव योग में लग्न और ७ वें भाव में अशुभ ग्रह होते हैं और १० वें तथा चौथे भाव में शुभ ग्रह होते हैं। फलों के सम्बन्ध में भी इन दोनों योगों के बीच अन्तर पर शायद ही ध्यान दिया जाता है क्योंकि जबकि वज्र योग वाला व्यक्ति साफ, बहादुर और सुखी होता है भाव योग के प्रभाव जीवन के विशेष काल अर्थात मध्य आयु में होते हैं। यदि आप अनेक कुण्डलियों का अध्ययन करने का प्रयास करें तो आप महत्त्वपूर्ण सत्य का मूल्यांकन कर सकेंगे। अर्थात यव योग जातक के शारीरिक सुख और स्वास्थ्य अथवा उसकी पत्नी के लिये शायद ही उपयुक्त है क्योंकि यदि लग्न और सातवें भाव में अशुभ ग्रह स्थित हों तो शायद ही प्रभाव कुण्डली के अन्य तथ्यों के कारण प्रतिसन्तुलित होते हैं। अर्थात अधिक प्रबल योग या विरासती बल आदि इन दोनों भावों को आवश्यक रूप से आवृत्त करते हैं तथापि ये दोनों योग अतिमहत्वपूर्ण नहीं हैं क्योंकि इनके प्रभाव अक्सर दूसरे प्रबल योगों के फल के साथ मिल जाते हैं।

कुण्डली सं० ५१ वज्र योग का एक उदाहरण है क्योंकि लग्न में बृहस्पति और ७ वें भाव में शुक्र स्थित है, ४ चौथे भाव में सूर्य और १० वें भाव में शनि और मंगल स्थित है, कुण्डली सं० ५२ यव योग का स्पष्ट उदाहरण है।

कुण्डली सं० ५१

कुण्डली सं० ५२

८६. श्रृंगाटक योग ८७. हल योग

परिभाषा—यदि लग्न और त्रिकोण में सभी ग्रह स्थित हों तो श्रृंगाटक योग बनता है। यदि ग्रह दूसरे त्रिकोण में स्थित हों तो हल योग बनता है।

फल—श्रृंगाटक योग में उत्पन्न व्यक्ति जीवन के अन्तिम काल में सुखी होता है जबकि हल योग वाला जातक कृषक बनता है।

अभ्युक्तियां—श्रृंगाटक का अर्थ चार सड़कों का मेल (चौराहा) या वर्गाकार होता है। इसमें ग्रहों को आवश्यक रूप से १,५ और ९ वें भाव में स्थित होना चाहिये।

लग्न शरीर का द्योतक होता है, ५ वां भाव संतति के लिए होता है और नवम भाव से साधारण भाग्य देखा जाता है। यदि ये तीनों भाव प्रबल हों तो जातक का जीवन, संतति सुगम हो जाता है और जीवन में सफलता मिलती है। शृंगाटक योग में उत्पन्न व्यक्ति के बारे में कहा जाता है कि जातक जीवन के अन्तिम काल में सुखी होता है, जिन ऋषिप्रों ने यह योग दिया है उनके मत से भिन्नता करते हुये मैंने यह पाया है कि किसी त्रिकोण भाव में अनेक शुभ ग्रहों के स्थित होने के कारण जातक के सुखी होने की अवधि उनके बल पर निर्भर करती है। इस प्रकार यदि लग्न बली हो तो आरम्भ का जीवन सुखी होता है यदि पंचम भाव बली हो तो जीवन का मध्य काल सुखी होगा और यदि नवम भाव बली हो तो जीवन का अन्तिम काल सुखी होता है। यह एक साधारण टिप्पणी है और ज्योतिष के विद्यार्थियों को चाहिये कि इस पर आगे शोध कार्य करें।

कुण्डली सं० ५३ शृंगाटक योग का उदाहरण है।

कुण्डली संख्या ५३

जन्म तारीख २८/२९–९–१९०१ जन्म समय ४–४७ बजे प्रातः

अक्षांस ३२° उत्तर, देशा० ७४°, १५′ पूर्व

राशि

नवांश

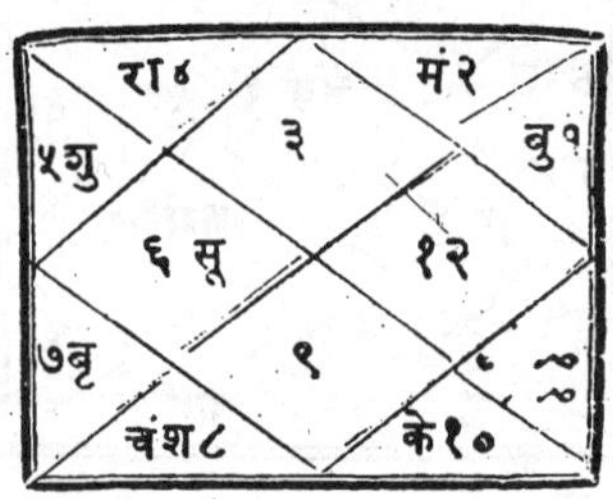

शुक्र की दशा शेष—२ वर्ष ६ महीने २७ दिन

हल का अर्थ खेत जोतने वाला हल होता है। इसी अर्थ के आधार पर यह कहा जाता है कि हल योग वाला व्यक्ति कृषक होगा। इस योग में तीन अन्तर देखे जा सकते हैं। सभी ग्रह निम्नलिखित भावों में स्थित होंगे (क) २, ६ और १० (ख) ३ और ७ (ग) ४, ८ और १२। किसी व्यक्ति के पेशे पर भविष्यवाणी करने में हल योग से सहायता मिल सकती है क्योंकि इस योग वाली कुण्डलियों के अनेक जातक खेतिहर, कृषक, सम्पदा प्रबन्धक, जमीन्दार और छोटे मोटे भू स्वामी हैं।

८८. कमल योग ८९. वापी योग

परिभाषा—जब चारों केन्द्र भावों में ग्रह स्थित हों तो कमल योग बनता है जब कि चार पणफर या चार आपोक्लिम भावों में ग्रह स्थित हों तो वापी योग बनता है।

फल—कमल योग में उत्पन्न व्यक्ति अधिक धनी नहीं होगा किन्तु उसे अधिक सम्मान, ख्याति और अनेक सद्गुण प्राप्त होंगे। वापी योग वाला व्यक्ति धन इकठ्ठा करता है।

अभ्युक्तियां—कमल योग और चतुस्सागर योग दोनों व्यावहारिक रूप से एक ही हैं यद्यपि ये सम्मानार्थी नहीं है। किसी कुण्डली में केन्द्र भाव कुण्डली का किला होता है और जब चारों केन्द्र भावों में ग्रह स्थित हों तो वह कुण्डली काफी बली होती है। कमल योग में ख्याति, सद्गुण और सम्मान पर जोर दिया जाता है क्यों कि यह मात्र अर्जन क्षमता से भिन्न होता है। वापी जिसका अर्थ कुंआ होता है, दूसरी ओर इसके बारे में कहा जाता है कि यह व्यक्ति को नीच, धोखेबाज और हमेशा लोभी बनाता है और वह धन जमा करता है। २, ५, ८ और ११वां भाव पणफर होते हैं और ३, ६, ९ और १२वां भाव आपोक्लिम होते हैं। इस योग में सभी पणफर या आपोक्लिम भावों में ग्रहों का होना आवश्यक है।

कुण्डली संख्या ५४

जन्म तारीख २५–७–१८९६ जन्म समय १०–५२ बजे प्रातः

अक्षांस १८° ५५′ उत्तर, देशा० ७२° ५४′

राशि 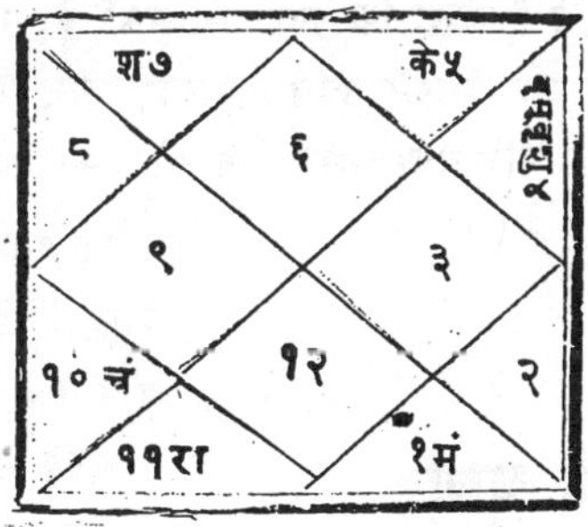

नवांश 

चन्द्रमा की दशा शेष—४ वर्ष ४ महीना २४ दिन

कुण्डली संख्या ५४ में सभी ग्रह पणफर भावों में स्थित हैं। यह वापी योग का एक विशेष उदाहरण है।

९०. समुद्र योग

परिभाषा—सभी ग्रहों को छः सम भावों में स्थित होना चाहिये।

फल—जातक शासक होगा या चिन्ता से मुक्त होकर राजा की तरह जीवन बितायेगा।

अभ्युक्तियां—वास्तव में ऐसा योग बहुत कम पाया जाता है क्योंकि सभी सात ग्रहों को दूसरी राशि से आरम्भ करके छः वैकल्पिक राशियों में स्थित होना चाहिये। लग्न से आरम्भ करके सभी सम भावों में किसी ग्रह को स्थित नहीं होना चाहिये।

यह अनेक आकृति योगों में से एक है जिनका बराहमिहिर द्वारा वर्णन किया गया है। हमारे अनुभव के अनुसार आकृति योग स्वयं कोई निश्चित फल नहीं दे सकता जब तक कुण्डली को अन्यथा बल प्राप्त न हो। इसके साथ हमने आकृति योगों का वर्णन किया है जिनमें नाभस योगों के चार समूहों का प्रथम शामिल है। वज्र और यव जैसे योगों जिनमें केन्द्र में ग्रहों का स्थित होना आवश्यक है, को बराहमिहिर अनुमोदित नहीं करते हैं। उन्होंने बृहत् जातक में इनका वर्णन मात्र यवन और अन्यों के मत के रूप में किया है और यह कहते हैं कि बुध और शुक्र सूर्य से चौथे भाव में किस प्रकार स्थित हो सकते हैं। वज्र, यव और इसी प्रकार के योगों की सम्भावना या अन्यथा जिसमें सूर्य और बुध और शुक्र का परस्पर केन्द्र में स्थित होना आवश्यक है, इस बात पर निर्भर करता है कि राशि चक्र या भाव चक्र में ग्रहों की स्थिति से ये योग सम्बन्धित हैं या नहीं। यदि वराह मिहिर द्वारा प्रयुक्त भावना शब्द में प्रथम स्थिति शामिल है जिसका अर्थ राशि है तो बुध या शुक्र से केन्द्र में सूर्य कभी नहीं आ सकता है। यदि दूसरी ओर इसका सम्बन्ध भाव चक्र से है जैसा कि कुछ विद्वानों का मत है तो सूर्य से केन्द्र में बुध की स्थिति हो सकती है जो काफी उच्च देशान्तर पर सम्भव है। अतः प्राचीन लेखकों ने गलती नहीं की है यदि वज्र और यव योग का सम्बन्ध भाव चक्र से है।

९१. वल्लकी योग

परिभाषा—सभी ग्रहों को किन्हीं सात राशियों में स्थित होना चाहिये।

फल—इस योग वाले व्यक्ति के अनेक मित्र होंगे। वह संगीत और कला का प्रेमी होगा, विद्वान् होगा, सुखी और प्रसिद्ध होगा।

अभ्युक्तियाँ—यह संख्या योगों में सें एक है। वल्लकी योग वीणा योग के नाम से भी जाना जाता है। सभी सात ग्रहों को किन्हीं सात राशियों में स्थित होना चाहिये। बाद में जो कुछ दर्शाया जायेगा उससे यह देखने में आयेगा कि कभी-कभी संख्या योग आकृति योगों के साथ मिल जाता है। इस प्रकार के मामलों में संख्या योग अपना अस्तित्व खो देता है और उन पर बिल्कुल विचार नहीं करना चाहिये। यह उपाय अपनाने में कुछ औचित्य प्रतीत होता है क्यों कि लगभग प्रत्येक कुण्डली में चूंकि सभी ग्रह किन्हीं सात राशियों या सात राशियों से कम में स्थित होने चाहिये। अतः किसी न किसी रूप में संख्या योग विद्यमान होगा। यदि कोई अन्य नाभस योग विद्यमान नहीं हो तो मात्र संख्या योग पर विचार करना चाहिये। वल्लकी और बाद के छः अन्य योग संख्या योग की श्रेणी में आते हैं।

कुण्डली संख्या ५५

जन्म तारीख १०–८–१९३७ जन्म समय ४–५७ बजे प्रातः

अक्षांस ७° उत्तर, देशा० ७९° ४५′ पूर्व

राशि

नवांश

चन्द्रमा की दशा शेष—५ वर्ष १० महीने १५ दिन

कुण्डली संख्या ५५ वल्लकी या वीणा योग का एक विशेष उदाहरण है क्यों कि सभी सात ग्रह (राहु और केतु को छोड़कर किन्हीं सात राशियों में स्थित हैं। क्या यह योग स्वतन्त्र रूप से कार्य करने में सक्षम है या किसी प्रबल नाभस योग में मिल गया है। पाठक आसानी से इसका पता लगा सकते हैं।

९२. दामिनी योग

परिभाषा—सभी सात ग्रहों को किन्हीं छः राशियों में स्थित होना चाहिये।

फल—इस योग वाला व्यक्ति धर्मार्थी, दूसरों की मदद करने वाला और पशुओं का रक्षक होगा।

अभ्युक्तियाँ—इस योग के फलों के बारे में प्राचीन लेखकों में मतभेद है। उदाहरणस्वरूप दामिनी योग के जो फल ऊपर दिये गये हैं वे बराहमिहिर पर आधारित हैं जब कि सारावली में इस योग को काफी महत्व दिया गया है। परन्तु किसी योग के कारण अच्छे या बुरे फलों पर लगभग सभी लेखक एक मत हैं। ऐसा प्रतीत होता है कि दामिनी या दम योग से व्यक्ति बुद्धिजीवी, प्रसिद्ध और धनी होता है। वास्तव में प्रभाव का वास्तविक स्वरूप कुण्डली की साधारण स्थिति पर निर्भर करता है।

कुण्डली संख्या ५६

जन्म तारीख ११–१०–१९१६ जन्म समय ५–५ बजे प्रातः

अक्षांस १३° ३५′ उत्तर, देशा० ७७° ३५′ पूर्व

राशि

नवांश

बुध की दशा शेष—९ वर्ष ६ महीने ७ दिन

कुण्डली संख्या ५७

जन्म तारीख २९–१२–१८९३ जन्म समय ७–० बजे संध्या

अक्षांस ११° उत्तर, देशा० ७८° ४०′ पूर्व

राशि

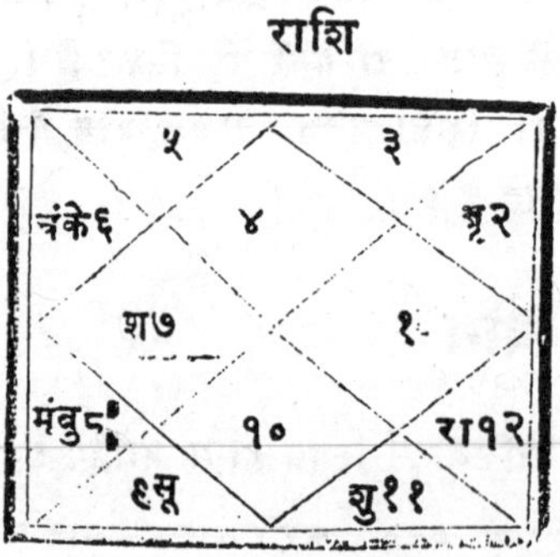

नवांश

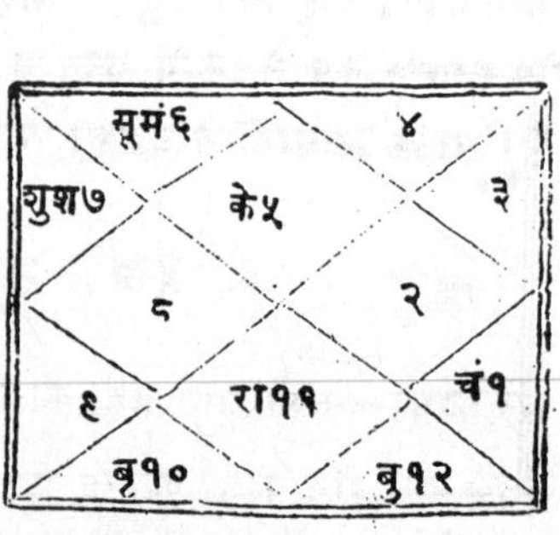

चन्द्रमा की दशा शेष—८ वर्ष १ महीने १५ दिन

कुण्डली संख्या ५६ और ५७ दोनों दामिनी योग के उदाहरण हैं, परन्तु इन दोनों की सावधानी पूर्वक जाँच करने पर यह पता लगता है कि कुण्डली संख्या ५७ अधिक बली और उत्तम फल देने वाली है। कुण्डली संख्या ५६ का लग्नाधिपति निर्बल है। कुण्डली सं० ५७ में योग कारक मंगल ५वें भाव में स्थित होने के कारण पर्याप्त रूप से बली है और दूसरा त्रिकोणाधिपति वृहस्पति ११वें भाव में है। ख्याति और धन के मामले में कुण्डली संख्या ५७ अधिक बली हैं। इस प्रकार के उदाहरण से यह संकेत मिलता है कि एक योग किस प्रकार से अलग-अलग कुण्डलियों में अलग-अलग ढंग से काम करता है।

१३. पाश योग

परिभाषा—सभी ग्रहों को किन्हीं पांच राशियों में स्थित होना चाहिये।

फल—जातक उचित साधनों से धन प्राप्त करेगा। वह हमेशा मित्रों, नौकरों और सम्बन्धियों के बीच रहेगा।

अभ्युक्तियां—सारावली ने सुझाव दिया है कि पाश योग में उत्पन्न व्यक्ति जेल जायेगा। इस कथन को ज्यों का त्यों नहीं लेना चाहिये। पाश योग के कारण जातक जेल नहीं जा सकता। जब तक इस घटना का संकेत देने वाला कोई अन्य योग विद्यमान न हो। पाश द्रेष्काण में ६ और ८ में लग्न और लग्नाधिपति विद्यमान हो तो जेल जाने का प्रबल योग बनता है।

कुण्डली संख्या ५८

जन्म तारीख ४-३-१८८६ जन्म समय ११-३० बजे संध्या

अक्षांस १६° ४०′ उत्तर, देशा० ८१° पूर्व

राशि

नवांश

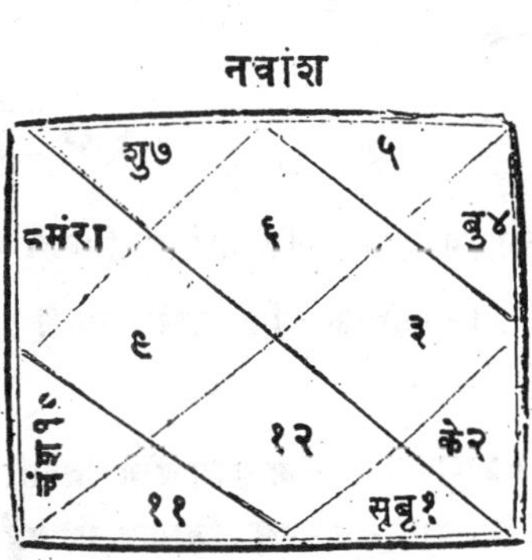

राहु की दशा शेष—१२ वर्ष ५ महीने १ दिन

कुण्डली सं० ५९

जन्म तारीख ७-६-१९०४ जन्म समय १-५० बजे दिन (भा० स्टे० स०)

अक्षांस १८° ५२′ उत्तर, देशा० ७२° ३५′ पूर्व

राशि

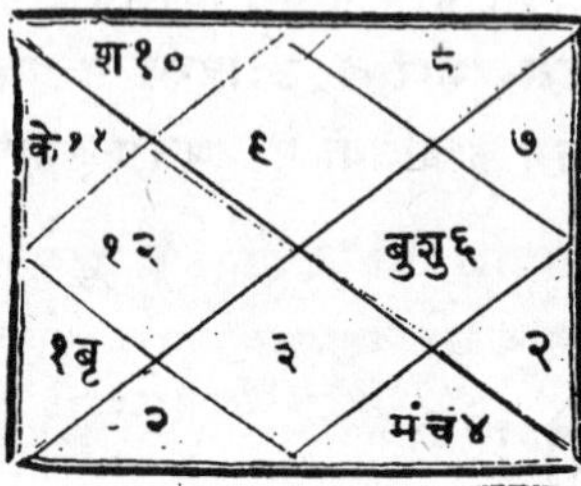

नवांश

बुध की दशा शेष—१५ वर्ष ० महीने २४ दिन

कुण्डली सं० ५८ और ५९ पाश योग के उदाहरण हैं । कुण्डली सं० ५८ प्रान्त के विधान सभा के भूतपूर्व अध्यक्ष की है जो अनेकों बार जेल गया जैसा कि १० वें भाव में राहु और मंगल के योग जिसपर शनि की दृष्टि है, से स्पष्ट होगा । १० वें भाव पर कोई अन्य शुभ दृष्टि नहीं है । जातक के जेल जाने सम्बन्धी बुरे प्रभाव पर पाश योग का भी योगदान हो सकता है । कुण्डली सं० ५९ में दूसरी ओर १० वें भाव में बुध और शुक्र के स्थित होने के कारण यह भाव पर्याप्त रूप से बली है । जब कि इस मामले में लग्नाधिपति बृहस्पति की लग्न भाव पर दृष्टि के कारण लग्न भाव बली है, इस कुण्डली का जातक भारत सरकार में संयुक्त सचिव के पद पर था और बहुत ही उत्तम स्थिति में जीवन बिता रहा था । ये उदाहरण इस विचार से दिये गये हैं ताकि पाठक यह समझ लें कि विभिन्न योगों द्वारा दिये गये साक्ष्य को अन्तरित करने में काफी सावधानी रखनी चाहिये । दोनों ही कुण्डलियों में पाश योग की शुभ दृष्टि पर्याप्त रूप से विद्यमान है ।

९४. केदार योग

परिभाषा—सभी ग्रहों को किन्हीं चार राशियों में स्थित होना चाहिये ।

फल—जातक कृषि द्वारा अपनी जीविका चलायेगा और दूसरों की मदद करने वाला होगा ।

अभ्युक्तियां—आकृति योग वाली अनेक जन्म कुण्डलियों का तुलनात्मक अध्ययन करने के बाद हम इस निष्कर्ष में पहुंचे हैं कि ये योग जातक के पेशे का अनुमान लगाने में सहायक होते हैं जो हमेशा से ही एक कठिन कार्य रहा है । हल योग से

जातक कृषक बनता है। इसी प्रकार यह कहा जाता है कि केदार योग से भी जातक खेतिहर बनता है। सारावली यह संकेत देती है कि केदार योग वाले व्यक्ति की बुद्धि बैल के समान होती है और उसमें समझदारी कम होती है।

१५. शूल योग १६. युग योग १७. गोल योग

परिभाषा—जब सातों ग्रह किन्ही तीन, दो या एक राशि में स्थित हों तो क्रमशः शूल योग, युग योग और गोल योग बनते हैं।

फल—शूल योग से जातक धन से वंचित, साहसी, कठोर होता है और उसके शरीर पर युद्ध के घाव का निशान होगा। युग योग वाला जातक गरीब होता है, समाज द्वारा बहिष्कृत, विधर्मी और शराबी होता है। गोल योग वाला व्यक्ति गरीब, गन्दा, अनामी, अज्ञानी और अकर्मण्य होता है।

अभ्युक्तियां—यह कहा जाता है कि ऊपर के तीनों योगों वाला व्यक्ति दरिद्र होता है, वह व्यक्ति अपने क्रुद्ध आचरण के कारण समाज के उपयुक्त नहीं होता है और उसका जीवन दयनीय हो जाता है। संभवतः ९० अंश की दूरी के भीतर सभी सातों ग्रहों के एक साथ संयुक्त होने के कारण बुरी ताकतों का संकरीकरण होता है और शुभ किरण अपनी कीर्ति खो देते हैं और बुरे ग्रहों के साथ मिल जाते हैं। तथापि चूंकि योग स्वयं आवश्यक रूप से फल नहीं देता अतः इन फलों को ज्यों का त्यों लागू नहीं करना चाहिये। किसी जन्म कुण्डली में शूल योग विद्यमान हो सकता है, जातक गरीब हो सकता है और लड़ाई में उसे चोट भी लग सकती है, लग्न या चन्द्रमा के बल के कारण वह कठोर आचरण का हो सकता है। अतः ज्योतिष में विचार करने में अनेक संकट हैं जिसे विद्यार्थियों को होशियारी से टाल देना चाहिये।

कुण्डली सं० ६०

जन्म तारीख ८-१२-१९२१ जन्म समय १२-१५ बजे प्रातः

अक्षांस ५१°३०′ उत्तर, देशा० ०°-५′ पश्चिम

राशि

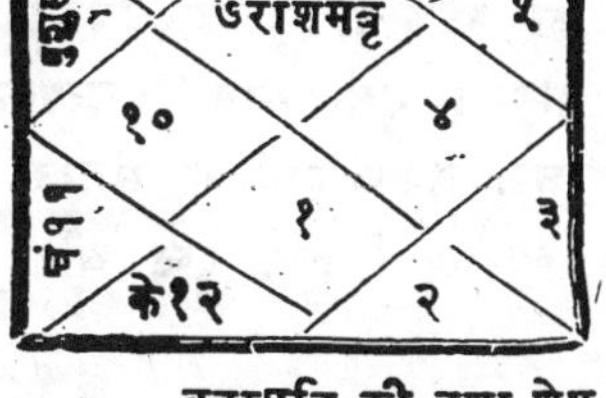

नवांश

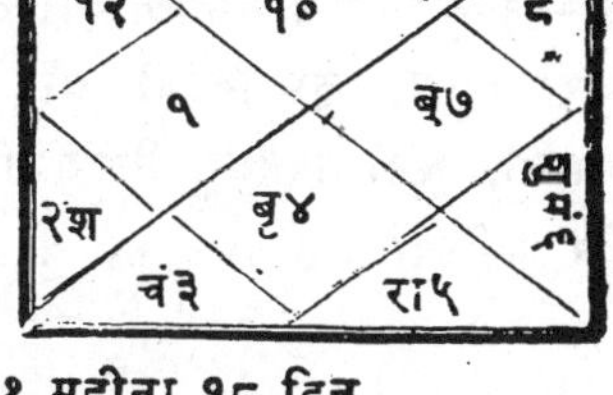

बृहस्पति की दशा शेष—५ वर्ष १ महीना १८ दिन

कुण्डली सं० ६० में शूल योग विद्यमान है क्योंकि सभी ग्रह तीन राशियों में स्थित है। यह कुण्डली ब्रिटिश रायल वायु सेना में एक कमाण्डर की है। शूल योग के कुछ प्रभाव जातक में पाये जाते हैं। किन्तु वह न तो गरीब है और न ही कठोर।

कुण्डली सं० ६१

जन्म तारीख ९-१०-१९२३ जन्म समय ६-३८ बजे संध्या (भा० स्टै० समय)

अक्षांस १०°३८′ उत्तर, देशा० ७९° २५′ पूर्व

राशि

नवांश

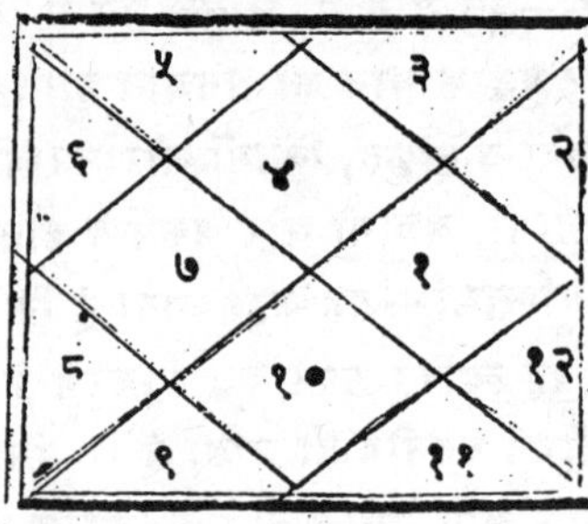

चन्द्रमा की दशा शेष—७ वर्ष ० महीने ० दिन

कुण्डली सं० ६१ में युग योग विद्यमान है क्योंकि सभी ग्रह दो राशियों में विद्यमान हैं। परन्तु चूंकि इस कुण्डली में चन्द्रमा से देखने पर अनेक उत्तम विशेषताएं हैं अतः युग योग के प्रभाव पर्याप्त रूप से कम हो जाते हैं।

वास्तव में गोल योग बहुत कम पाया जाता है क्योंकि इसमें सभी ग्रहों को एक राशि में स्थित होना चाहिए।

९८. रज्जु योग ९९. मुसल योग १००. नल योग

परिभाषा—यदि सभी ग्रह क्रमशः चर, अचर की ही स्वभाव राशि में स्थित हों तो रज्जु, मुसल और नल योग बनता है।

फल—रज्जु योग में उत्पन्न व्यक्ति यात्रा का शौकीन, सुन्दर, विदेशों में धन तलाश करने वाला, कुछ निर्दयी और ईर्ष्यालु होगा। मुसल योग में उत्पन्न व्यक्ति आत्मसम्मानी, धनी, विद्वान्, स्थिर मस्तिष्क वाला, अनेक कार्यों में संलग्न; ख्याति प्राप्त और अभिमानी होगा। नल योग वाला व्यक्ति विकृत, दुष्ट और दोषपूर्ण होता है।

कुण्डली सं० ६२

जन्म तारीख १–११–१९१० जन्म समय ९–० बजे प्रातः (स्था. स.)

अक्षांस १३° उत्तर, देशा० ७७° २५′ पूर्व

राशि

नवांश

राहु की दशा शेष—१५ वर्ष ६ महीना १७ दिन

कुण्डली सं० ६२ में सभी ग्रह चर राशियों में स्थित हैं अतः यह रज्जु योग का उदाहरण है। अभ्युक्तियाँ—उपर्युक्त तीनों योग आश्रय ग्रुप में शामिल हैं जो नाभस योग का उपभाग है। सभी ग्रहों को आवश्यक रूप से चर राशियों में या अचर राशियों में या द्विस्वभाव राशियों में स्थिर होना चाहिये। यहां पर लग्न की स्थिति या प्रमुख भागों में ग्रहों की स्थिति, लग्न के संदर्भ में चर या द्विस्वभाव राशियों का कोई हवाला नहीं दिया जाता है। कुछ समालोचकों का यह मत है कि आश्रय योग के लिये सभी चर अचर, चर और द्विस्वभाव राशियों में ग्रहों का स्थित होना आवश्यक है, परन्तु गर्ग इस मत को नहीं मानते और इसमें यह निहित है कि जब चर राशि—सभी या किसी एक में ग्रह स्थित हों और अचर तथा द्विस्वभाव राशियां खाली हों तो रज्जु योग बनता है। इसी प्रकार मूसल और नल योग। चूंकि रज्जु योग का सम्बन्ध चर राशियों से है अतः इस योग में उत्पन्न व्यक्ति हमेशा घूमता रहेगा और धन तथा ख्याति की तलाश करता रहेगा। जब सभी ग्रह अचर राशियों में हों तो यह आशा की जाती है कि वह अटल मस्तिष्क वाला होगा। जबकि द्विस्वभाव राशियों में सभी ग्रह स्थित हों तो जातक हतोत्साही और उदास रहेगा।

१०१. श्रीक योग १०२. सर्प योग

परिभाषा—यदि सभी शुभ ग्रह केन्द्र भावों में स्थित हों तो श्रीक योग बनता है। यदि सभी अशुभ ग्रह केन्द्र भावों में स्थित हों तो सर्प योग बनता है।

फल—श्री योग में उत्पन्न व्यक्ति आराम का जीवन बितायेगा, उसके पास अनेक सवारियां होंगी और आनन्द के सामान होंगे। सर्प योग से व्यक्ति हर प्रकार से दयनीय निर्दयी और दुष्ट होगा।

अभ्युक्तियां—श्रीक (माला योग से भी जाना जाता है) और सर्प योग दो दल है जिनका पराशर द्वारा उल्लेख किया गया है। इन योगों में केन्द्रभावों में शुभ या अशुभ ग्रहों का स्थित होना आवश्यक है। यह ध्यान देने योग्य है कि जहां तक इस योग का सम्बन्ध है, चन्द्रमा को हिसाब में नहीं लिया जाता है और केवल तीन शुभ ग्रह रह जाते हैं और तीन अशुभ ग्रह रह जाते हैं। हमने बराहमिहिर द्वारा उल्लिखित सभी नाभस योगों को काफी अच्छे ढंग से ऊपर प्रतिपादित किया है। इन योगों का पता लगाने में कुछ तथ्यों पर विचार करना आवश्यक है। आश्रय योग, आकृति योग, दल योग और संख्य योगों की परिभाषा पर ध्यान पूर्वक विचार करने पर ज्योतिष के विद्यार्थियों को यह पता लगेगा कि कभी कभी आश्रय योग आकृति योग के अनुरूप बन जाता है, आश्रय योग संख्य योग के साथ मिल जाता है और दल योग संख्य योग के साथ मिल जाता है। जब नाभस योगों के दो भिन्न समूहों के दो योगों का इस प्रकार पता लगाना हो तो इन दोनों में एक प्रभावी नहीं होता है। बाराहमिहिर इसका स्पष्ट संक्षिप्त उत्त र देते हैं—

यह देखने में आयेगा कि आश्रय योग (रज्जु, मुसल और नल) व्यावहारिक रूप से आकृति योगों के बीच यव, अब्ज, वज्र, अण्डज या पक्षी, गोल, गदा और शकट योगों जैसे ही हैं और शूल तथा केदार संख्य योगों के बीच हैं, जब कि दो दल योग (श्रीक और सर्प) केन्द्र भावों में शुभ या अशुभ ग्रहों की स्थिति (वज्र और यव) जैसे ही फल देते हैं। इस तुलना का विस्तार करते हुए हम यह मान लें कि एक जन्म कुण्डली में कर्क और तुला (चर राशि) में सभी ग्रह स्थित हैं जिससे रज्जु योग बनता है। दोनों पास पास के केन्द्रों में ग्रह स्थित हैं। यदि लग्न कर्क या तुला हो तो गोल योग बनता है जिससे यह रज्जु योग के अनुरूप हो गया। इसी प्रकार यदि सभी ग्रह कर्क और मकर में हों और लग्न कर्क या मकर हो तो रज्जु और शकट योग दोनों एक साथ मिल जाते हैं, यदि हम मिथुन या धनु लें तो नल और शकट योग आपस में मिल जाते हैं बशर्ते कि इन राशियों में से एक का उदय हो रहा हो। इस प्रकार यदि लग्न कोई और हो तो दोनों ही योग बनेंगे। इसी प्रकार अन्य आकृति और संख्य योगों के साथ आश्रय या दल योगों की तुलना के लिये उदाहण दिये जा सकते हैं। इनमें आकृति और संख्य योगों में आश्रय और दल योगों सभी के संभव उदाहरण शामिल नहीं होते हैं। अतः यह दर्शाने के लिये कि आश्रय और दल योग भी नाभस योग हैं, बराहमिहिर ने उनपर अलग से विचार किया है। अब हम अन्य मुद्दों पर विचार करेंगे। जब संख्य योग

आकृति योग के साथ मिल जाते हैं तो आकृति योग ही प्रमुख होते हैं। जब आश्रय योग किसी अन्य (आकृति) योग के साथ मिल जाते हैं तो आश्रय योग काम नहीं करते। जब दल योग संख्य योग के साथ मिल जाते हैं तो संख्य योग निष्क्रिय हो जाते हैं। और यदि आश्रय योग संख्य योग के साथ मिल जाते हैं अर्थात् केदार, शूल और युग, तो आश्रय योग गोल योग से मिल जाते हैं और आश्रय योग निष्प्रभावी हो जाता है। इस प्रकार यह देखने में आयेगा कि कुछ योगों के बीच अन्तर बहुत कम होता है और इसमें ज्योतिषी को अपनी विश्लेषण शक्ति से काम लेना चाहिये।

१०३ दुर्योग

परिभाषा—यदि दशमाधिपति ६, ८ या १२ वें भाव में स्थित हो तो दुर्योग बनता हैं।

फल—जातक को अपने शारीरिक परिश्रम का फल नहीं मिलेगा, दूसरे उसका तिरस्कार करेगें, वह स्वार्थी होगा और हमेशा दूसरों को ठगने की चेष्टा करेगा, वह विदेश में रहेगा।

अभ्युक्तियाँ—१० वां भाव कुण्डली की धुरी होती है और इसके अधिपति को बली होना चाहिये यदि किसी व्यक्ति का जीवन सुखी हो। जब दशमधिपति दुःस्थान में हो तो वह अपना प्रभुत्व खो देता है इसलिये यह कहा जाता है कि जातक में केवल वे गुण होंगे जिससे लोगों की नजर में उसका कोई महत्व नहीं होगा। दूसरों को कष्ट पहुँचाना, स्वार्थपरता और उदासी ऐसे गुण नहीं हैं जिससे कोई व्यक्ति सदाचारी बन सके। जिस व्यक्ति की कुण्डली में दुर्योग हो वह शारीरिक परिश्रम के लाभ से बंचित रहता है। ऐसा प्रतीत होता है कि दुर्योग वाला जातक शारीरिक परिश्रम करके अवना जीवन यापन करेगा। तीन दुःस्थानों में से १२ वां भाव सबसे कम अशुभ प्रतीत होता है जहां तक इस योग का सम्बन्ध है क्योंकि यह उसे उसके परिश्रम के लाभ से वंचित तो करेगा किन्तु उसके भीतर उत्तम गुण पैदा होंगे और इस तरह समाज में कुछ आदर मिलेगा।

१०४. दरिद्र योग

परिभाषा—यदि एकादशेश ६, ८ या १२ वें भाव में स्थित हो तो दरिद्र योग बनता है।

फल—जातक कर्ज में रहेगा और गरीब होगा, वह श्रवण सम्बन्धी कष्ट से पीड़ित रहेगा, वह नीच होगा और पाप कर्म तथा आपराधिक कार्य करेगा।

अभ्युक्तियाँ—यह योग बहुत सरल है और सामान्य है। अतः जिस कुण्डली में दरिद्र योग पाया जाता है उसके सम्बन्ध में ऊपर के फल नहीं बताने चाहिये। जब लग्न बली हो और एकादशेश छठे भाव में हो तो दरिद्र योग नाममात्र होता है। क्योंकि इस प्रकार की स्थिति में जब कि जातक नीच होता है और पाप कर्म करने को प्रवृत्त होता है, वह अति गरीब नहीं होगा। आपराधिक प्रवृत्ति पर गरीबों का ही आधिपत्य नहीं है। धनी भी समान रूप से ऐसी प्रवृत्ति रखते हैं क्योंकि अपना स्वार्थ पूरा करने के लिये धनी व्यक्ति और धनलोलुप हो जाता है। वास्तव में उदारता और धन देवता को पूजने की प्रवृत्ति इन्हें छुपाने का बहाना है।

१०५. हर्ष योग १०६. सरल योग १०७. विमल योग

परिभाषा—यदि ६, ८ और १२ वें भाव के अधिपति ६, ८ और १२ वें भाव में हों तो क्रमशः हर्ष, सरल और विमल योग बनता है।

फल—हर्ष योग वाला व्यक्ति भाग्यशाली, सुखी, अजेय, शारीरिक रूप से स्वस्थ, धनी, प्रसिद्ध और पापकर्मों से डरने वाला होगा। सरल योग में उत्पन्न व्यक्ति दीर्घ जीवी, भय से मुक्त, विद्वान्, शत्रुओं के लिये आतंक और सम्पन्न होगा। विमल योग से व्यक्ति कंजूस, सुखी, स्वतन्त्र और प्रतिष्ठा पाने के गुण वाला होगा।

अभ्युक्तियाँ—इन तीन योगों से हमें संकेत मिलता है कि दुःस्थान के अधिपति यदि दुःस्थान में स्थित हों तो वे अपने अशुभ स्वामित्व के कारण किस प्रकार बुरे फलों पर काबू पा लेते हैं। उपरोक्त योगों के लेखक ने भी इन तीनों योगों के सम्बन्ध में बहुत उत्तम फल लिखा है फिर भी वास्तविक व्यवहार में फल बिलकुल विपरीत मिले हैं। पराशर और लोमश इस मत के पक्ष में नहीं हैं कि बुरे स्वामित्व से उद्भूत बुरे फल अन्य दुःस्थान में अधिपति के स्थित होने के कारण पूर्णतः समाप्त हो जायेंगे। दूसरी ओर इसकी गहनता में कुछ सीमा तक कमी आ जायेगी। यह इस तथ्य से स्पष्ट है कि पराशर के अनुसार जब षष्ठेश छठे भाव में हो तो जातक के सम्बन्धी शत्रु बन जाते हैं जब कि वह बाहर में मित्र होगा, और जब षष्ठेश ८ या १२ वें भाव में हो तो वह व्यक्ति रोगी होता है, विद्वानों से घृणा करता है, दूसरों की पत्नी के पीछे जाता है और तोड़ फोड़ करके आनन्द उठाता है। अतः ऊपर दिये गये तीनों योगों की व्याख्या करते समय स्वामित्व के अन्तर्भूत बुरे स्वभाव पर अवश्य ध्यान देना चाहिये।

१०८. शरीर सौख्य योग

परिभाषा—लग्नाधिपति, बृहस्पति या शुक्र को केन्द्र में स्थित होना चाहिये।

फल—जातक दीर्घजीवी, धनी और राजनीति में सफल होगा।

अभ्युक्तियाँ—यदि उपरोक्त तीनों ग्रह अर्थात् लग्नाधिपति, बृहस्पति और शुक्र केन्द्र में हों तो यह योग अति प्रबल होगा और परिणाम स्वरूप इस योग के सभी फल प्राप्त होंगे। यह योग एक सामान्य योग है किन्तु बहुत मुश्किल से देखने को मिलता है।

१०९ देहपुष्टि योग

परिभाषा—यदि लग्नाधिपति चर राशि में हो और उस पर शुभ ग्रह की दृष्टि हो तो यह योग बनता है।

फल—जातक सुखी होगा, उसका शरीर उचित ढंग से विकसित होगा वह धनी होगा और जीवन का आनन्द उठायेगा।

अभ्युक्तियाँ—सुखी जीवन बिताना भिन्न बात है और इसके लिये सभी सुविधाएं प्राप्त करना भिन्न बात है। लग्नाधिपति को चर राशि में होना आवश्यक है। कुछ लोग शारीरिक सुख और आराम से उदासीन होते हैं जबकि कुछ ऐसे लोग होते हैं जो कम आय होते हुए भी अपने शरीर का पूरा पूरा ध्यान रखते हैं।

११०. देह कष्ट योग

परिभाषा—यदि लग्नाधिपति अशुभ ग्रह से युक्त हो या ८ वें भाव में स्थित हो तो देह कष्ट योग बनता है।

फल—जातक शारीरिक सुख से वंचित रहेगा।

अभ्युक्तियाँ—जैसा कि नाम से ही पता लगता है, देह कष्ट का अर्थ शरीर में कठिनाई होता है, शारीरिक परिश्रम करने वाले अधिक लोग इस श्रेणी में आते हैं। ऐसा कहा जाता है कि यदि लग्नाधिपति पर शुभ दृष्टि हो तो यह योग निष्प्रभावी हो जाता है।

१११. रोगग्रस्त योग

परिभाषा—(क) यदि लग्नाधिपति लग्न भाव में स्थित हो और षष्ठेश, अष्टमेश या द्वादशेश से युक्त हो। (ख) यदि कमजोर लग्नाधिपति त्रिकोण या केन्द्र में स्थित हो तो रोगग्रस्त योग बनता है।

फल—जातक का शरीर कमजोर होगा और रोगी रहेगा।

अभ्युक्तियाँ—इस योग में निम्नलिखित योगों का समावेश है अर्थात् (१) लग्नाधिपति को लग्न भाव में स्थित होना चाहिये और ६, ८ या १२ वें भाव के अधिपति से युक्त होना चाहिए (२) कमजोर लग्नाधिपति को त्रिकोण या केन्द्र में स्थित होना चाहिये। यह एक ज्योतिष सम्बन्धी साधारण अनुभूति हैं कि जब लग्नाधिपति त्रिकोण या केन्द्र में हो तो वह बली होगा। जब वह कमजोर हो जिसका अर्थ यह है कि षडबल पिण्ड (बल का कुल जोर) अपेक्षित मात्रा से कम हो, तो केन्द्र या त्रिकोण में स्थित होने का गुण समाप्त हो जाता है। व्यवहार में यह पाया जाता है कि १२ वें भाव का अधिपति षष्ठेश या अष्टमेश की अपेक्षा कम अशुभ होता है। अतः जब लग्नाधिपति १२ वें भाव के अधिपति से युक्त होता है तो इसका प्रभाव देह कष्ट या रोग ग्रस्त योग की अपेक्षा वित्तीय स्थिति पर अधिक पड़ता है। इस योग में उत्पन्न व्यक्ति को अभाव होगा। अतः जातक आसानी से रोग ग्रस्त हो जाता है।

११२. और ११३. कृशाङ्ग योग

परिभाषा—लग्नाधिपति को शुष्क राशि में स्थित होना चाहिये अथवा ऐसी राशि में स्थित होना चाहिये जिसका अधिपति शुष्क ग्रह हो (११२)

नवांश लग्न का अधिपति शुष्क ग्रह होना चाहिए और लग्न को अशुभ ग्रह से युक्त होना चाहिये। (११३)

फल—जातक का शरीर क्षीण एवं कमजोर होगा और शरीर में पीड़ा से पीड़ित रहेगा।

अभ्युक्तियाँ—शुष्क राशि मेष, वृषभ, मिथुन, सिंह कन्या और धनु हैं। शुष्क ग्रह सूर्य, मंगल और शनि हैं। व्यावहारिक प्रयोजनों के लिए बुध को भी शुष्क ग्रह के रूप में लिया जा सकता है। इसी प्रकार के फल होंगे यदि लग्न और लग्नाधिपति अनेक शुष्क वर्गों में स्थित हो।

कुडली संख्या ६३

जन्म तारीख ८–८–१९१२ जन्म समय ७–२३ बजे संध्या (स्था० स०)

अक्षांस १३° उत्तर, देशा० ७७° ३४′

राशि

नवांश

मंगल की दशा शेष—६ वर्ष ० महीने १० दिन

कुण्डली सं० ६३ में नवांश लग्न का अधिपति शुक्र ग्रह है और यह प्रथम श्रेणी के अशुभ ग्रह से दृष्ट है अर्थात् मंगल से दृष्ट हैं। इसका फल स्पष्ट है अर्थात् जातक का शरीर दुबला पतला और क्षीण है।

११४. से ११६ देहस्थौल्य योग

परिभाषा—लग्नाधिपति और जिस ग्रह के नवांश में लग्नाधिपति स्थित है, उसे जलीय राशियों में स्थित होना चाहिये (११४)

लग्न भाव में बृहस्पति का स्थित होना आवश्यक है या लग्न भाव पर जलीय राशि से बृहस्पति की दृष्टि होनी चाहिये (११५)

लग्न भाव में जलीय राशि होनी चाहिये और लग्न को शुभ ग्रहों से युक्त होना चाहिये। या लग्नाधिपति अवश्य ही जलीय ग्रह होना चाहिये (११६)

अभ्युक्तियाँ—बली शरीर धारण करना अनियन्त्रित और स्थूल काय शरीर से भिन्न है। उपरोक्त तीन योगों में देहस्थौल्य का अर्थ शरीर का हृष्ट पुष्ट होना है और इसका सुसज्जित और मजबूत शरीर से नहीं है। कर्क, कुम्भ, मकर, मीन, वृश्चिक और तुला जलीय राशि हैं और चन्द्रमा तथा शुक्र जलीय ग्रह हैं। वास्तव में बुध और बृहस्पति भी जल से सम्बन्धित होते हैं और लग्न तथा लग्नाधिपति के सम्बन्ध में जलीय तत्त्वों की प्रधानता हो तो जातक निश्चय ही स्थूलकाय होगा।

कुण्डली संख्या ६४

जन्म तारीख २९-७-१९०९　　　　जन्म समय सूर्योदय के बाद १ घं० १५ पल

अक्षांस १३° उत्तर,　　　　देशा० ७०°-३४' पूर्व

राशि　　　　नवांश

बुध की दशा शेष—६ वर्ष ५ महिना २३ दिन

कुण्डली सं ६४ में जलीय राशि कर्क लग्न भाव में है और जलीय ग्रह चन्द्रमा दूसरी जलीय राशि बृश्चिक में स्थित है। नवांश में चन्द्रमा कुम्भ (जलीय राशि) में स्थित है और बृहस्पति द्वारा दृष्ट है। जातक का शरीर हृष्ट पुष्ट है।

११९. सदा संचार योग

परिभाषा—लग्नाधिपति या लग्नाधिपति जिस राशि में स्थित हो उसका अधिपति चर राशि में स्थित हो तो सदा संचार योग बनता है।

फल—जातक हमेशा घूमता रहेगा।

अभ्युक्तियां—ऊपर दिये गये योग यात्रा एजेन्टों राजनयिकों और विश्व भ्रमण करने वालों की कुण्डली में साधारणतः पाये जाते हैं। यदि लग्न और नवांश लग्न दोनों ही चर राशियों में हों तो जातक शायद ही किसी एक स्थान पर रहेगा। इसके विपरीत वह सर्वदा घूमता रहेगा।

११८. से १२२. धन योग

परिभाषा—यदि लग्न से पंचम भाव का अधिपति शुक्र हो और यदि शुक्र और शनि क्रमशः ५ और ११ वें भाव में स्थित हों तो धन योग बनता है (११८)।

बुध को अपनी ही राशि में स्थित होना चाहिये जो लग्न से पंचम भाव हो और चन्द्रमा तथा मंगल को ११ वें भाव में स्थित होना चाहिये (११९)।

शनि को अपनी ही राशि में स्थित होना चाहिये जो लग्न से पंचम भाव हो और बुध तथा मंगल को ११ वें भाव में स्थित होना चाहिये (१२०)।

सूर्य को पांचवें भाव में स्थित होना चाहिये जो उसकी अपनी राशि के अनुरूप हो और बृहस्पति तथा चन्द्रमा को ११ वें भाव में स्थित होना चाहिये (१२१)।

यदि लग्न से पंचम भाव में बृहस्पति की राशि हो और उसमें बृहस्पति स्थित हो और मंगल तथा चन्द्रमा ११ वें भाव में हो तो धन योग बनता है (१२२)।

फल– ऊपर के सभी मामलों में जातक बहुत धन प्राप्त करेगा।

अभ्युक्तियाँ—उपरोक्त पांच योग तब बनते हैं जब कतिपय ग्रह पांचवें और ग्यारहवें भावों में स्थित हों। वास्तव में यह महत्वपूर्ण है क्योंकि वे अधिक धनी होने का संकेत देते हैं। प्रथम मामले में लग्न भाव में आवश्यक रूप से मकर या मिथुन होनी चाहिये। जब लग्न में मकर राशि होगी तो शनि बृश्चिक में होगा जो ११ वां भाव है। लग्नाधिपति का ११ वें भाव में होना एक उत्तम योग है। इसी प्रकार यदि लग्न भाव में मिथुन राशि होगी तो शनि को मेष राशि में होना पड़ेगा। जब तक शनि का नीच भंग न हो तबतक ग्रह योग पहले उदाहरण के समान प्रबल नहीं होगा।

११६ में लग्न भाव में कुम्भ या बृषभ राशि का होना आवश्यक है। कुम्भ राशि के सम्बन्ध में ११ वें भाव में षष्ठेश तथा दशमाधिपति के स्थित होने पर यह योग बनेगा जबकि बृषभ के लिये ११ वें भाव में तृतीयेश और सप्तमाधिपति होंगे। धन का अंश वही होगा परन्तु इसे प्राप्त करने के साधन भिन्न होंगे।

योग संख्या १२० कन्या और तुला के सम्बन्ध में है। यदि लग्न भाव में कन्या हो तो दशमाधिपति बुध ११ वें भाव में होगा। यदि लग्न में तुला हो तो ११ वें भाव में नवमाधिपति होगा। दोनों ही स्थिति काफी उत्तम हैं यद्यपि पहले उदाहरण में लग्नाधिपति और दशमाधिपति बुध निश्चित ही अधिक महत्त्वपूर्ण होगा।

योग १२१ केवल मेष लग्न में लागू होता है जिस मामले में पंचमाधिपति सूर्य ५ वें भाव में होगा और चतुर्थेश चन्द्रमा तथा नवमाधिपति बृहस्पति ११ वें भाव में होंगे। चन्द्रमा और बृहस्पति के योग में स्वयं ही राज योग का समावेश होता है क्योंकि पहले तो वे क्रमशः केन्द्र और त्रिकोण के अधिपति होते हैं और दूसरे गज केसरी योग भी बनेगा क्योंकि सभी ११ वें भाव में होंगे। वास्तव में १२१ एक प्रबल धन योग होता है।

यदि बृहस्पति पंचम भाव में हो, जो उसकी अपनी राशि के समान हो (योग संख्या १२२ की अपेक्षा) और लग्न में बृश्चिक और सिंह हो तो बृश्चिक के मामले में यह योग काफी प्रबल होता है क्योंकि जब मंगल और चन्द्रमा ११ वें भाव में होंगे तो वे १ और ६ वें अधिपति के समान कार्य करेंगे। अतः यह योग काफी महत्त्वपूर्ण होगा। यह देखने

में आयेगा कि ऊपर दिये गये पांचों योगों का सम्बन्ध ५ और ११ वें भावों के बली होने से है।

कुण्डली संख्या ६५

जन्म तारीख ३०-६-१८९७ जन्म समय ७-२० संध्या (स्था० स०)

अक्षांस ८° उत्तर, देशान्तर, ७६° ४५′ पूर्व

राशि

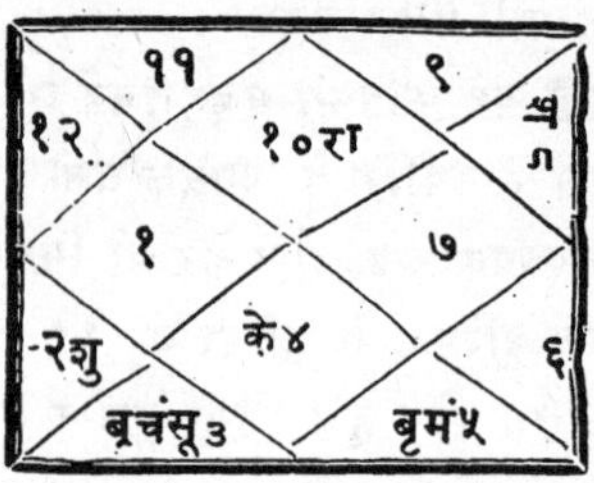

नवांश

बृहस्पति की दशा शेष—१२ वर्ष १ महिना १३ दिन

कुण्डली सं० ६५ में लग्न से ५ वें भाव में शुक्र की राशि है और शुक्र तथा शनि क्रमशः ५ वें और ११ वे भाव में स्थित हैं। अतः यह योग संख्या ११८ का उदाहरण है। धन और सम्पन्नता के विचार से शनि की दशा काफी अच्छी रही और शुक्र की भुक्ति आरम्भ होते ही जातक अपनी चरम सीमा पर पहुंच गया।

कुण्डली सं० ६६

जन्म तारीख ५-९-१९०६ जन्म समय ९-१६ बजे प्रातः (स्था० स०)

अक्षांस २५° उत्तर, देशा० ८४ पूर्व

राशि

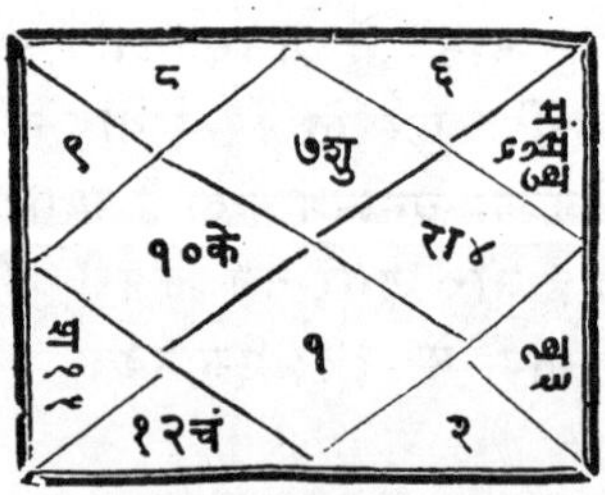

नवांश

शनि की दशा शेष—० वर्ष ० महिना ६ दिन

कुण्डली सं० ६६ योग सं० १२० का एक विशेष उदाहरण है। शनि ५ वें भाव का अधिपति है और ५ वें भाव में ही स्थित है और मंगल (द्वितीयेश) और बुध (नवमा-

धिपति) सूर्य के साथ ११ वें भाव में स्थित हैं। सूर्य एकादशेश है। इसकी विशेषता यह है कि बुध की दशा के दौरान जातक के पिता काफी धनी बन गये। संभवतः इस तथ्य के कारण कि धन योग का कारक बुध पितृ कारक सूर्य के साथ स्थित है।

कुण्डली सं० ६७

जन्म तारीख २०-८-१८९१ जन्म समय १०-० संध्या
अक्षांस १९° उत्तर, देशा० ७२° ३५′ पूर्व

राशि नवांश

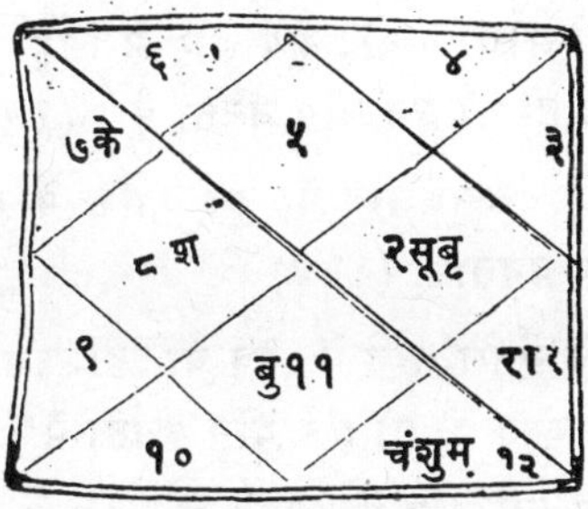

राहु की दशा शेष—२ वर्ष ६ महिना १५ दिन

कुण्डली सं० ६७ योग सं० १२६ का उदाहरण है। इसमें सूर्य अपनी ही राशि में ५ वें भाव में स्थित है जबकि चन्द्रमा और बृहस्पति दोनों ही ११ वें भाव में स्थित हैं। यह देखने में आयेगा कि चन्द्रमा और बृहस्पति के कारण दो योग बनते हैं। अर्थात गजकेसरी और दूसरा राज योग। अतः लाभ भाव पर्याप्त रूप से बली है।

कुण्डली सं० ६८

जन्म तारीख ३०-४-१९२७ जन्म समय १२-३० बजे दिन (स्था० स०)
अक्षांस १२° उत्तर, देशा० ७०° ५०′ पूर्व

राशि नवांश

चन्द्रमा की दशा शेष ३ वर्ष ८ महिना २१ दिन

कुण्डली सं० ६८ योग सं० १२२ का एक उदाहरण है जिसमें यह आवश्यक है कि बृहस्पति पंचम भाव में अपनी राशि में हो और चन्द्रमा तथा मंगल ११ वें भाव में हों। इसमें ११ वें भाव में प्रबल चन्द्र मंगल योग बनता है। चूंकि मंगल और चन्द्रमा क्रमशः लग्न और ९ वें भाव के अधिपति हैं अतः एक प्रबल राज योग बनता है।

१२३ से १२८ धन योग (जारी)

परिभाषा—यदि सूर्य लग्न में सिंह राशि में हो और मंगल तथा बृहस्पति से दृष्ट या युक्त हो तो धन योग बनता है। (१२३)।

यदि चन्द्रमा लग्न में कर्क राशि में हो और बृहस्पति तथा मंगल से दृष्ट हो तो धन योग बनता है (१२४)।

यदि मंगल लग्न में मेष या वृश्चिक लग्न में हो और चन्द्रमा, शुक्र तथा शनि से दृष्ट या युक्त हो तो धन योग बनता है (१२५)।

यदि बुध लग्न में अपनी ही राशि में हो और शनि तथा शुक्र से दृष्ट या युक्त हो तो धन योग बनता है (१२६)।

यदि बृहस्पति लग्न में अपनी ही राशि में हो और बुध तथा मंगल से दृष्ट या युक्त हो तो धन योग बनता है (१२७)।

यदि शुक्र लग्न में अपनी ही राशि में हो और शनि तथा बुध से दृष्ट या युक्त हो तो धन योग बनता है (१२८)।

फल—उपरोक्त सभी मामलों में जातक प्रचुर धन प्राप्त करता है।

अभ्युक्तियां—ऊपर के छः योगों में सूर्य से लेकर शुक्र तक सभी ग्रहों को लग्न भाव में स्थित होना आवश्यक है जो सम्बन्धित ग्रह की अपनी ही राशि होनी चाहिये और नीचे दिये अनुसार उसपर कतिपय ग्रहों की दृष्टि या युक्ति होनी चाहिये।

ग्रह	लग्न	युक्ति या दृष्टि
सूर्य	सिंह	मंगल, बृहस्पति
चन्द्रमा	कर्क	मंगल, बृहस्पति
मंगल	मेष और वृश्चिक	चन्द्रमा, शुक्र, शनि
बुध	मिथुन और कन्या	शुक्र, शनि
बृहस्पति	धनु और मीन	मंगल, बुध
शुक्र	वृषभ और तुला	बुध, शनि

यह देखने में आयेगा कि मकर और कुम्भ को छोड़कर शेष सभी राशियों को हिसाब में लिया गया है। ऊपर के सभी मामलों में लग्नाधिपति को लग्न भाव में अपनी ही राशि में स्थित होना चाहिये और कतिपय अधिपतियों से दृष्ट या युक्त होना चाहिये।

ऊपर के प्रत्येक योग में अन्तर हो सकता है जो कि निम्नलिखित स्पष्टीकरण से स्पष्ट है। उदाहरण स्वरूप सूर्य को लें, लग्न में सिंह राशि है और उसमें सूर्य स्थित है।

प्रश्न गत धन योग निम्नलिखित द्वारा बन सकता है :—

(क) यदि बृहस्पति और मंगल लग्न में हों।

(ख) बृहस्पति धनु में हो और मंगल मकर में।

(ग) बृहस्पति धनु में हो और मंगल कुम्भ में।

(घ) बृहस्पति और मंगल दोनों कुम्भ में हों।

(ङ) बृहस्पति मेष में और मंगल बृषभ में हो।

अन्य ग्रहों से बनने वाले धन योगों में भी इसी प्रकार से अन्तर पाये जागेंगे।

कुण्डली संख्या ६९

जन्म तारीख १५–५–१९०९ जन्म समय ६–० बजे तक (स्था. स.)

अक्षांस १३° उत्तर, देशा० ७७° ३५′ पूर्व

राशि

नवांश

बृहस्पति की दशा शेष—३ वर्ष १ महीने १६ दिन

कुण्डली संख्या ६९ में योग संख्या १२८ विद्यमान है। लग्न में वृषभ राशि है और लग्नाधिपति शुक्र लग्न भाव में बुध से युक्त है और शनि से दृष्ट है।

कुण्डली संख्या ७०

जन्म तारीख–२९–१–१९४० जन्म समय लगभग ७–०६ बजे प्रातः (भा.स्टै.स.)

अक्षांस ३०°१२′ उत्तर, देशा० ६७° ०२′ पूर्व

राहू की दशा शेष—१ वर्ष ७ महीने ५ दिन

कुण्डली संख्या योग संख्या १२३ का एक उदाहरण है। लग्न में सिंह राशि है और सूर्य सिंह में मंगल से युक्त है और बृहस्पति से दृष्ट है।

१२९. बहुद्रव्यार्जन योग

परिभाषा—यदि लग्नाधिपति दूसरे भाव में हो, द्वितीयेश ११ वें भाव में हो और एकादशेश लग्न में हो तो बहुद्रव्यार्जन योग बनता है।

फल—जातक बहुत धन अर्जित करेगा और काफी धन संचित करेगा।

अभ्युक्तियां—लग्न, दूसरे और ११ वें भावों के बीच एक समझौता स्थापित किया गया है—इन तीनों भावों के अधिपतियों के बीच परस्पर परिवर्तन आवश्यक है। यहां भी योग का वास्तविक मूल्य सम्बन्धित अधिपतियों के बल पर निर्भर करता है और इसपर निर्भर करता है कि कुण्डली की साधारण योजना के सम्बन्ध में वे किस स्थिति में हैं।

कुण्डली संख्या ७१

जन्म तारीख–२–६–१८९२ जन्म समय–१०–१६ बजे प्रातः

अक्षांस १३° उत्तर, देशा० ७७° ३५′ वर्ष

राशि

नवांश

शुक्र की दशा शेष—११वर्ष ६ महीने ९ दिन

कुण्डली सं० ७१ में लग्नाधिपति दूसरे भाव में है, द्वितीयेश ११ वें भाव में है और एकादशेश लग्न में स्थित है। इस प्रकार एक प्रबल धन योग बनता है।

१३०. से १३२. स्ववीर्याद्धन योग

परिभाषा—यदि लग्नाधिपति सबसे बली ग्रह हो और बृहस्पति के साथ केन्द्र में स्थित हो और द्वितीयेश वैषेशिकांश में हो तो यह योग बनता है (१३०)।

जिस नवांश में लग्नाधिपति स्थित हो उसके अधिपति को बली होना चाहिये और द्वितीयेश से केन्द्र या त्रिकोण में स्थित होना चाहिये अथवा अपनी राशि में या उच्च में स्थित होना चाहिये (१३१)।

द्वितीयेश को लग्नाधिपति से केन्द्र या त्रिकोण में स्थित होना चाहिये या द्वितीयेश शुभ ग्रह होकर उच्च का हो या उच्च के ग्रह से युक्त हो (१३२)।

फल—जातक अपने प्रयास और मेहनत से धन अर्जित करेगा।

अभ्युक्तियां—पैतृक धन अधिक समय तक नहीं रहेगा और नहीं इसका उचित उपयोग होगा। साधारणतः इस प्रकार का धन आमोद प्रमोद और व्यर्थ प्रयोजनों पर समाप्त हो जाता है, सम्बन्धित व्यक्ति को इस बात का अनुभव नहीं होगा कि उचित साधनों से धन अर्जित करना कितना कठिन है। दूसरी ओर व्यक्तिगत प्रयास से प्राप्त धन का उचित ढंग से व्यय किया जाता है और उसे व्यर्थ व्यय नहीं किया जाता क्योंकि धन कमाने के लिये परिश्रम करना पड़ता है। उपरोक्त तीनों योग बिलकुल स्पष्ट है और इनके स्पष्टीकरण की आवश्यकता नहीं है।

१३० के अनुसार लग्नाधिपति का कुण्डली में सबसे बली ग्रह होना आवश्यक है और उसे बृहस्पति के साथ केन्द्र में स्थित होना चाहिये तथा द्वितीयेश को विषेशांश में होना चाहिये।

योग संख्या १३१ कुछ भ्रान्ति जनक है। लग्नाधिपति किसी नवांश में है। उस नवांश का अधिपति किसी राशि में स्थित है। इसके अधिपति को द्वितीयेश से केन्द्र या त्रिकोण में होना आवश्यक है। मान लें कि लग्न में कन्या है और उसका अधिपति मकर नवांश में है। मकर का अधिपति शनि है और यह मान लें कि शनि मेष राशि में है, तो इस राशि के अधिपति मंगल को द्वितीयेश शुक्र से केन्द्र में होना चाहिये।

कुण्डली संख्या ७२

जन्म तारीख—८–३–१९१२ जन्म समय-७–२३ बजे संध्या (स्था.स.)

अक्षांस १३° उत्तर, देशा० ७७° ३४'

राशि

नवांश

मंगल की दशा शेष—६ वर्ष ० महीना १० दिन

कुण्डली संख्या ७२ में लग्नाधिपति शनि मेष के नवांश में है, जिसका अधिपति अर्थात् मंगल सिंह में है, इसका अधिपति सूर्य द्वितीयेश बृहस्पति से त्रिकोण में है। जातक ने जब जीवन आरम्भ किया तो उसके पास वित्तीय सुविधाएँ नहीं थीं किन्तु अपनी मेहनत से काफी धन अर्जित किया। योग संख्या १३१ काफी सरल है।

१३३. मध्यवयसी धन योग

परिभाषा—यदि द्वितीयेश काल बल में हो और लग्नाधिपति तथा एकादशेश से केन्द्र में या त्रिकोण में युक्त हो और शुभ ग्रहों से दृष्ट हो तो यह योग बनता है।

फल—जातक अपने जीवन के मध्य भाग में अपनी मेहनत से धन प्राप्त करेगा।

अभ्युक्तियां—काल बल ग्रह बल के छः स्रोतों में से एक है जिसका वर्णन हमारे **'ग्रह बल और भाव बल'** नामक पुस्तक में किया गया है। काल बल में अनेक उप-विभाजन शामिल हैं जो चन्द्रमा के चरण, दिन, समय, संक्रान्ति और ग्रह युद्ध पर आधारित हैं। सामान्यतः यह कहा जाता है कि ग्रह अपने दिन, महीने और वर्षों में काल बल में होते हैं। चन्द्रमा, मंगल और शनि रात के समय बली होते हैं। सूर्य, बृहस्पति और शुक्र दिन के समय बली होते हैं। अशुभ ग्रह कृष्ण पक्ष में बली होते हैं और शुभ ग्रह शुक्ल पक्ष में बली होते हैं।

जीवन के मध्य भाग में धन प्राप्त करने के लिये कालबली द्वितीयेश को केन्द्र या त्रिकोण में स्थित होना चाहिये और लग्नाधिपति तथा एकादशेश के साथ युक्त होना चाहिये।

धन के सम्बन्ध में ज्योतिष की पुस्तकों से पता लगता है कि धनी बनने के लिये जातक की कुण्डली में ऐसे योग होने चाहिये जिनमें लग्नाधिपति, द्वितीयेश, पंचमेश और नवमेश के बीच सम्बन्ध हो। इन अधिपतियों के क्रम परिवर्तन और योगों से अत्यधिक संख्या में धन योग बनते हैं।

१३४. अन्त्यवयसी धन योग

परिभाषा—यदि राशि में द्वितीयेश और लग्नाधिपति एक साथ नैसर्गिक शुभ ग्रह के साथ स्थित हों और उस राशि का अधिपति लग्न में बली होकर स्थित हो तो यह योग बनता है।

फल—जातक जीवन के अन्तिम भाग में विभिन्न साधनों से धन प्राप्त करेगा।

अभ्युक्तियाँ–कुछ ऐसे लोग होते हैं जो जीवन भर दयनीय स्थिति में रहते हैं परन्तु अचानक ही जीवन के अन्तिम भाग में उनका भाग्य चमक जाता है। ऐसे उदाहरण बिरले नहीं हैं। इस योग में यह अपेक्षा है कि लग्नाधिपति और द्वितीयेश को शुभ ग्रहों के साथ युक्त होना चाहिये और इस राशि के अधिपति को बली होना चाहिये और लग्न में स्थित होना चाहिये। इस प्रकार के योग बहुत पाये जाते हैं।

१३५. बाल्य धन योग

परिभाषा—यदि द्वितीयेश और दशमाधिपति केन्द्र में युक्त हों और जिस नवांश में लग्नाधिपति स्थित हो उसके अधिपति से दृष्ट हो तो यह योग बनता है।

फल—जातक जीवन के आरम्भ काल में ही प्रचुर धन प्राप्त करता है।

अभ्युक्तियां—यह योग लगभग एक ही है। इस योग की विद्यमानता के लि तीन शर्तें पूरी करनी होती हैं—अर्थात् (क) २ और १० वें भावों के अधिपतियों क युक्त होना चाहिये (ख) उन्हें लग्न से केन्द्र भाव में स्थित होना चाहिये (ग) उनप नवांश के उस अधिपति की दृष्टि होनी चाहिये जिसकी राशि में लग्नाधिपति स्थित है

निम्नलिखित कुण्डली योग सं० १३५ का एक उदाहरण है।

कुण्डली सं० ७३

जन्म तारीख २५–४–१९४५ जन्म समय ४–०७ बजे संध्या (आई एस.टी.

अक्षांस १८° ५२′ उत्तर, देशा० ७२° ३५′ पूर्व

राशि

नवांश

चन्द्रमा की दशा शेष–१ वर्ष ५ महिना १६ दिन

१३६. और १३७. भ्रातृमूलक धनप्राप्ति योग

परिभाषा—यदि लग्नाधिपति और द्वितीयेश तीसरे भाव में युक्त हों और शुभ ग्रहों से युक्त हों तो यह योग बनता है (१३६)।

तृतीयेश को बृहस्पति के साथ दूसरे भाव में स्थित होना चाहिये और लग्नाधिपति से दृष्ट या युक्त होना चाहिये जो वैशेषिकांश में हो।

फल—जातक भाइयों और सम्बन्धियों से धन प्राप्त करता है।

अभ्युक्तियां—ज्योतिष में आय के साधन की भविष्य वाणी एक कठिन काम है। उपरोक्त दोनों योग यह संकेत देते हैं कि द्वितीयेश और तृतीयेश कतिपय स्थिति में हों तो जातक भाइयों के माध्यम से धन अर्जित करेगा।

१३८. मातृमूलक धन योग

परिभाषा—यदि द्वितीयेश और चतुर्थेश युक्त हों या उनसे दृष्ट हों तो यह योग बनता है।

फल—जातक अपनी मां की सहायता से धन अर्जित करेगा।

अभ्युक्तियाँ—इस योग की व्याख्या यह अर्थ निकालने के लिये भी की जा सकती है कि चतुर्थेश के स्वभाव के आधार पर आय के साधन भिन्न भिन्न होंगे। इस प्रकार यदि चतुर्थेश मंगल हो तो आय का साधन कृषि हो सकती है।

१३९. पुत्रमूलक धन योग

परिभाषा—यदि बली द्वितीयेश और पंचमेश या बृहस्पति युक्त हों और यदि लग्नाधिपति वैशेषिकांश में हो तो यह योग बनता है।

फल—जातक अपने पुत्रों के माध्यम से धन प्राप्त करता है।

अभ्युक्तियां—ऐसे अनेक उदाहरण मिल जायेंगे जहां व्यक्ति बहुत मुश्किल से अपना जीवन यापन करता है किन्तु जब उसके लड़के बड़े हो जाते हैं और किसी कारोबार को स्थापित करने और विकसित करने में उसकी मदद करते हैं अथवा उसे वित्तीय सहायता देते हैं तो वह व्यक्ति अमीर बन जाता है।

इस योग में लग्न को वैशेषिकांश में होना आवश्यक है और बली द्वितीयेश का पंचमाधिपति के साथ युक्त होना आवश्यक है।

कुण्डली संख्या ७४

जन्म तारीख—१-६-१८९५ जन्म समय—सूर्योदय के बाद ४५ घं० १२ पल

अक्षांस १३° उत्तर, देशा० ७७° ३५′ पूर्व

राशि

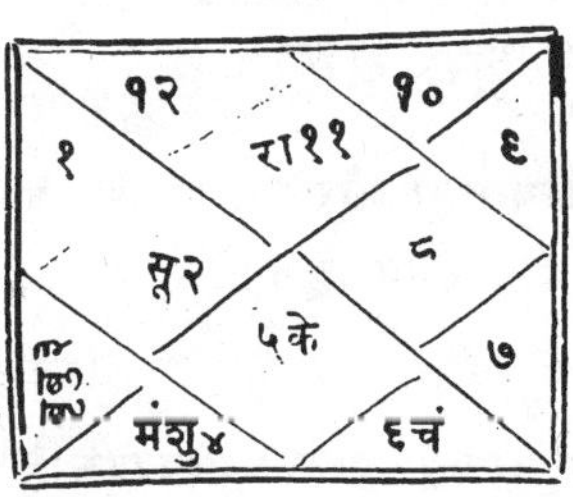

नवांश

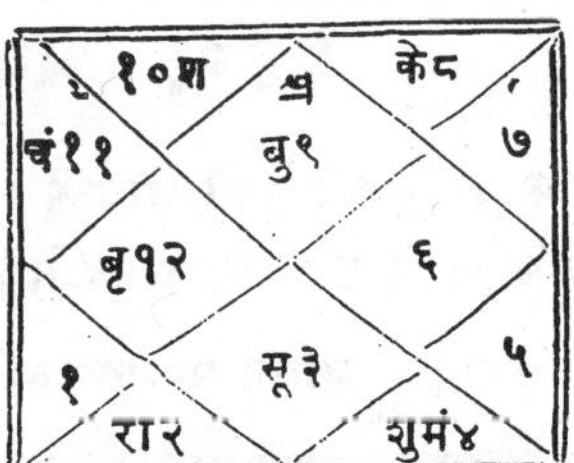

सूर्य की दशा शेष—१ वर्ष ६ महिना १३ दिन

कुण्डली सं. ७४ में द्वितीयेश बृहस्पति है और वह पंचमाधिपति बुध के साथ युक्त है। लग्नाधिपति वैशेषिकांश में नहीं है। ५० वर्ष की आयु तक जातक ने जीवन का उज्ज्वल भाग नहीं देखा किन्तु ५१ वें वर्ष की आयु आरम्भ होते ही पिता और पुत्र ने मिलकर एक छोटा सा कारोबार शुरू किया जो धीरे धीरे एक लाभ प्रद प्रतिष्ठान बन

गया। जब यह योग विद्यमान है तो यह आवश्यक रूप से लागू नहीं होता कि पुत्र पिता को धन से मदद करेगा। इसका अर्थ यह हो सकता है कि पुत्र के जन्म के बाद पिता धनी होगा। इस प्रकार के मामले में मात्र पुत्र ही पिता के भाग्य को पलट सकता है।

१४०. शत्रुमूलक धन योग

परिभाषा—यदि बली द्वितीयेश षष्ठेश से युक्त हो अथवा यदि और बली लग्नाधिपति वैशेषिकांश में हो तो यह योग बनता है।

फल—जातक अपने दुश्मनों के माध्यम से धन अर्जित करेगा।

अभ्युक्तियाँ—इन सभी योगों में द्वितीयेश के बल पर और बली लग्नाधिपति के वैशेषिकांश पर जोर दिया गया है। उपरोक्त योग के फलों के लिये द्वितीय का या तो षष्ठेश से युक्त होना चाहिये अथवा मंगल से या इनमें से किसी से दृष्ट होना चाहिये।

१४१. कलत्रमूलक धन योग

परिभाषा—बली द्वितीयेश को सप्तमेश से युक्त या दृष्ट होना चाहिये और शुक्र तथा लग्नाधिपति को बली होना चाहिये।

फल—जातक पत्नी के माध्यम से धन अर्जित करेगा।

अभ्युक्तियाँ—यदि द्वितीयेश जिसे नैसर्गिक बल प्राप्त हो, सप्तमाधिपति और शुक्र से युक्त हो तो वह व्यक्ति अपनी पत्नी के कारण धनी होगा।

१४२. आमरणान्त धन योग

परिभाषा—यदि दूसरे भाव में अनेक ग्रह स्थित हों और धन कारक बली हो या अपनी राशि में हो या उच्च राशि में हो तो यह योग बनता है।

फल—जातक जीवन भर धन अर्जित करेगा।

अभ्युक्तियाँ—दूसरे भाव में अनेक ग्रहों का स्थित होना आवश्यक है। इसके अतिरिक्त धन दाता ग्रह अर्थात् द्वितीयेश और बृहस्पति का बली होना आवश्यक है। इस प्रकार बने हुए योग से सम्बन्धित व्यक्ति जीवन भर धनी रहेगा। जब कोई कुण्डली ग्रह के किसी भाव के सम्बन्ध में नैसर्गिक रूप से बली हो तो इसका फल स्थायी रूप से प्राप्त होगा जो योग कारक द्वारा दिये गये फल से भिन्न होगा। यह साधारणतः सम्बन्धित दशा के दौरान फलीभूत होता है।

१४३. अयत्न धनलाभ योग

परिभाषा—यदि लग्नाधिपति और द्वितीयेश के बीच परस्पर स्थान परिवर्तन हो तो यह योग बनता है।

फल—जातक अधिक प्रयास किये बिना धन अर्जित करता है।

अभ्युक्तियाँ—ऐसे व्यक्ति भी पाये जाते हैं जो काफी प्रयास करने के बावजूद दयनीय जीवन व्यतीत करते हैं जब कि कुछ अन्य व्यक्ति ऐसे होते हैं जो अधिक प्रयास किये बिना काफी धन अर्जित करते हैं। हम इसे भाग्य कहते हैं। वास्तव में यह भाग्य या अवसर नहीं है बल्कि यह उस व्यक्ति के पिछले अच्छें कर्मों के फल हैं। प्रथम और दूसरे भावों के अधिपतियों के बीच परिवर्तन एक उत्तम विशेषता है।

१४४. से १५३. दरिद्र योग

परिभाषा—यदि १२ वें भाव और लग्न भाव के अधिपतियों के बीच परिवर्तन हो और सप्तमेश से युक्त या दृष्ट हो तो यह योग बनता है (१४४)।

यदि षष्ठेश और लग्नाधिपति के बीच परिवर्तन हो और चन्द्रमा पर द्वितीयेश या सप्तमेश की दृष्टि हो तो यह योग बनता है (१४५)।

केतु और चन्द्रमा को लग्न में होना चाहिये (१४६)।

यदि लग्नाधिपति अष्टम भाव में स्थित हो और द्वितीयेश या सप्तमाधिपति से दृष्ट या युक्त हो तो यह योग बनता है (१४७)।

यदि लग्नाधिपति ६, ८ या १२ वें भाव के अधिपति से युक्त हो और वहां अशुभ ग्रह हों और द्वितीयेश या सप्तमाधिपति से दृष्ट हो तो यह योग बनता है (१४८)।

यदि लग्नाधिपति ६, ८ या १२ वें भाव के अधिपति से युक्त हो और उसपर अशुभ दृष्टि हो (१४९)।

यदि पंचमाधिपति ६, ८ या १२ वें भाव के अधिपति से युक्त हो और उस पर कोई शुभ दृष्टि न हो या शुभ ग्रह से युक्त न हो (१५०)।

यदि पंचमाधिपति ६ या १० वें भाव में हो और २, ६, ७, ८ या १२ वें भाव के अधिपतियों से दृष्ट हो (१५१)।

नैसर्गिक अशुभ ग्रह को जो ९ या १० वें भाव का अधिपति न हो, लग्न में स्थित होना चाहिये और मारकेश से युक्त या दृष्ट हो (१५२)।

यदि लग्न और नवांश लग्न के अधिपति ६, ८ या १२ वें भाव में हों और द्वितीयेश तथा सप्तमेश से दृष्ट या युक्त हों तो यह योग बनता है (१५३)।

फल—ऊपर के सभी योगों में भीषण दरिद्रता, वित्तीय परेशानी, भाग्यहीनता और विपत्ति होती है।

अभ्युक्तियाँ—दरिद्रता मृत्यु से भी अधिक भयंकर होती है। मृत्यु से जीवन का अन्त हो जाता है और सांसारिक सभी स्थितियों की समाप्ति हो जाती है। मृत्यु के बाद क्या होता है, यह कोई नहीं जानता। यह माना जाता है कि इससे सांसारिक विपत्ति दुःख और चिन्ताओं का अन्त हो जाता है। अतः कुछ ऐसे लोग हैं जो दरिद्रता की अपेक्षा मृत्यु को पसन्द करते हैं, एक गरीब व्यक्ति भाग्यहीन जीवन व्यतीत करता है। वह गन्दे और अस्वास्थ्यकर मकानों में रहने के लिये बाध्य हो जाता है। बच्चों को शिक्षा, स्वास्थ्य और उत्तम रहन सहन का अवसर प्राप्त नहीं होता। साधारणतः गरीब व्यक्ति की सर्वत्र उपेक्षा की जाती है। वह सम्पन्न व्यक्तियों के लिये एक अवांछित अतिथि होता है, वित्तीय कठिनाइयों और सहानुभूति के अभाव के कारण उसके कानूनी क्रिया कलाप में बाधा आती है। गरीबी अपराध का केन्द्र होती है और भूख की अधिकता के कारण गरीब असम्मानित कार्यों की ओर उन्मुख होता है। दार्शनिक चाहे जो कुछ कहें-दरिद्रता की कसक वर्दास्त करना कठिन है।

ऊपर के सभी योगों में मूलतः लग्नाधिपति और पंचमाधिपति की मारकेश के साथ युक्ति का संदर्भ दिया गया है। यह स्पष्ट है कि द्वितीयेश और सप्तमेश मारकेश होते हैं। कुछ लेखक ६, ८ और १२ वें भावों के अधिपतियों को भी मारकेश की श्रेणी में रखते हैं।

१५४ और १५५. युक्तिसमन्वित वाग्मी योग

परिभाषा—यदि तीर्थेश केन्द्र या त्रिकोण में शुभ ग्रहों से युक्त हों या उच्च का हो और बृहस्पति से युक्त हो तो यह योग बनता है (१५४)।

यदि वाणी का अधिपति केन्द्र में स्थित हो, परम उच्च हो और पर्वतांश में हो और बृहस्पति या शुक्र सिंहासनांश में हो तो यह योग बनता है (१५५)

फल—बोलने की कला आसान नहीं है। वाक्पटुता का उपहार मनुष्य और आचार को प्रभावित करता है। विश्वस्त वाणी द्वारा मनुष्य आशा से अधिक सफलता प्राप्त कर सकता है। विभिन्न अवसरों और स्थितियों में विभिन्न वाणी और कौशल की आवश्यकता होती है। यह शक्ति प्राप्त करने के लिये दूसरे भाव के अधिपति पर

शुभ दृष्टि और युक्ति आवश्यक है। यदि कोई व्यक्ति गन्दे विचारों में वाक्पटु नहीं है तो बुध को बुरे प्रभावों से मुक्त होना आवश्यक है।

वाकपटु बनने के लिये द्वितीयेश का ब्रहस्पति के साथ त्रिकोण या केन्द्र में होना आवश्यक है या वह उच्च का हो। पर्वतांश, सिंहासनांश आदि की परिभाषा दी गई है। शब्द भंडार के स्वरूप और विशिष्टता या वाणी का धीमा स्वर वाणी कारक बुध के शुभ और अशुभ प्रभावों पर निर्भर करता है।

१५६. परिहासक योग

परिभाषा—सूर्य जिस नवांश में है उसके अधिपति को वैशेषिकांश में होना चाहिये और दूसरे भाव से युक्त होना चाहिये।

फल—जातक एक मजाकिया और वाक् पटु होता है।

अभ्युक्तियाँ—प्रसन्न मुद्रा वाले व्यक्ति हर बात को आसानी से लेते हैं जबकि कुछ ऐसे लोग होते हैं जो छोटी से छोटी बात को गंभीरता से लेते हैं। मजाक जीवन का एक मसाला हैं और बराबर मात्रा में सभी में नहीं पाया जाता है।

सूर्य किसी न किसी नवांश में होता है और उस नवांश के अधिपति को वैशेषिकांश में दूसरे भाव में होना चाहिये।

यह देखने में आयेगा कि एक ग्रह अपनी राशि में स्थित हो सकता है, वह अपने नवांश, द्रेष्काण आदि में हो सकता है जिस मामले में यह कहा जाता है कि वह स्वराशि या स्वक्षेत्र, स्वहोरा, स्वद्रेष्काण आदि में है। इन सभी मामलों में वह स्ववर्ग में होता है। षोडश वर्ग होते हैं। अतः कोई भी ग्रह सोलहबार स्ववर्ग में हो सकता है। ज्योतिष के लेखकों ने जो ग्रह एक बार से अधिक स्ववर्ग में होते हैं उनको बहुत महत्त्व दिया है। नीचे वे महत्त्वपूर्ण अंश दिये जाते हैं जो अक्सर ज्योतिष की पुस्तकों में पाये जाते हैं।

दो बार	स्ववर्गी	होने पर	पारिजातांश
तीन	,,	,,	उत्तमांश
चार	,,	,,	गोपुरांश
पांच	,,	,,	सिंहासनांश
छः	,,	,,	पर्वतांश
सात	,,	,,	देवलोकांश
आठ	,,	,,	कुङ्कुमांश
नौ	,,	,,	इरावतांश
दस	,,	,,	वैष्णवांश

ग्यारह बार स्ववर्गी	होने पर		शैवांश
बारह	,,	,,	भास्वदंश
तेरह	,,	,,	वैशेषिकांश

जब कोई ग्रह वैशेषिकांश में होता है तो यह अत्युत्तम होता है।

१५७. असत्यवादी योग

परिभाषा—यदि द्वितीयेश शनि या मंगल के भाव में हो और यदि केन्द्र और त्रिकोण में अशुभ ग्रह युक्त हों तो असत्यवादी योग बनता है।

फल—जातक झूठ बोलने वाला होगा।

अभ्युक्तियाँ—इस योग के अनुसार द्वितीयेश को मेष, बृश्चिक, मकर या कुम्भ में स्थित होना चाहिये और केन्द्र तथा त्रिकोण में अशुभ ग्रह का युक्त होना आवश्यक है। ऐसा कहा जाता है कि यही योग तब बनता है यदि द्वितीयेश जिस नवांश में है उसका अधिपति मंगल या शनि हो और इन दोनों ग्रहों की राशि में स्थित हो।

१५८. जड़ योग

परिभाषा—यदि दूसरे भाव का अधिपति अशुभ ग्रह के साथ १० वें भाव में स्थित हो अथवा दूसरा भाव सूर्य और मण्डी से युक्त हो तो यह योग बनता है।

फल—जातक जन सभा में आशंकित हो जाता है।

अभ्युक्तियां—कुछ ऐसे लोग होते हैं जो यद्यपि विद्वान् होते हैं, उन्हें अच्छी सूचना होती है और बोलने में सक्षम होते हैं, अपने मस्तिष्क का संतुलन खो देते हैं और जब उन्हें जन सभा में बोलने के लिए कहा जाता है तो वे आशंकित हो जाते हैं। ऐसे लोगों की कुण्डली में साधारणतः द्वितीयेश प्रभावित होता है। यद्यपि उपरोक्त योग विद्यमान होता है, यदि द्वितीयेश शुभ नवांश में हो तो इस योग का महत्त्व समाप्त हो जाता है।

१५९. भास्कर योग

परिभाषा—यदि सूर्य से दूसरे भाव में बुध, और बुध से ११ वें भाव में चन्द्रमा हो और चन्द्रमा से ५ या ९ वें में बृहस्पति हो तो भास्कर योग बनता है।

फल—जातक धनी, पराक्रमी, कुलीन, शास्त्रों का विद्वान्, ज्योतिष का विद्वान्, संगीतज्ञ होगा और उत्तम व्यक्तित्व वाला होगा।

अभ्युक्तियाँ—इस योग में तीन ग्रहों को लिया गया है परन्तु लग्न या उनकी विशिष्ट राशि से उनकी स्थिति पर विचार नहीं किया गया है । यह अपेक्षित है कि सूर्य से दूसरे भाव में बुध होना चाहिये और बुध से ११ वें भाव में चन्द्रमा को होना चाहिये अर्थात सूर्य से १२ वें । दूसरे शब्दों में चन्द्रमा, सूर्य और बुध को एक दूसरे के बाद वाली राशि में होना चाहिये और बृहस्पति को चन्द्रमा से त्रिकोण में होना चाहिये ।

कुण्डली संख्या ७५

जन्म तारीख—३-३-१८९४ जन्म समय—२-१६ बजे संध्या (स्था० स०)

अक्षांस २०° ५२′ उत्तर, देशान्तर ७४° ५४′ पूर्व

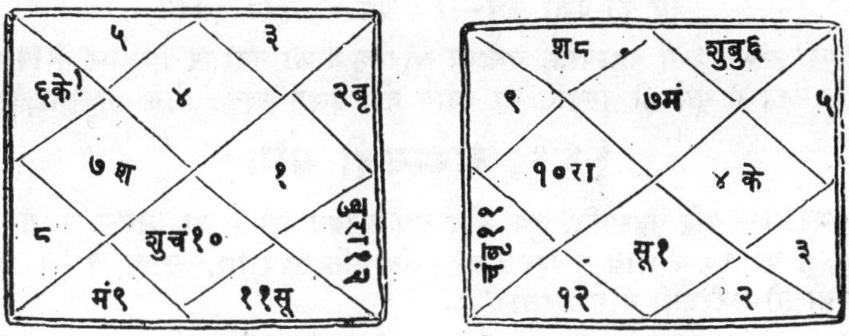

सूर्य की दशा शेष—२ वर्ष ५ महीने १८ दिन

कुण्डली सं० ७५ भास्कर योग का एक विशेष उदाहरण है क्योंकि सूर्य से दूसरे भाव में बुध है, बुध से ११ वें भाव में चंन्द्रमा है और चन्द्रमा से त्रिकोण भाव में बृहस्पति स्थित है ।

१६०. मरुद् योग

परिभाषा—यदि शुक्र से ५ या ९ वें भाव में बृहस्पति हो, बृहस्पति से पांचवें भाव में चन्द्रमा हो और चन्द्रमा से केन्द्र में सूर्य हो तो यह योग बनता है ।

फल—उत्तम वाद विवाद करने वाला, दरिया दिल, अमीर, विद्वान्, सफल व्यापारी, राजा या राजा के समान होगा और उसका पेट निकला हुआ होगा ।

अभ्युक्तियाँ—इसमें बृहस्पति, चन्द्रमा और शुक्र का परस्पर त्रिकोण में होना आवश्यक है और सूर्य को चन्द्रमा से केन्द्र में होना चाहिये । इस योग में अनेक अन्तर हो सकते हैं और पाठक यदि वास्तविक उदाहरणों को ध्यान में रखकर इन अन्तरों के क्षेत्र और महत्त्व का अध्ययन करें तो उत्तम होगा ।

कुण्डली संख्या ७६

जन्म तारीख–२९–२–१९३२ जन्म समय–५–३० बजे प्रातः (स्था० स०)

अक्षांस १३° उत्तर, देशा० ७७° ३५′ पूर्व

राशि

नवांश

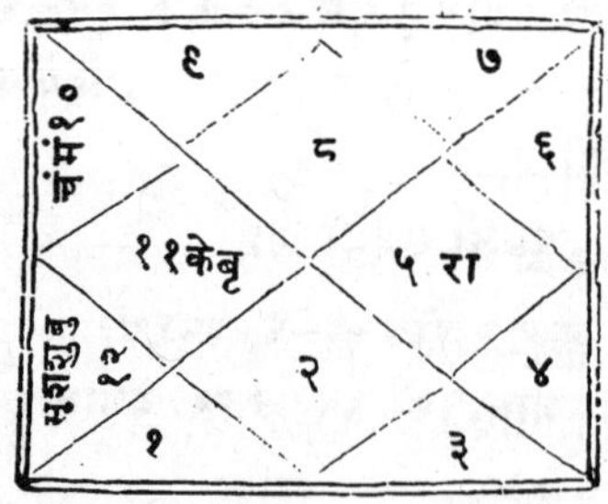

बुध की दशा शेष—११ वर्ष ४ महीने ५ दिन

कुण्डली सं० ७६ में बृहस्पति, चन्द्रमा और शुक्र की परस्पर त्रिकोण में स्थिति और चन्द्रमा से केन्द्र में सूर्य की स्थिति पर ध्यान दें। इसमें मारुड़ योग बन रहा है।

१६१. सरस्वती योग

परिभाषा—यदि बृहस्पति, शुक्र और बुध संयुक्त रूप से या अलग अलग लग्न, २, ४, ५, ७, ९ या १० वें भाव में स्थित हों, बृहस्पति स्वराशि, उच्च राशि या मित्र राशि में हो तो सरस्वती योग बनता है।

फल—जातक कवि, ख्याति प्राप्त, सभी विद्वानों में विद्वान्, कुशल, धनी, सबसे प्रशंसित, उत्तम पत्नी और बच्चों वाला होगा।

अभ्युक्तियां—उपरोक्त योग बहुत पाया जाता है सात भावों अर्थात १, २, ४, ५, ७, ९ या १० वें भावों, में से किसी में शुभ ग्रहों का होना आवश्यक है। यदि ग्रह बली हैं तो यह योग प्रधानतः देखने में आयेगा। अन्यथा यह अन्य प्रबल योग के साथ मिल जायेगा।

कुण्डली सं० ७७

जन्म तारीख–७–५–१८६१ जन्म समय–४–०२ बजे प्रातः (स्था० स०)

अक्षांस २२° ४०′ उत्तर, देशा० ८८° ३०′ पूर्व

राशि

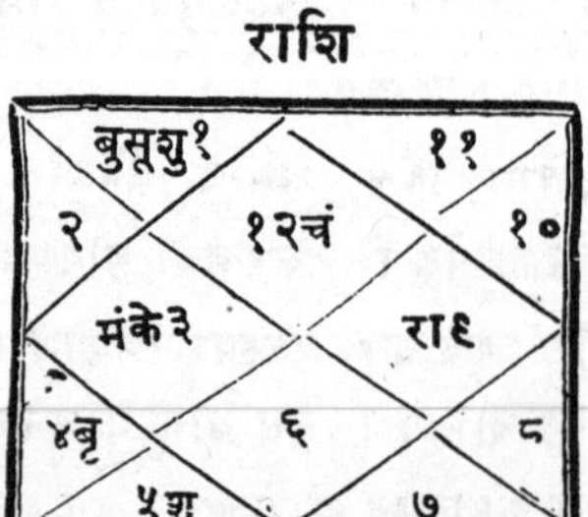

नवांश

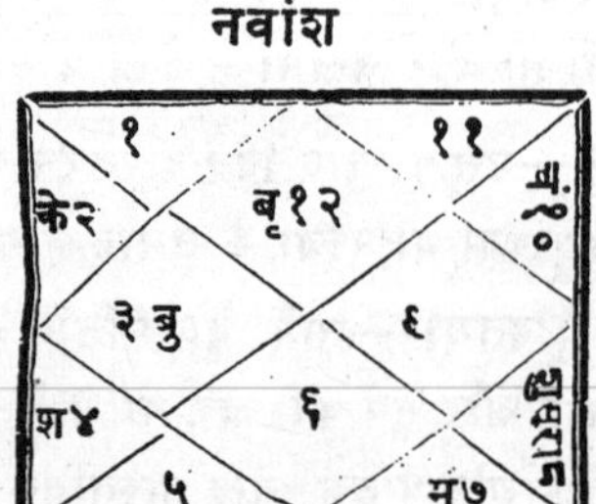

बुध की दशा शेष—९ वर्ष ५ महीने २२ दिन

कुण्डली सं० ७७ सरस्वती योग का एक उदाहरण है। बृहस्पति ५ वें भाव में है, शुक्र और बुध दूसरे भाव में हैं। बृहस्पति उच्च का है। जातक को सरस्वती योग का पूरा फल प्राप्त हुआ।

१६२. बुध योग

परिभाषा—यदि बृहस्पति लग्न में हो, चन्द्रमा केन्द्र में हो, चन्द्रमा से दूसरे भाव में राहु हो और राहु से तीसरे भाव में सूर्य और मंगल हों तो बुध योग बनता है।

फल—राजा के समान आराम, शक्तिशाली, ख्याति प्राप्त, कुलीन, विज्ञान का विद्वान, तीव्र बुद्धि वाला और शत्रुओं से वंचित होगा।

अभ्युक्तियाँ—बुध योग में लग्न और चन्द्रमा के बल का समावेश है। जब बृहस्पति लग्न में हो तो लग्न को पर्याप्त बल प्राप्त होता है। बृहस्पति से केन्द्र में चन्द्रमा स्थित हो तो गजकेसरी योग बनता है। चन्द्रमा से दूसरे भाव में राहु और राहु से तीसरे में सूर्य और मंगल (चन्द्रमा से चौथे) स्थित हो तो बुध योग बनता है।

१६३. मूक योग

परिभाषा—द्वितीयेश को बृहस्पति के साथ आठवें भाव में स्थित होना चाहिये।

फल—जातक गूंगा होता है।

अभ्युक्तियाँ—यदि अष्टम भाव में बृहस्पति की स्वराशि उच्च राशि हो तो यह योग नहीं बनता। ज्योतिष के प्राचीन लेखक गणपति बृहस्पति और द्वितीयेश की युक्ति के लिये १२ वें भाव को भी खराब बताते हैं।

१६४. नेत्रनाश योग

परिभाषा--यदि १० वें और छठे भावों के अधिपति द्वितीयेश के साथ लग्न में स्थित हों या यदि वे नीचांश में हों तो नेत्रनाश योग बनता है।

फल—जातक शासकों की अप्रसन्नता के कारण दृष्टि खो देता है।

अभ्युक्तियाँ--२, ६ और १० वें भावों के अधिपतियों को लग्न में युक्त होना चाहिये। इससे यह स्पष्ट होता है कि जातक सरकारी शासक के क्रोध के कारण अन्धा होता है। किन्तु वास्तविक व्यवहार में इस प्रकार के योग से जातक जीवन में कभी अन्धा हो जाता है सूर्य और चन्द्रमा आंख के कारक होते हैं। जब ये दोनों ग्रह बली हों और शुभ स्थिति में हों तो अन्धा होने की भविष्य वाणी नहीं करनी चाहिये।

कुण्डली संख्या ७८

जन्म तारीख–२२–८–१९१५ जन्म समय–६–३० बजे प्रातः (आई एस टी)

अक्षांस १२° ५८′ उत्तर, देशा० ७७° ३४′ पूर्व

राशि

नवांश

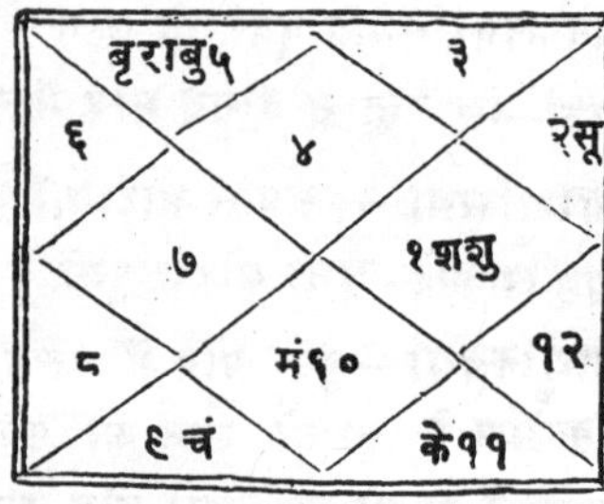

चन्द्रमा की दशा शेष—४ वर्ष १० महीने २ दिन

कुण्डली सं० ७८ में योग सं० १६४ कुछ परिवर्तन के साथ विद्यमान है। १० वें और २ रे भावों के अधिपति लग्न में हैं परन्तु यहां स्थित होने की बजाय षष्ठेश शनि की इस पर दृष्टि है। अपने १० वर्ष की आयु में चन्द्रमा की दशा और शनि की भुक्ति में जातक की दृष्टि चली गई।

१६५. अन्ध योग

परिभाषा—यदि बुध और चन्द्रमा दूसरे भाव में हों अथवा लग्नाधिपात और द्वितीयेश सूर्य के साथ दूसरे भाव में हों तो अन्ध योग बनता है।

फल—रात में जातक की दृष्टि कमजोर होगी या वह जन्म से अन्धा होगा।

अभ्युक्तियाँ– बुध स्नायु का कारक होता है और चन्द्रमा दृष्टि का कारक होता है। यदि दूसरे भाव में इन दो ग्रहों की युक्ति होगी तो जातक रतौंधी से पीड़ित होगा। जन्म से अन्धा होने के लिये दूसरे भाव में सूर्य, द्वितीयेश और लग्नाधिपति का स्थित होना आवश्यक है। इन तीनों ग्रहों के वास्तविक बल निर्धारित करने के मामले में आपको अपने विवेक से काम लेना चाहिये क्योंकि यदि इस योग में सम्मिलित तीनों ग्रहों में से किसी एक की उच्च राशि दूसरे भाव में हो तो इस फल में संशोधन करना होगा।

१६६. और १६७. सुमुख योग

परिभाषा—यदि दूसरे भाव का अधिपति केन्द्र में स्थित हो तो शुभ ग्रहों से दृष्ट हो या दूसरे भाव में शुभ ग्रह स्थित हों तो यह योग बनता है (१६६)।

यदि दूसरे भाव का अधिपति केन्द्र में स्थित हो जो उसकी उच्च राशि हो, स्व-राशि हो या मित्रराशि हो और केन्द्राधिपति गोपुरांश में हो तो यह योग बनता हैं।

फल—जातक का चेहरा आकर्षक और हंस मुख होगा।

अभ्युक्तियाँ—वाणी, नेत्र, और मुखाकृति ये सभी दूसरे भाव से देखे जाते हैं। अतः यह आवश्यक है कि जब दूसरा भाव और द्वितीयेश बुरे प्रभाव में हो तो जातक की वाणी कठोर, दृष्टि दोष पूर्ण और मुखाकृति कुरूप होगी। वास्तव में ऐसा नहीं होगा क्योकि कुरूप व्यक्ति की जबान मीठी हो सकती है और उसकी दृष्टि स्पष्ट हो हो सकती है या दोषपूर्ण दृष्टि वाले व्यक्ति की जबान मीठी हो सकती है। इन सभी मामलों में इस योग की परिभाषा के अतिरिक्त कारक की स्थिति पर भी मुख्य रूप से विचार करना चाहिये।

१६८. और १६९. दुर्मुख योग

परिभाषा—यदि दूसरे भाव में अशुभ ग्रह स्थित हो और उसका अधिपति बुरे ग्रहों से युक्त हो या नीच राशि में हो तो यह योग बनता है (१६८)।

यदि द्वितीयेश अशुभ ग्रह हो और गुलिका से युक्त हो या शत्रु राशि में स्थित हो और नवांश में अशुभ ग्रह के साथ नीच का हो तो यह योग बनता है (१६९)।

फल—जातक कुरूप या नौने चेहरे वाला होगा और वह क्रोधित तथा चिड़-चिड़ा होगा।

अभ्युक्तियां—चेहरे की सुन्दरता और कुरूपता अच्छे और बुरे ग्रहों के प्रभावों पर निर्भर करती है जिसका सम्बन्ध दूसरे भाव से होता है। कुछ लोग जन्म से ही कुरूप होते हैं और कुछ लोग दुर्घटना के कारण कुरूप हो जाते हैं और यह दुर्घटना सम्बन्धित ग्रहों की दशा और भुक्ति में होती है।

१७० भोजन सौख्य योग

परिभाषा—यदि बली द्वितीयेश वैशेषिकांश में हो और बृहस्पति या शुक्र की दृष्टि हो तो यह योग बनता है।

फल—जातक धनी होता है और उसे सर्वदा उत्तम और स्वादिष्ट भोजन प्राप्त होता है।

अभ्युक्तियां—भोजन का कारक शुक्र है। अतः उसे उत्तम स्थिति में होना आवश्यक है और उसे बुरे प्रभावों से मुक्त होना चाहिये। इन सभी योगों में सर्वप्रथम कारक पर विचार करना चाहिये।

१७१. अन्नदान योग

परिभाषा—यदि द्वितीयेश वैशेषिकांश में और बृहस्पति तथा बुध से युक्त या दृष्ट हो तो यह योग बनता है।

फल—जातक स्वभाव से आतिथ्य सत्कार करेगा और अनेक लोगों को भोजन करायेगा।

अभ्युक्तियाँ—अन्नदान हिन्दुओं के बीच एक धर्मार्थ कार्य माना जाता है। मानव स्वभाव ऐसा होता है कि मानव धन, आराम, धातु, ख्याति का भूखा होता है और नाम कभी बुझ नहीं सकता है। किन्तु जब कोई व्यक्ति भूखा हो और उसे भोजन कराया जाता है तो वह वास्तव में संतुष्ट होता है। अतः इस धर्मपरायणता को अन्न-दान कहा जाता है।

कुण्डली संख्या ७९

जन्म तारीख-१२-२-१८५६ जन्म समय-१२-२१ बजे संध्याः (स्था. स्टे० स०)
अक्षांस १८° उत्तर, देशान्तर ८४° पूर्व

राशि

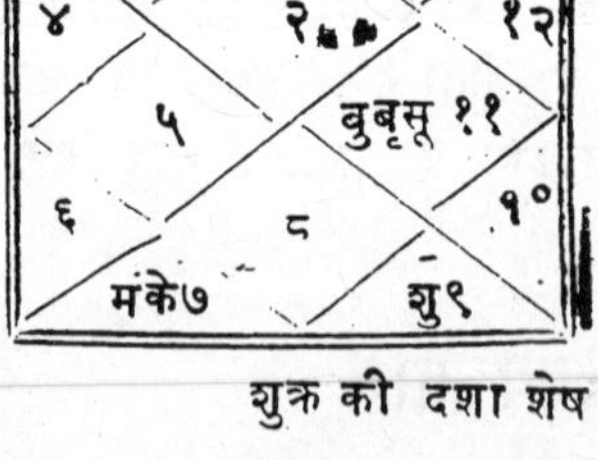

नवांश

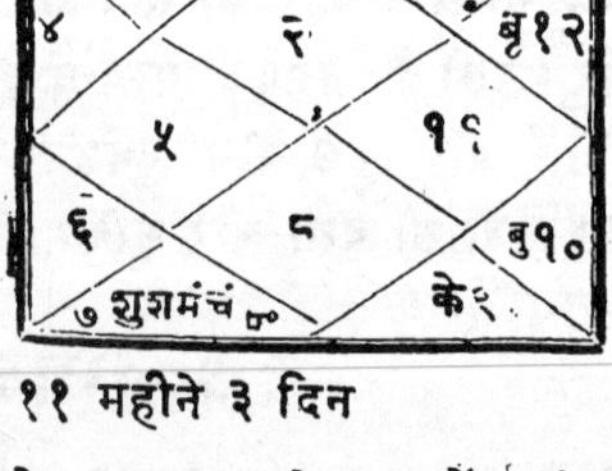

शुक्र की दशा शेष—६ वर्ष ११ महीने ३ दिन

कुण्डली सं० ७९ योग सं० १७१ का एक विशेव उदाहरण है। इसमें दूसरे भाव का अधिपति वुध है और वह बृहस्पति से १० वें भाव में स्थित है। इस कुण्डली का जातक

अपनी उदारता के लिए प्रसिद्ध था और वह भोजन के रूप में ब्राह्मणों, गरीबों और जरूरत मन्दों को दान देता था।

१७२. परान्न भोजन योग

परिभाषा—यदि दूसरे भाव का अधिपति नीच का हो या शत्रु के नवांश में हो और नीच ग्रह से दृष्ट हो तो यह योग बनता है।

फल—जातक दूसरों द्वारा दिये गये भोजन पर जीवन यापन करेगा या वह पराश्रित होगा।

अभ्युक्तियां--जब कोई व्यक्ति अपना अस्तित्व कायम रखने में समर्थ नहीं होगा तो स्वभावतः वह दूसरों पर निर्भर करेगा। यदि दूसरे भाव का अधिपति नीच नवांश में हो या शत्रु के नवांश में हो तो ऊपर दिये गये फल होते हैं। यदि नीच नवांश में स्थित होने के अतिरिक्त दूसरे भाव का अधिपति नीच ग्रह से दृष्ट भी हो तो वह भोजन से घृणा करने वाला होगा।

१७३. श्राद्धान्नभुक् योग

परिभाषा—यदि दूसरे भाव का अधिपति शनि हो या द्वितीयेश शनि से युक्त हो या यदि दूसरा भाव नीच के शनि से दृष्ट हो तो उपरोक्त योग बनता है।

फल— जातक अन्त्येष्टि के समय तैयार किया गया भोजन प्राप्त करता है।

अभ्युक्तियाँ—जो करीबी रिस्तेदार नहीं हैं उनके श्राद्ध के समय तैयार किया गया भोजन खाने में काफी कलंक है। इस प्रकार के भोजन प्राप्त करना एक दुर्भाग्य है। यदि किसी को इस दुर्भाग्य से बचना हो तो दूसरे भाव से शनि का सम्बन्ध नहीं होना चाहिए।

१७४. सर्पगन्धा योग

परिभाषा—मान्दि के साथ राहु को दूसरे भाव से युक्त होना चाहिये।

फल—जातक को सांप काट खायेगा।

अभ्युक्तियाँ—हिन्दुओं के बीच यह विश्वास है कि किसी व्यक्ति को भाग्य से सांप काटता है। इस मत में कुछ औचित्य लगता है। अक्सर यह पाया जाता है कि सांप विशेष कर गेहूवन (कोबरा) जब किसी व्यक्ति को देखता है तो अपना मुंह घुमा लेता है जब कि कुछ व्यक्तियों को सावधान रहने के बावजूद काट खाता है। जब दूसरा

भाव राहु-मान्दि से मुक्त हो तो उस व्यक्ति को इस बात से भयभीत नहीं होना चाहिए कि उसे कभी सांप काट खाएगा।

१७५. वाक् चालन योग

परिभाषा—यदि दूसरे भाव का अधिपति अशुभ ग्रह हो और क्रूर नवांश से युक्त हो और यदि दूसरे भाव पर शुभ दृष्टि न हो या किसी शुभ ग्रह से युक्त न हो तो वाक् चालन योग बनता है।

फल—जातक हकलाने वाला बन जाता है।

अभ्युक्तियां—किसी व्यक्ति की प्रगति और जीवन में सफलता के लिये हकलाना एक महान रुकावट है। वह अपनी बात स्पष्ट रूप से नहीं कह सकता है और न ही वह अपनी बातों से किसी को प्रभावित कर सकता है। पहले के जैसा ही इसमें भी दूसरे भाव के अधिपति को प्रभावित होना चाहिये। यहां हम द्वितीयेश की अपेक्षा वृहस्पति पर जोर देना चाहेंगे।

१७६. विष प्रयोग योग

परिभाषा—यदि द्वितीयेश अशुभ ग्रहों से युक्त और दृष्ट हो और द्वितीयेश क्रूर नवांश में अशुभ ग्रह से दृष्ट हो तो विष प्रयोग योग बनता है।

फल—जातक को दूसरों द्वारा जहर दिया जायेगा।

अभ्युक्तियां—साधारणतः कोर्ट के जीवन में विष द्वारा मृत्यु एक साधारण बात है। जहां एक दूसरे के विरुद्ध लोगों में प्रतिस्पर्द्धा, ईर्ष्या और घृणा का काफी योगदान होता है।

१७७. भ्रातृवृद्धि योग

परिभाषा—यदि तृतीयेश या मंगल या तीसरा भाव शुभ ग्रहों से युक्त या दृष्ट हो और अन्यथा बली हो तो यह योग बनता है।

फल—जातक अपने भाइयों के कारण सुखी होगा जो काफी सम्पन्न होंगे।

अभ्युक्तियां—एक ही माता पिता के बच्चे छोटे में भाई बहन होंगे। जब वे बड़े हो जाते हैं तो वे शत्रु बन जाते हैं। इसके अपवाद हो सकते हैं परन्तु साधारणतः भाइयों और बहनों के बीच घनिष्ट सम्बन्ध शायद ही देखने को मिलता है। छोटी छोटी बातों के कारण प्रश्न उठते हैं और वे काफी गम्भीर बन जाते हैं। भाइयों और बहनों

को पाना और उनके साथ खुश रहना वास्तव में एक सौभाग्य की बात है। साधारणतः तृतीयेश को और विशेष कर मंगल को अशुभ वर्ग में नहीं होना चाहिये। तथापि यदि तृतीयेश मंगल हो तो कलंक पर्याप्त रूप से कम हो जाता है। भाइयों को पाना और उनके साथ घनिष्टता पूर्वक रहना दोनों अलग अलग बातें हैं। यदि भाव को नैसर्गिक बल प्राप्त है तो जातक को भाई होंगे किन्तु यदि भाव अनेक बुरे वर्गों में हो तो भाई नाराजगी के साधन होंगे।

कुण्डली संख्या ८०

जन्म तारीख १६-१०-१९१८ जन्म समय २-२० बजे संध्या (स्था० स०)
अक्षांश १३° ५८' उत्तर, देशान्तर ७७° ३४' पूर्व

राशि

नवांश

राहु की दशा शेष—१२ वर्ष १० महीने २१ दिन

कुण्डली सं० ८० में तीसरे भाव में मेष राशि है। चन्द्रमा से तीसरा भाव अशुभ ग्रहों के युक्ति और दृष्टि से मुक्त है। तृतीयेश १० वें भाव में स्थित है। वह छः नवांश पार कर चुका है। जातक के पांच जीवित भाई बहन हैं। दुर्भाग्यवश सभी छः वर्गों में तीसरे भाव का अधिपति मंगल है। परिणाम स्वरूप भाइयों और बहनों के बीच सम्बन्ध घनिष्ट नहीं है जिसके लिये जातक दोषी नहीं है।

१७८. सोदरनाश योग

परिभाषा—मंगल और तृतीयेश को ८ वें (३, ५ या ९) भाव में स्थित होना चाहिये और अशुभ ग्रहों से दृष्ट होना चाहिये।

फल—जातक सभी भाइयों और बहनों से वंचित रहेगा।

अभ्युक्तियाँ—मंगल भाइयों का कारक है। तीसरा भाव और तीसरे भाव का अधिपति भाइयों के बारे में संकेत देता है। यदि जातक के भाइयों को जीवित रहना है

तो इन तीन तथ्यों की उत्तम स्थिति बिल्कुल आवश्यक है। उपरोक्त योग के अनुसार अष्टम भाव में तृतीयेश और मंगल के स्थित होने से यह संकेत मिलता है कि सभी भाइयों की मृत्यु हो जायेगी। यह भी सुझाव है कि ३, ४ और ७ वां भाव भी मंगल के लिये उचित स्थान नहीं है। व्यावहारिक अनुभव में यह देखा जाता है कि यदि मंगल ७ वें भाव में स्थित हो तो उतना बुरा नहीं होता जितना वह ८ वें भाव में होता है। यदि कारक उचित भाव में हो तो यह कहा जाता है कि वह बुरा फल देता है। हम यह निर्णय करने में असमर्थ हैं कि मंगल या तृतीयेश के लिये चौथे भाव को अनुपयुक्त क्यों माना जाता है ?

कुण्डली सं० ८१

जन्म तारीख–२२–७–१९१६ जन्म समय–८–३४ बजे संध्या (भा.स्टैं. स.)

अक्षांस ९° ३०' उत्तर, देशान्तर ७६°३१' पूर्व

राशि

नवांश

शुक्र की दशा शेष–१६ वर्ष ४ महीने ६ दिन

कुण्डली सं० ८१ में भ्रातृ कारक मंगल तृतीयेश भी है। वह लग्न से ८ वें भाव में स्थित है और शनि से दृष्ट है।

१७९. एकभगिनी योग

परिभाषा—तीसरे भाव के अधिपति बुध और मंगल को क्रमशः तीसरे भाव, चन्द्रमा और शनि से युक्त होना चाहिये।

फल—जातक की केवल एक बहन होगी।

अभ्युक्तियां—यह योग सीमित ढंग से लागू होता है। नवांश और अन्य षडवर्ग में इसी प्रकार की स्थिति मान लेने पर अनेक अन्तर विचार में आता है। इस योग में तीसरे भाव और तृतीयेश का बली होना आवश्यक है और तदनुरूपी मंगल को कमजोर होना आवश्यक है।

१८०. द्वादश सहोदर योग

परिभाषा—यदि तृतीयेश केन्द्र में हो उच्च का मंगल तृतीयेश से त्रिकोण में बृहस्पति से युक्त हों तो यह योग बनता है।

फल—जातक बारह भाई बहनों में तीसरा होगा।

अभ्युक्तियाँ—यह एक विशिष्ट योग है क्यों कि ऐसा बहुत कम पाया जाता है। इसका मूल गठन अव्यवस्थित है। किन्तु इसे सरल बनाया जा सकता है कि मिथुन, सिंह, वृश्चिक, धनु और मीन लग्न के सम्बन्ध में तृतीयेश को केन्द्र में होना चाहिये। और मंगल तथा वृहस्पति को मकर में युक्त होना चाहिये। अन्य राशियों को निकाल देना चाहिये। क्योंकि तृतीयेश केन्द्र में स्थित नहीं हो सकता। जिसे मकर से त्रिकोण में होना चाहिये। जब मंगल बृहस्पति के साथ स्व उच्च राशि में हो तो ऐसी स्थिति के लिये एक मात्र राशि मकर है। इसे तृतीयेश जहाँ पर स्थित है वहां से त्रिकोण में होना चाहिए जिसे दूसरी ओर लग्न से केन्द्र में होना चाहिये। यदि मेष राशि को लें तो तृतीयेश बुध होगा। वह इस प्रकार के केन्द्र से त्रिकोण में स्थित नहीं हो सकता क्यों कि वह मंगल बृहस्पति योग से त्रिकोण होगा जो इस योग की अपेक्षा के अनुसार नियत स्थान है। इसी आधार पर वृषभ को छोड़ा जा सकता है। मिथुन में संभावना है क्योंकि सूर्य जब कन्या में होगा तो यह योग बन सकता है। कर्क को छोड़ना होगा जबकि सिंह के लिये शुक्र वृषभ में स्थित हो सकता है। कन्या, तुला, मकर और कुम्भ पर विचार नहीं किया जा सकता है क्योंकि तृतीयेश मंगल या बृहस्पति होंगे। वृश्चिक के लिये शनि वृषभ में स्थित हो सकता है और धनु के लिये समुचित स्थान कन्या है। अतः यह योग सीमित है और बिरले पाया जाता है।

यह महत्वपूर्ण है कि बच्चों, भाइयों आदि की संख्या वाले योगों की व्याख्या करते समय हमें सही सामाजिक स्थिति, बच्चों के जन्म को नियमित करन के लिए उपलब्ध सुविधाओं को ध्यान में रखना चाहिये।

कुण्डली संख्या ८२
जन्म तारीख ५-११-१९७३ जन्म समय ४-२४ बजे संध्या (भा.स्टैं.स.)
अक्षांस १३° उत्तर, देशा० ७७° ३५' पूर्व

राशि

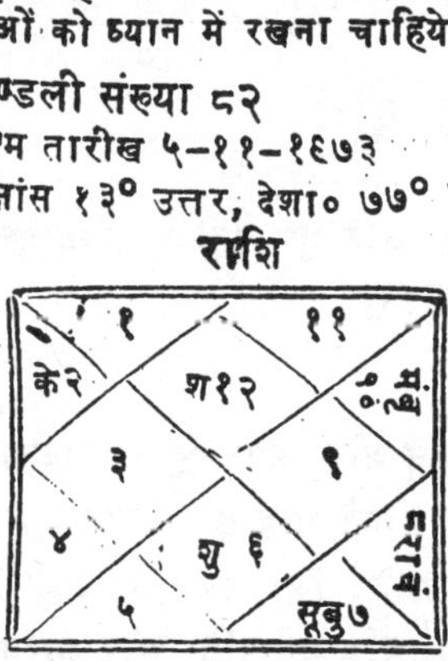

नवांश

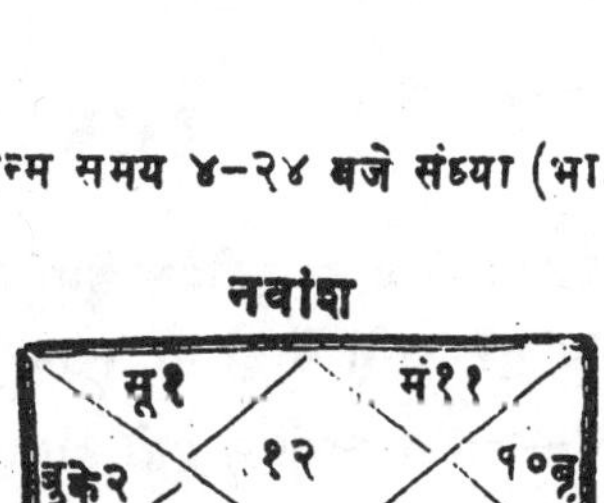

शनि की दशा शेष—१ वर्ष ० महीना २५ दिन

कुण्डली सं० ८२ उपरोक्त योग का एक स्पष्ट उदाहरण है। तृतीयेश शुक्र ७ वें भाव में है जो केन्द्र स्थान है। और उच्च का मंगल (नीच) बृहस्पति के साथ तृतीयेश से त्रिकोण में स्थित है। बृहस्पति का नीच भंग है।

१८१. सप्तसंख्य सहोदर योग

परिभाषा—यदि १२ वें भाव का अधिपति मंगल से युक्त हो और चन्द्रमा बृहस्पति के साथ तीसरे भाव में हो जो शुक्र की युक्ति और दृष्टि से मुक्त हो तो यह योग बनता है।

फल—जातक के सात भाई होंगे।

अभ्युक्तियां—भाइयों की संख्या, उनकी सम्पन्नता और असम्पन्नता तथा उनसे अन्य विशेषताओं के अवधारण के लिये ज्योतिष की प्राचीन पुस्तकों में अनेक योग पाये जाते हैं चूंकि लोगों के भाइयों की संख्या एक निश्चित होती है जैसे सात या बारह एक सामान्य घटना नहीं है। इन विशेषताओं से सम्बन्धित योग विशेष रुचि वाले होते हैं। अतः उन्हें इस पुस्तक में शामिल किया गया है। साधारणतः तृतीयेश या मंगल जितने नवांश पार कर चुके हैं उससे जीवित भाइयों की संख्या निर्धारित की जाती है जो प्रथम नवांश से प्रश्न गत ग्रह जिस नवांश में है वहां तक शुभ ग्रहों की संख्या पर आधारित होता है।

१८२. पराक्रम योग

परिभाषा—यदि तृतीयेश शुभ नवांश में हो और शुभ ग्रहों से दृष्ट या युक्त हो और मंगल शुभ राशि में हो तो पराक्रम योग बनता है।

फल—जातक काफी साहसी होगा।

अभ्युक्तियां—साहस का अर्थ होता है, जीवन और अपने हितों के लिये गम्भीर खतरे के समक्ष मानसिक सन्तुलन बनाये रखना। तीसरे भाव को पराक्रम कहा जाता है। अतः इसके अधिपति को शुभ नवांश में होना चाहिये जिस पर शुभ ग्रह की दृष्टि हो। मंगल को भी इसी स्थिति में होना चाहिये। यदि अधिपति और कारक पर बुरे ग्रहों की प्रधानता हो तो जातक बहुत डरपोक होता है।

कुण्डली सं० ८३

जन्म तारीख १४-७-१९२६ जन्म समय ३-२१ बजे संध्या (आई.एस.टी)

अक्षांस १३° उत्तर, देशा० ७७° ३५′ पूर्व

राशि

नवांश

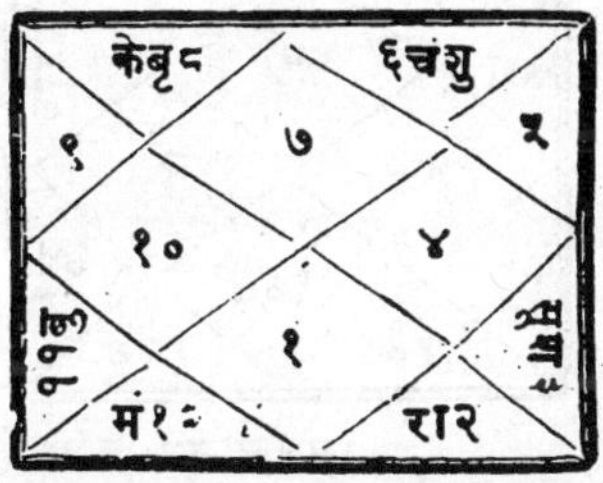

शुक्र की दशा शेष--११ वर्ष ९ महीना ० दिन

कुण्डली स० ८३ में तृतीयेश उच्च का है और शुभ नवांश में है। शनि पर बृहस्पति की दृष्टि भी है। जातक छोटी उम्र से ही बहुत साहसी था।

१८३. युद्धप्रवीण योग

परिभाषा—यदि जिस नवांश में तृतीयेश स्थित है, उसके अधिपति से युक्त नवांश का अधिपति स्ववर्ग से युक्त हो तो यह योग बनता है।

फल—जातक एक सक्षम युद्ध कला विशारद होता है और युद्ध में निपुण होता है।

अभ्युक्तियां—यह योग लगभग है। सर्व प्रथम तृतीयेश किसी विशेष नवांश में होता है; दूसरा इस नवांश के अधिपति को किसी अन्य नवांश से युक्त होना चाहिये। इस नवांश के अधिपति को अपने ही षड्वर्ग में होना चाहिये। मान लें कि लग्न में कुम्भ राशि है और मंगल तथा सूर्य सिंह राशि में और धनु नवांश में है। तब तृतीयेश मंगल सिंह में स्थित होता है, इस नवांश का अधिपति अर्थात सूर्य धनु में है। इसके अधिपति अर्थात बृहस्पति को अपने ही वर्ग में होना चाहिये। यदि उपरोक्त स्थिति में ग्रह स्थित हों तो जातक एक चालाक रणनीतिज्ञ होगा और वह युद्ध को इस प्रकार से मोड़ देगा कि अधिक खून खराबी किये बिना शत्रु की युक्ति पर काबू पा लेगा। इस सम्बन्ध में सैनिक कमान्डरों की कुण्डली के अध्ययन से काफी लाभ होगा।

कुण्डली संख्या ८४

जन्म तारीख–१९–१२–१६३० जन्म समय–६–२६ बजे प्रातः (स्था. स.)
अक्षांस १८°३२′ उत्तर, देशा० ७३° ५३′ पूर्व

राशि नवांश

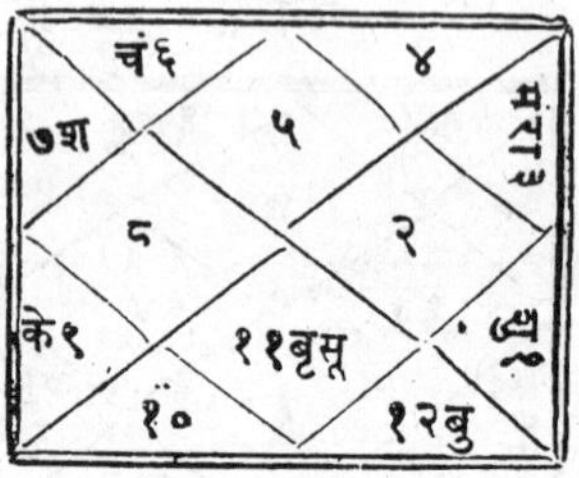

मंगल की दशा शेष— ४वर्ष १ महीने १७ दिन

कुण्डली सं० ८४ में तृतीयेश शुक्र कर्क के नवांश में है। इसका अधिपति चन्द्रमा कन्या के नवांश में है। इसका अधिपति बुध अपने षड्वर्ग में है। जातक युद्ध कला में निपुण था और उसने अपने सीमित साधनों से मुगल सम्राट को परास्त किया और उसे घुटना टेकने पर मजबूर कर दिया।

१८४. युद्धात्पूर्वाद्रिधाचित्त योग

परिभाषा—यदि उच्च का तृतीयेश चर राशि या नवांश में अशुभ ग्रहों से युक्त हो तो यह योग बनता है।

फल—युद्ध आरम्भ होने से पहले जातक में साहस होगा।

अभ्युक्तियां–यह स्पष्ट है कि जब तक जातक युद्ध में सक्रिय रूप से भाग नहीं लेता तब तक वह साहस दिखाता है किन्तु ज्योंही वह युद्ध में प्रवेश करता है, त्योंही अपना मानसिक संतुलन खो देता है और भीरु बन जाता है तथा पीछे हटकर तिरस्कृत होता है। महाभारत के चरित्र में उत्तर को इसका उदाहरण माना जा सकता है जो आरम्भ में काफी उत्साह दिखाता है किन्तु जब वास्तव में घेरे में आता है तो अपना संतुलन खो देता है।

१८५. युद्धात्पश्चाद्रुद्धा योग

परिभाषा—तृतीयेश को अचर राशि, अचर नवांश और क्रूर षष्टांयंश में स्थित होना चाहिये और उस राशि के अधिपति को नीच का होना चाहिये।

फल—जातक युद्ध आरम्भ होने के बाद साहस दिखाता है ।

अभ्युक्तियां—कुछ लोग सैन्य सेवा में जाने से डरते हैं किन्तु युद्ध क्षेत्र में पहुँचने के बाद काफी पराक्रम दिखाते हैं । इसमें अधिपति को अचर राशि, अचर नवांश और क्रूर षष्ठयंश में होना आवश्यक है । इसके अतिरिनत जिस राशि में तृतीयेश स्थित है उसका अधिपति नीच का हो । साहस, उत्साह, रणनीति दक्षता आदि से सम्बन्धित उपरोक्त सभी योगों को ज्यों का त्यों लागू नहीं करना चाहिये । इन सिद्धान्तों को नित्य प्रति के क्रिया कलापों में लागू किया जा सकता है क्योंकि प्रत्येक व्यक्तिको अनेक कठिनाइयों से गुजरना पड़ता है और नाजुक समय का सामना करना पड़ता है । जीवन की कठिन परीक्षा में सफल होने के लिए व्यक्ति को चाहिये कि वह मनोबली, साहसी और तीव्र बुद्धि वाला बने । प्रत्येक व्यक्ति के जीवन में ऐसी घड़ी आती है जब वह संतुलन खो सकता है क्योंकि वह स्थिति पर नियन्त्रण नहीं पा सकता ।

योग सं० १८४ और १८५ का किसी व्यक्ति के जीवन में साहस की क्षमता पर विचार करने और परीक्षा तथा आशातीत परिस्थितियों में उसपर काबू पाने की क्षमता पर विचार करने के लिये प्रयोग करना चाहिये ।

१८६. सत्कथादि श्रवण योग

परिभाषा—तीसरे भाव में शुभ राशि होनी चाहिये और उस पर शुभ दृष्टि होनी चाहिये और तृतीयांश को शुभ नवांश से युक्त होना चाहिए ।

फल—जातक हमेशा उच्चकोटि का साहित्य पढ़ने में और धार्मिक उपदेश सुनने में रुचि रखेगा ।

अभ्युक्तियाँ—इस तथ्य के वावजूद कि तीसरे भाव में शुभ राशि है या नही, तृतीयेश पर किसी एक नैसर्गिक शुभ ग्रह की दृष्टि होनी चाहिये ।

१८७. उत्तम गृह योग

परिभाषा—चौथे भाव के अधिपति को केन्द्र या त्रिकोण में शुभ ग्रहों से युक्त होना चाहिये ।

फल—जातक के पास उत्तम मकान होंगे ।

अभ्युक्तियाँ—उत्तम मकान प्राप्त करना एक सौभाग्य है । ज्योतिष के लेखकों ने

कोई व्यक्ति जिस मकान में रहता है या जिस मकान का वह स्वामी है उसके सौभाग्य शाली या दुर्भाग्यशाली स्वरूप को अधिक महत्त्व दिया है। कुछ मकानों से सुख और सफलता प्राप्त होती है जबकि कुछ से गृहस्वामी को असफलता और दरिद्रता मिलती है। यह योग उत्तम गृह के कब्जे की ओर संकेत देता है। चतुर्थेश का केन्द्र या त्रिकोण में प्रबल स्थिति में होना आवश्यक है। चतुर्थेश को शुभ ग्रहों से युक्त होना चाहिये या कम से कम शुभ ग्रहों की दृष्टि होनी चाहिये। जब लग्न बली न हो तो इस योग को चन्द्र लग्न से लागू करना चाहिये। वास्तव में यह हमारा विचार है जबकि मूल लेखकों ने इसके बारे में विशिष्ट रूप से कुछ नहीं कहा है।

कुण्डली संख्या ८५

जन्म तारीख–२४–९–१८९० जन्म समय–सूर्योदय से बाद ३७–१० घ०

अक्षांस १३° उत्तर, देशा० ७७° ३५′ पूर्व

राशि

नवांश

बुध की दशा शेष—७ वर्ष ३ महीने २४ दिन

कुण्डली सं० ८५ में चतुर्थेश बुध केन्द्र भाव सप्तम में उच्च का है और बृहस्पति से दृष्ट है। बुध शुभ ग्रह शुक्र से भी दृष्ट है जो नीच का है किन्तु उसका नीच भंग हो रहा है, जातक एक उत्तम गृह का स्वामी है।

यह ध्यान देना चाहिये कि ऊपर दिया गया योग निरपवाद रूप से एक विशेष योग नहीं है। अचल सम्पत्ति के अधिग्रहण को दर्शाने वाले योगों में से एक है।

१८८. विचित्र सौधप्रकार योग

परिभाषा—यदि चौथे और १० वें भावों के अधिपति एक साथ शनि और मंगल से युक्त हों तो यह योग बनता है।

फल—जातक के पास अनेक मकान होंगे।

अभ्युक्तियाँ—इस योग में दो शर्तों का समावेश है। पहली यह कि चौथे और १० वें भावों के अधिपतियों को युक्त होना चाहिये और दूसरी यह कि दोनों ग्रहों को एक साथ शनि और मंगल से युक्त होना चाहिये। प्रत्यक्षतः यह चार ग्रहों का योग है जो विरले ही पाया जाता है। फिर भी तुला, वृश्चिक, मकर और सिंह के सम्बन्ध में ये ग्रह योग बन सकते हैं क्योंकि चौथे भाव का अधिपति शनि या मंगल होगा। इसी प्रकार मेष, वृश्चिक, कर्क और कुम्भ के सम्बन्ध में केवल तीन ग्रहों के योग से यह योग बन सकता है। साधारणतः शनि और मंगल के योग से हानि होती है क्योंकि ये प्रचुर कष्ट देने में सक्षम होते हैं परन्तु यहां पर संभवतः साधारण नियम को स्वीकार किया जाता है।

कुण्डली सं० ८६

जन्म तारीख—१५-१२-१८९९ जन्म समय—५-४२ बजे प्रातः (स्था० स०)

अक्षांस १०°४५' उत्तर, देशा० ५ घं १६ मि० ४८ से० पूर्व

राशि

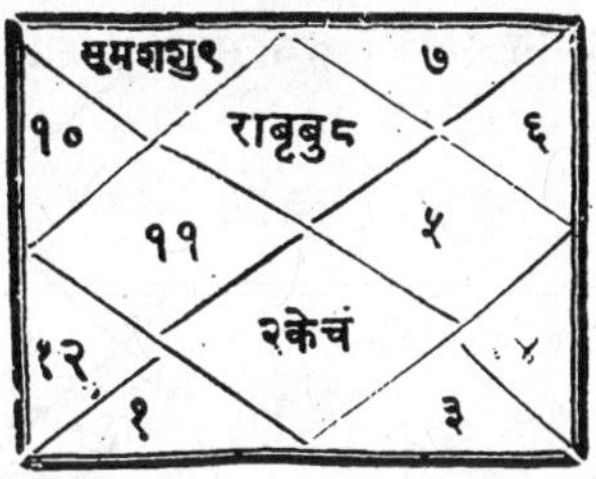

नवांश

सूर्य की दशा शेष—१ वर्ष २ महीना १२ दिन

कुण्डली सं० ८६ उपरोक्त योग का एक उदाहरण है। चौथे और १० वें भाव के अधिपति क्रमशः शनि और सूर्य हैं। वे मंगल से युक्त हैं। इसमें समस्त योग पूर्णतः अशुभ है सिवाय शुक्र की युक्ति के। जातक के पास अनेक भवन हैं यद्यपि उसके स्वयं के रहने का स्थान अनाडम्बरी है।

१८९. और १९० अयत्न गृहप्राप्ति योग

परिभाषा—लग्नाधिपति और सप्तमाधिपति को लग्न या चौथे भाव में होना चाहिये और शुभ ग्रहों से दृष्ट होना चाहिये (१८९)।

नवमाधिपति को केन्द्र में होना चाहिये और चतुर्थेश का उच्च, मूल त्रिकोण या स्वगृही होना आवश्यक है (१९०)।

फल—जातक बहुत थोड़े प्रयास से पर्याप्त भवन सम्पति प्राप्त करता है।

अभ्युक्तियाँ—यह साधारण अनुभव की बात है कि काफी प्रयास करने के बावजूद कुछ लोगों के पास अपना मकान नहीं हो पाता जबकि कुछ लोग बहुत थोड़े प्रयास से भवन सम्पत्ति कर लेते हैं। इस प्रकार की असमानता के कारणों का पूर्णतः ज्योतिष से सम्बन्ध होता है। योग सं० १८९ के अनुसार लग्नाधिपति और सप्तमाधिपति को लग्न या चौथे भाव में स्थित होना आवश्यक है। यदि शुभ ग्रहों की दृष्टि न हो तो कुछ प्रयास करना आवश्यक होता है।

इस मामले में (कुण्डली सं० ८७) चन्द्र लग्न का अधिपति (शुक्र) और सप्तमाधिपति (मंगल) शुभ ग्रहों के साथ चौथे भाव में स्थित है। एक सुन्दर आवास का स्वामी बनने के लिये जातक को कुछ प्रयास करना पड़ा था। वास्तव में कुछ अन्य महत्त्वपूर्ण योग भी हैं परन्तु आवास से उनका कोई सम्बन्ध नहीं है। योग सं० १९० सरल है और इसकी व्याख्या की आवश्यकता नहीं है।

कुण्डली सं० ८७

जन्म तारीख—८–८–१९१२ जन्म समय—७–२३ बजे संध्या (स्था. स.)
अक्षांस १३° उत्तर, देशा० ७७° ३५′ पूर्व

राशि

नवांश

मंगल की दशा शेष—६ वर्ष ० महीना १० दिन

१९१ और १९२ गृहनाश योग

परिभाषा—यदि चतुर्थेश १२ वें भाव में स्थित हो और अशुभ ग्रह से दृष्ट हो तो यह योग बनता है (१९१)।

जिस नवांश में चतुर्थेश स्थित है उसके अधिपति को १२ वें भाव में स्थित होना आवश्यक है (१९२)।

फल—जातक की सभी भवन सम्पत्तियों का नाश होगा।

अभ्युक्तियाँ—ये दोनों योग अति महत्त्वपूर्ण हैं क्योंकि वे यह सुनिश्चित करने का

संकेत देते हैं कि क्या जातक की पहले से अधिप्राप्त या पैतृक सम्पत्ति का नाश होगा। इस योग में चौथे भाव के अधिपति को हानि भाव में स्थित होने का संकेत है। इसमें स्पष्टतः चौथे भाव से १२ वें भाव का हवाला दिया गया है न कि लग्न भाव से। दूसरे शब्दों में जब चतुर्थांश या चतुर्थेश जिस नवांश में है उसका अधिपति तीसरे भाव में स्थित हो तो भवन सम्पत्ति का नाश होगा।

१९३. और १९४. बन्धुपूज्य योग

परिभाषा—यदि चतुर्थेश शुभ ग्रह हो और दूसरे शुभ ग्रह से दृष्ट हो और बुध लग्न भाव में स्थित हो तो बन्धुपूज्य योग बनता है (१९३)।

यदि चौथा भाव या चतुर्थेश बृहस्पति से युक्त या दृष्ट हो तो उपरोक्त योग बनता है (१९४)।

फल—जातक अपने सम्बन्धियों और मित्रों से सम्मानित होगा।

अभ्युक्तियां—योग संख्या १९३ और १६४ में दिये गये फलों में थोड़ा अन्तर पर ध्यान देना चाहिये। योग सं० १९३ में जातक सम्बन्धियों से सम्मान पाता है जबकि योग सं० १९३ में सम्बन्धी जातक को प्यार करते हैं।

बास्तविक व्यवहार में दोनों योगों में अन्तर करना कठिन होता है। किसी व्यक्ति के आचरण, सत्यनिष्ठा और दिमागी तथा हार्दिक गुणों के लिये आदर दर्शाया जा सकता है जबकि प्यार दर्शाने के लिये अन्य विचार किये जाते हैं। योग सं० १९३ में चतुर्थेश का शुभ ग्रह होना आवश्यक है। इसका अर्थ यह है कि यह मेष, मिथुन, कर्क, धनु और मीन लग्नों में उत्पन्न व्यक्तियों पर लागू होता है। योग सं० १९४ अधिक साधारण है।

कुण्डली सं० ८८

जन्म तारीख-१२-२-१८८६ जन्म समय-१२-२१ बजे दोपहर (स्था० समय)

अक्षांस १८° उत्तर, देशा० ८४° पूर्व

राशि

नवांश

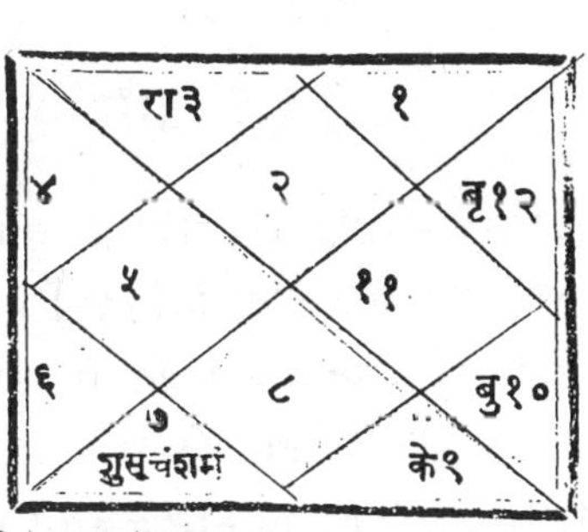

शुक्र की दशा शेष—६ वर्ष ११ महीने ३ दिन

कुण्डली संख्या ८८ में चौथे भाव पर न केवल बृहस्पति की दृष्टि है बल्कि चतुर्थेश बृहस्पति के साथ युक्त भी है। इस कुण्डली का जातक अपने आचरण और उदार प्रबृत्ति के लिये सम्बन्धियों और मित्रों का प्रिय और सम्मानित था। इन विभिन्न योगों को ज्यों का त्यों लागू नहीं करना चाहिये। अनेक अन्य ऐसे तथ्य हैं जिन पर विचार करना होता है। इनमें से चौथे भाव के सम्बन्ध में शुभ या अशुभ षड वर्गों की प्रधानता है।

महात्मा गांधी की कुण्डली को ले लें उन्हें विश्वभर में सम्मान और प्यार मिला। चौथे भाव में अशुभ राशि है और वहां पर केतु स्थित है। किन्तु चौथे भाव और चतुर्थेश दोनों पर बृहस्पति की दृष्टि है। यहां पर शुभ और अशुभ का सम्बन्ध राशि और ग्रह के नैसर्गिक स्वरूप से है न कि अधिप्राप्त गुण से।

१९५. बन्धुभिस्त्यक्त योग

परिभाषा—यदि चतुर्थेश अशुभ ग्रहों से युक्त हो या बुरे षष्ठयंश में हो या शत्रु राशि में हो या नीच राशि में हो तो उपरोक्त योग बनता है।

फल—जातक को उसके सम्बन्धी छोड़ देंगे।

अभ्युक्तियां—इस योग में तीन परिस्थितियों को हिसाब में लिया गया है अर्थात् (क) चतुर्थेश का बुरे षष्ठयंश में होना आवश्यक है (ख) उसका अशुभ ग्रहों के साथ युक्त होना आवश्यक है (ग) उसे अपनी नीच राशि में स्थित होना आवश्यक है या शत्रु राशि में स्थित होना आवश्यक है। हमारे अनुभव के अनुसार इस योग पर इसके सामान्य स्वभाव के कारण अधिक विश्वास नहीं किया जा सकता है। इस योग वाले जातक को उसके साथी, मित्र और सम्बन्धी अकारण उसे गलत समझ सकते हैं।

१९६ और १९७ मातृदीर्घायु योग

परिभाषा—यदि चौथे भाव में शुभ ग्रह हो, चतुर्थेश उच्च का हो और चन्द्रमा बली हो तो यह योग बनता है (१९६)।

चतुर्थेश जिस नवांश में स्थित हो उसका अधिपति यदि बली हो और लग्न तथा चन्द्र लग्न से केन्द्र में स्थित हो तो यह योग बनता है (१९७)।

फल—जातक की माँ दीर्घायु होगी।

अभ्युक्तियां—इन दोनों योगों से जातक की माँ की आयु के बारे में संकेत मिलता है। चतुर्थेश, चन्द्रमा और चौथे भाव का बली होना आवश्यक है और बुरी दृष्टि तथा युक्ति से मुक्त होना आवश्यक है। यदि यह मान लें कि चौथा भाव पीड़ित है तब भी माँ के दीर्घायु होने की भविष्य वाणी की जा सकती है यदि चन्द्रमा बली हो और मित्र राशि में स्थित हो जिसे चतुर्थेश से केन्द्र या त्रिकोण में होना चाहिये।

१९८. और १९९. मातृ नाश योग

परिभाषा—यदि चन्द्रमा बुरे ग्रहों के घेरे में हो, बुरे ग्रहों से दृष्ट या युक्त हो तो मातृ नाश योग बनता है (१९८)।

चतुर्थेश जिस नवांश में स्थित हो उसका अधिपति जिस नवांश में स्थित हो उसके अधिपति को ६, ८ या १२ वें भाव में स्थित होना चाहिये (१९९)।

फल—जातक की माँ का शीघ्र देहान्त हो जायेगा।

अभ्युक्तियां—योग सं० १९८ के अनुसार यदि चन्द्रमा प्रभावित हो तो जातक की माँ की शीघ्र मृत्यु हो जायेगी। यहाँ पर प्रभाव का अर्थ है—पाप कर्तरी योग या अशुभ ग्रहों से दृष्ट या युक्त। तीनों शर्तों में से एक अवश्य ही प्रबल होगी। यदि तीनों ही विद्यमान हों तो जातक के जन्म के तुरन्त बाद माँ की मृत्यु हो जायगी। यदि चन्द्रमा शनि से युक्त हो किन्तु बृहस्पति से दृष्ट हो या चन्द्रमा चौथे भाव में हो और उपरोक्त प्रभाव में हो तो माँ को मारने का योग विद्यमान होता है किन्तु बृहस्पति की दृष्टि के कारण इस घटना में विलम्ब होता है। इस स्थिति के अतिरिक्त यदि चतुर्थेश भी पीड़ित हो तो माँ की जल्द मृत्यु को टाला नहीं जा सकता।

कुडली संख्या ८९

जन्म तारीख ८-८-१९१२ जन्म समय ७-२३ बजे संध्या (आई एस टी)

अक्षांस १३° उत्तर, देशा० ७७° ३५′

राशि

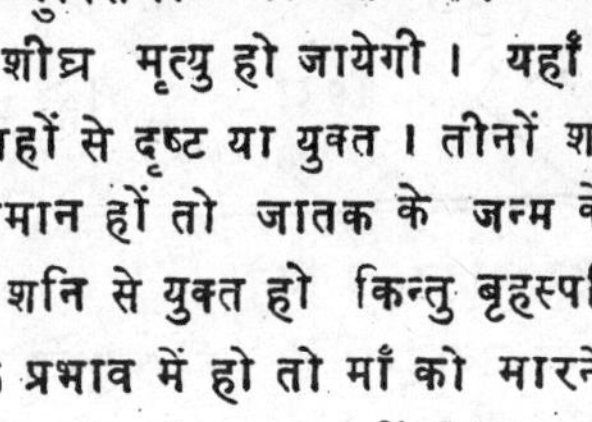

नवांश

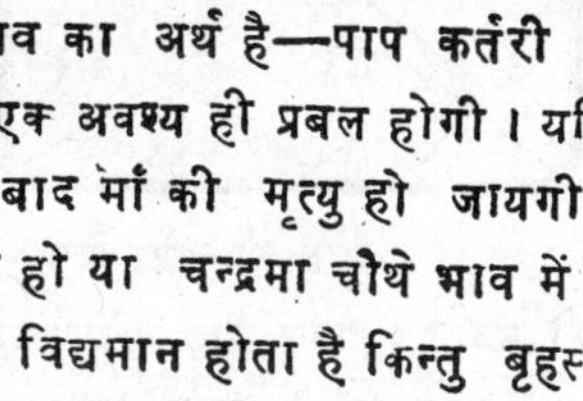

मंगल की दशा शेष—६ वर्ष ० महीने १० दिन

कुण्डली सं० ८९ में चन्द्रमा चौथे भाव में शनि से युक्त है। इस योग पर बृहस्पति

की दृष्टि है किन्तु दुर्भाग्यवश चतुर्थेश शुक्र चन्द्रमा से चौथे भाव में मंगल से युक्त है। जातक के जन्म के दूसरे वर्ष में उसकी माँ की मृत्यु हो गई।

योग सं० १९९ लगभग साधारण है। अर्थात (क) चतुर्थेश का एक विशेष नवांश में स्थित होना आवश्यक है (ख) इसके अधिपति को किसी अन्य नवांश में स्थित होना आवश्यक हैं (ग) इस नवांश के अधिपति को राशि कुण्डली में ऐसी स्थिति में होना चाहिये जो लग्न से ६, ८ या १२ वाँ भाव हो।

कुण्डली संख्या ९०

जन्म तारीख १९-६-१९०४ जन्म समय ७-३० बजे प्रातः (स्था० स०)
अक्षांस १३° उत्तर, देशा० ७६°-६′ पूर्व

राशि नवांश

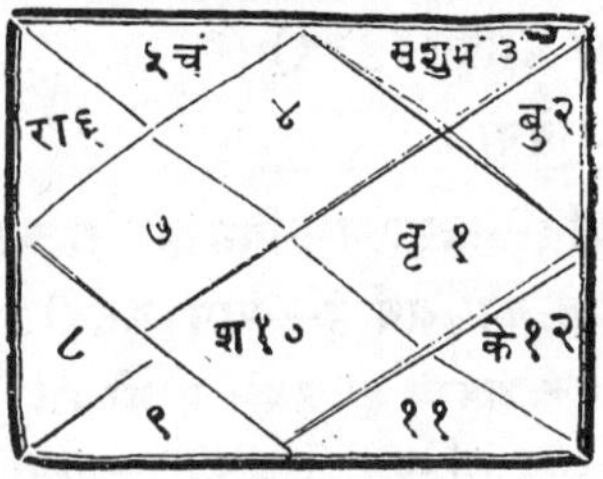

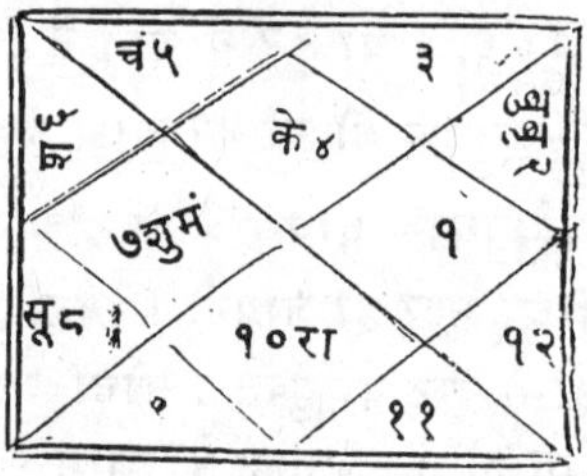

शुक्र की दशा शेष—१५ वर्ष ११ महिना २ दिन

कुण्डली सं० ९० प्रश्न गत योग का एक बिशेष उदाहरण है (क) चतुर्थेश शुक्र है और वह तुला नवांश में हैं (ख) इस नवांश का अधिपति शुक्र है (ग) तीसरीशर्त दूसरे के साथ मिल जाती है क्योंकि नवांश का अधिपति अपने ही भाव में है। शुक्र लग्न से १२ वें भाव में है। जातक की माँ की जल्द मृत्यु हो गई।

कुण्डली सं० ९१

जन्म तारीख १६-१-१९१३ जन्म समय ८-३० बजे प्रातः (भा.स्टै.स.)
अक्षांस १३° उत्तर, देशा० ७७° ३५′ पूर्व

राशि नवांश

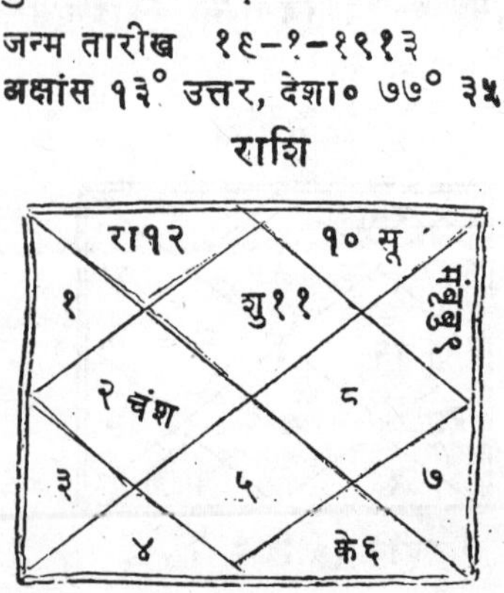

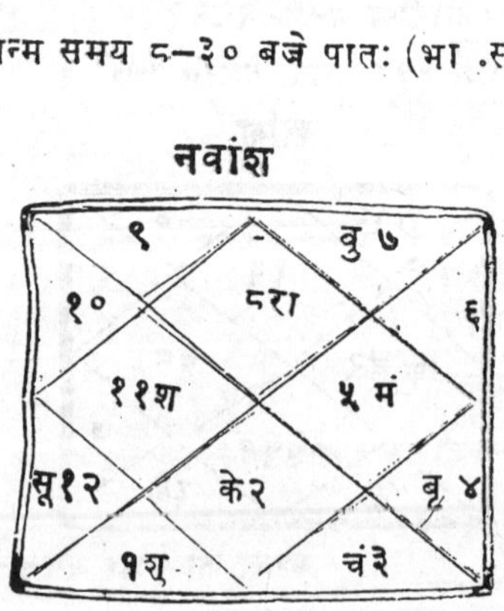

चन्द्रमा की दशा शेष—२ वर्ष ६ महिना १५ दिन

कुण्डली सं० ९१ में (क) चतुर्थेश शुक्र मेष के नवांश में है (ख) इस नवांश का अधिपति मंगल सिंह नवांश में है और (ग) इस नवांश का अधिपति सूर्य लग्न से १२ वें भाव में है। जब जातक लगभग १ वर्ष का था तो मंगल की दशा और शुक्र (चतुर्थेश) की भुक्ति के दौरान उसकी माँ का देहान्त हो गया।

२००. मातृगामी योग

परिभाषा—यदि चन्द्रमा या शुक्र अशुभ ग्रह से युक्त या दृष्ट होकर केन्द्र में स्थित हो और चौथे भाव में बुरे ग्रह स्थित हों तो उपरोक्त योग बनता है।

फल—जातक अपनी ही मां के साथ जारकर्म करने का दोषी होगा।

अभ्युक्तियां—अपनी ही मां के साथ व्यभिचार से बढ़कर कोई और पाप नहीं हो सकता। जब तक कोई व्यक्ति अति बेशर्म न हो और अन्तरात्मा की सभी भावनाओं से पूरी तरह भ्रष्ट न हो तब तक इस प्रकार का घिनौना अपराध नहीं कर सकता जिसका इस योग में उल्लेख किया गया है। यहां पर मां शब्द में केवल वही महिला शामिल नहीं है जिसने जन्म दिया हो बल्कि (सौतेली मां भी शामिल हैं) वे महिलाएँ भी शामिल हैं जिनका समान रूप से मान है अर्थात्[1] शासक की पत्नी, गुरु की पत्नी, भाई की पत्नी, पत्नी की मां और उसकी अपनी मां।

चन्द्रमा मस्तिष्क और मां दोनों का ही कारक होता है। शुक्र लैंगिक आवेश का कारक होता है। इस योग के अनुसार चन्द्रमा और शुक्र दोनों को प्रभावित होना चाहिये जैसा कि सुझाव दिया गया है।

किसी भी रूप में व्यभिचार मानसिक अशुद्धता का परिणाम होता है अतः किसी व्यक्ति में स्वस्थ विचार की विद्यमानता के लिये दोनों ग्रहों और विशेष रूप में चन्द्रमा को युक्ति या दृष्टि से मुक्त होना चाहिये।

२०१. सहोदरी संगम योग

परिभाषा—यदि सप्तमेश और शुक्र चौथे भाव में युक्त हों और अशुभ ग्रहों से युक्त या दृष्ट हों अथवा क्रूर षष्ठ्यंश में हों तो उपरोक्त योग बनता है।

फल—जातक अपनी बहन के साथ संभोग करने का अपराधी होगा।

अभ्युक्तियां—यह योग सरल है और इसकी अतिरिक्त व्याख्या की आवश्यकता

---

१. राजपत्नी, गुरोः पत्नी भ्रातृपत्नी तथैव च।
पत्नीमाता स्वमाता च पंचैता मातरः स्मृताः।

नहीं है। बहन के साथ संभोग करना उतना ही घिनौना अपराध है जितना मां या मां समान महिला के साथ संभोग के लिये है किन्तु मनुष्य कभी कभी अपनी कामातुरता की प्रवृति को शान्त करने के लिए पशु से भी नीच व्यवहार करने लगता है। किसी भी प्रकार की लैंगिक अनैतिकता के प्रति सुरक्षा के लिये शुक्र का अप्रभावित होना आवश्यक है।

२०२. से २०४. कपट योग

परिभाषा—यदि चौथा भाव अशुभ ग्रह से युक्त हो और चतुर्थेश अशुभ ग्रहों से युक्त या दृष्ट हो या अशुभ ग्रहों के घेरे में हो तो कपट योग बनता है। (२०२)

यदि चौथे भाव में शनि, मंगल, राहु और अशुभ ग्रह दशमाधिपति हो जिस पर अशुभ ग्रह की दृष्टि हो तो उपरोक्त योग बनता है। (२०३)

यदि चौथे भाव में शनि, मान्दि और राहु हो और अशुभ ग्रह से दृष्ट हो तो यह योग बनता है। (२०४)

फल—जातक मिथ्याचारी होता है।

अभ्युक्तियां—मैंने एस्ट्रोलोजिकल मैगजीन में अपने लेखों में यह स्पष्ट रूप से बताया है कि प्रथम श्रेणी के अशुभ ग्रह अर्थात् शनि, मंगल और राहु को राजनैतिक नेताओं और राजनेताओं की कुण्डली में ऐसी स्थिति में होना चाहिये जिससे ये बिलकुल ही कष्ट देने वाले न हों। जब कभी शनि राहु, शनि-मंगल और मंगलराहु की युक्ति होती है तो वह व्यक्ति सर्वदा स्वार्थी और नीच विचार वाला होगा। साधारणतः राजनयिकों की कुण्डलियों में कपट योग पाया जाता है क्योंकि राजनयिक कार्य में सर्वदा रिष्कृत मिथ्याचार निहित होता है। चौथा भाव हृदय के लिये होता है और यदि वहां पर ये उत्तेजक ग्रह विद्यमान हों तो जातक अपनी वास्तविकता को छिपा लेता है और उसका दिल अपवित्र होता है। साधारण व्यक्तियों की जन्मकुण्डलियों में ये तीनों योग सामान्यतः पाये जाते हैं। कुछ लोग स्वभाव से ही मिथ्याचारी होते हैं और वे शायद ही अपनी बातें प्रकट करते हैं। चौथे भाव पर अशुभ ग्रहों के प्रभाव के अतिरिक्त चतुर्थेश के साथ शनि या राहु की युक्ति बांछनीय नहीं है।

कुण्डली सं० ६२

जन्म तारीख—४—४—१९४६ जन्म समय—१२—० दोपहर (स्था० स०)

अक्षांस ३८°३५′ उत्तर, देशा० ७७°—३′ पश्चिम

राशि

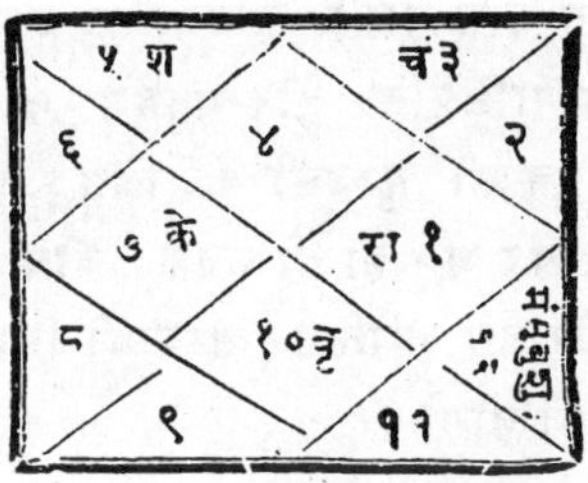

नवांश

मंगल की दशा शेष—३ वर्ष ० महीना २६ दिन

कुण्डली सं० ९२ किसी व्यक्ति की नहीं है। यह एक महत्त्वपूर्ण अन्तर्राष्ट्रीय संधि की कुण्डली है। इसमें चौथे भाव में केतु स्थित है और चतुर्थेश प्रथम श्रेणी के दो अशुभ ग्रहों सूर्य और मंगल के साथ स्थित है। इस कुण्डली से व्यवहार कुशलता के रूप में मिथ्याचार का स्पष्ट संकेत मिलता है जो उन सभी राजनेताओं का संकेत देता है जिन्होंने संधि पर एक साथ हस्ताक्षर किया।

२०५ और २०६ निष्कपट योग

परिभाषा—यदि चौथे भाव में शुभ ग्रह हों या ग्रह उच्च राशि, मित्र राशि या स्वराशि में हों या चौथे भाव में शुभ राशि हो तो निष्कपट योग बनता है (२०५)

यदि लग्नाधिपति चौथे भाव में हो या शुभ ग्रह से दृष्ट हो या पर्वतांश या उत्तमांश में हो तो निष्कपट योग बनता है (२०६)

फल—जातक स्पष्ट हृदय वाला होगा गोपनीयता या मिथ्याचार से घृणा करेगा।

अभ्युक्तियां—उपरोक्त दो योगों के अनुसार चौथे भाव में शुभ ग्रह का होना आवश्यक है या चौथे भाव में जो ग्रह स्थित हों वे मित्र राशि में हों। यह योग बहुत लचीला है और इसकी व्याख्या बदल सकती है। चौथे भाव में शुभ राशि होने के कारण ही कोई व्यक्ति फरिस्ता नहीं बन सकता है। इसके विपरीत हमें चतुर्थेश को देखना है। जब तक चतुर्थेश राहु या शनि से युक्त न हो या यदि वे युक्त हों, तब बृहस्पति या शुक्र की दृष्टि हो तो जातक के मिथ्याचारी होने का भय नहीं होता है। किन्तु हमारे विचार से वास्तविक कुण्डली में इन्हें लागू करने में अति सावधानी बरतनी चाहिये।

२०७. मातृशत्रुत्व योग

परिभाषा—यदि बुध लग्नाधिपति हो और चौथे भाव पर अशुभ ग्रह की दृष्टि या युक्ति हो तो उपरोक्त योग बनता है।

फल—जातक अपनी माँ से घृणा करेगा।

अभ्युक्तियां—स्पष्टतः यह योग केवल मिथुन लग्न वाली कुण्डली पर लागू होता है क्योंकि किसी अन्य राशि के सम्बन्ध में बुध लग्नाधिपति और चतुर्थेश दोनों नहीं बन सकता है। हमने यह पाया है कि माँ और पुत्र की कुण्डली में जिस नवांश में चन्द्रमा स्थित है उस नवांश के अधिपति जब परस्पर शत्रु हों तो उनके बीच स्नेहपूर्ण भावना नहीं रहेगी। यह मात्र एक टिप्पणी है और इसे ज्योतिष सम्बन्धी सिद्धान्त में विशिष्टता दिलाने के लिये इसकी और जांच करनी होगी।

२०८ मातृस्नेह योग

परिभाषा—यदि प्रथम और चौथे भावों के अधिपति एक ही हों या प्रथम और चौथे भाव के अधिपति तात्कालिक या नैसर्गिक मित्र हों या शुभ ग्रहों से दृष्ट हों तो उपरोक्त योग बनता है।

फल—माँ और पुत्र के बीच स्नेहपूर्ण सम्बन्ध रहेगा।

अभ्युक्तियां—केवल मिथुन और धनु लग्न के सम्बन्ध में ही लग्नेश और चतुर्थेश एक ग्रह हो सकता है। जब लग्न भाव और चतुर्थ भाव के अधिपति परस्पर मित्र या तात्कालिक मित्र हों तो यह योग बनता है। यहाँ पर भी योग सं० २०७ के सम्बन्ध में दिया गया नवांश के अधिपति के बीच सम्बन्ध लागू करने पर लाभ होगा।

२०९ और २१० वाहन योग

परिभाषा—यदि लग्नाधिपति चौथे, ग्यारहवें या ९वें भावों के अधिपति से युक्त हो तो वाहन योग बनता है (२०९)।

यदि चतुर्थेश उच्च का हो और उच्च राशि का अधिपति केन्द्र या त्रिकोण भाव में स्थित हो तो वाहन योग बनता है (२१०)।

फल—जातक को आराम और वाहन का सुख प्राप्त होगा।

कुण्डली सं० ९३

जन्म तारीख—८–८–१९१२ जन्म समय—७–२३ बजे सायं (स्था० स०)

अक्षांस १३° उत्तर, देशा० ७७° ३५' पूर्व

राशि

नवांश

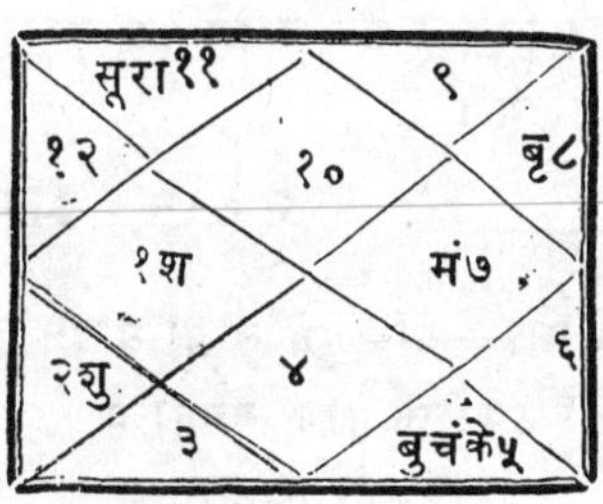

मंगल की दशा शेष—६ वर्ष ० महिना १० दिन

अभ्युक्तियां—आधुनिक विश्व में वाहन से अर्थ बाइसिकल या मोटर गाड़ी है न कि घोड़ों द्वारा खींची जाने वाली गाड़ी या ढोने वाली पालकी। औसत साधन वाला कोई भी व्यक्ति बाइसिकल रख सकता है किन्तु बहुत थोड़े लोग होते हैं जो मोटर गाड़ी रख सकते हैं। अतः कुण्डली में कुछ विशिष्ट योग का होना आवश्यक है जिससे जातक वाहन प्राप्त कर सके। लग्नाधिपति का न केवल ४ या ११वें भाव से युक्त होना आवश्यक है बल्कि उसका समान रूप से बली होना भी आवश्यक है।

निम्नलिखित टिप्पणियों पर भी ध्यान दें—

वाहन कारक शुक्र है और वाहन स्थान चौथा भाव है। अतः यदि शुक्र चतुर्थेश के साथ चौथे भाव से युक्त हो तो जातक के पास साधारण सवारी होगी। यदि शुक्र या चतुर्थेश ११ या ९वें भाव में हो तो जातक के पास अनेक सवारियां होंगी। यदि चतुर्थेश चन्द्रमा से सम्बन्धित हो तो जातक के पास घोड़ों द्वारा खींची जाने वाली गाड़ियां या आधुनिक काल में मोटर गाड़ियां होंगी।

कुण्डली सं० ९२ में लग्नाधिपति शनि चौथे भाव में है जब कि चतुर्थेश शुक्र पंचमेश और अष्टमेश बुध और दशमाधिपति तथा तृतीयेश मंगल से युक्त होकर सातवें भाव में स्थित है। चौथे भाव पर बृहस्पति की दृष्टि भी है। बृहस्पति की दशा में शुक्र की भुक्ति आरम्भ होते ही जातक ने मोटर गाड़ी ले ली।

२११ अनपत्य योग

परिभाषा—यदि बृहस्पति और लग्नाधिपति, सप्तम और पंचम में निर्बल हों तो उपरोक्त योग बनता है।

फल—जातक को कोई सन्तान नहीं होगी।

अभ्युक्तियां—सन्तान की उत्पत्ति माता पिता के लिये एक महान आशीर्वाद होता है। जिन्हें कोई सन्तान नहीं होती वे भाग्यशाली नहीं होते। इसकी व्याख्या की आवश्यकता नहीं है, इसका अनुमान लगाया जा सकता है। हिन्दू संतानहीनता को महापाप या दुर्भाग्य मानते हैं और बच्चा प्राप्त करने के लिये सभी प्रकार की मन्नतों का सहारा लेते हैं।

यदि बृहस्पति और लग्नाधिपति, सप्तम और पंचम में निर्बल हों तो जातक सन्तान-हीन होता है। यदि बृहस्पति और पंचमाधिपति बली हो तो यह योग कुछ सीमा तक आशोधित हो जाता है।

२१२ से २१५ सर्पशाप योग

परिभाषा—यदि पंचम भाव में राहु स्थित हो और मंगल से दृष्ट हो या पंचम भाव में मंगल की राशि हो और वहाँ पर राहु स्थित हो तो यह योग बनता है (२१२ ।

यदि पंचमाधिपति राहु से युक्त हो और पांचवें भाव में शनि हो और चन्द्रमा से दृष्ट या युक्त हो तो उपरोक्त योग बनता है (२१३)।

यदि बच्चों का कारक मंगल के साथ हो, राहु लग्न भाव में हो और पंचमाधिपति दुःस्थान में हो तो यह योग बनता है (२१४)।

यदि पंचम भाव में मंगल की राशि हो और वह राहु से युक्त हो और बुध से दृष्ट या युक्त हो तो उपरोक्त योग बनता है (२१५)।

फल—सर्प शाप के कारण बच्चों की मृत्यु होगी।

अभ्युक्तियाँ—हम वरदान या शाप में विश्वास करते हों या नहीं किन्तु उपरोक्त योगों के अनुसार पांचवें भाव पर प्रभावों के कारण निश्चित ही बच्चों की अकाल मृत्यु हो जाती है। यह ध्यान देना चाहिये कि उपरोक्त सभी चार योगों में सामान्य तथ्य पंचम भाव, कारक और बच्चों के अधिपति का राहु द्वारा पीड़ित होना है। योग संख्या २१२ के अनुसार पंचम भाव में या तो राहु को स्थित होना चाहिये और मंगल द्वारा दृष्ट होना चाहिये; या पंचम भाव में मेष या वृश्चिक राशि होनी चाहिये और उसे राहु से युक्त होना चाहिये। इस योग का अन्तिम भाग कर्क और धनु लग्न के सम्बन्ध में लागू होता है। योग संख्या २१३ में जो साधारण स्वरूप का है, पंचम भाव पर बुरे प्रभाव होने चाहिये और चन्द्रमा से दृष्ट या युक्त होना चाहिये। शनि और चन्द्रमा के योग से हमेशा दुःख का संकेत मिलता है। यदि इनका पंचम भाव से सम्बन्ध हो तो यह स्पष्ट है कि बच्चों की मृत्यु के कारण जातक को दुःख होगा।

योग संख्या २१४ में बच्चों का कारक बृहस्पति को शामिल किया गया है। उसे मंगल से युक्त होना चाहिये और पंचमेश को ६, ८ या १२वें भाव में स्थित होना चाहिये। यहाँ पर यह ध्यान देने योग्य है कि जब बृहस्पति निर्बल हो तो यह योग पूर्ण रूप से फल देगा। यदि बृहस्पति को पर्याप्त षडबल प्राप्त हो तो यह योग समाप्त हो जाता है। बृहस्पति पंचम भाव (कर्क) में उच्च का हो और मंगल से युक्त हो, राहु लग्न भाव में हो और चन्द्रमा तुला में हो। किन्तु चूंकि बृहस्पति को लगभग ८ षडबल यूनिट प्राप्त है, अतः सभी व्यावहारिक प्रयोजनों के लिये यह योग समाप्त हो जाता है। जातक के दो बच्चे हैं किन्तु पंचमाधिपति आदि की स्थिति के बुरे प्रभाव के कारण जातक की पत्नी के गर्भपात हुए।

योग संख्या १५ में पहले के योगों को मात्र दोहराया गया है किन्तु अन्तर यह है कि यहाँ पर इस योग की विद्यमानता के लिये बुध की विद्यमानता, उसकी दृष्टि और युक्ति पर विचार किया गया है।

कुण्डली संख्या ९४

जन्म तारीख–११–३–१८५८ जन्म समय–९–० बजे संध्या (स्था० स०)

अक्षांस १३° उत्तर, देशान्तर ७७° ३६′ पूर्व

राशि

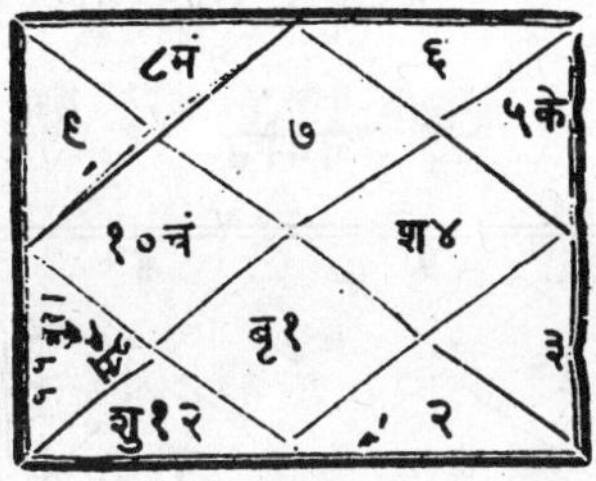

नवांश

चन्द्रमा की दशा शेष—७ वर्ष २ महीना ८ दिन

कुण्डली संख्या ९४ में पंचम भाव में राहु की स्थिति पर ध्यान दें। वह मंगल से दृष्ट है। अतः योग संख्या २१२ की शर्तें पूरी हो रही हैं। अतः वास्तव में कुछ ऐसी विशेषताएँ भी हैं जिनसे इस योग से मुक्ति मिल रही है किन्तु इस योग की व्याख्या के विचार से वे युक्तियुक्त नहीं हैं।

कुण्डली संख्या ९५

जन्म तारीख–२–१२–१९४८ जन्म समय–२–२८ बजे अपराह्न (भा.स्टे.टा.)

अक्षांस १८° ४′ उत्तर, देशा० ८३° २६′ पूर्व

राशि

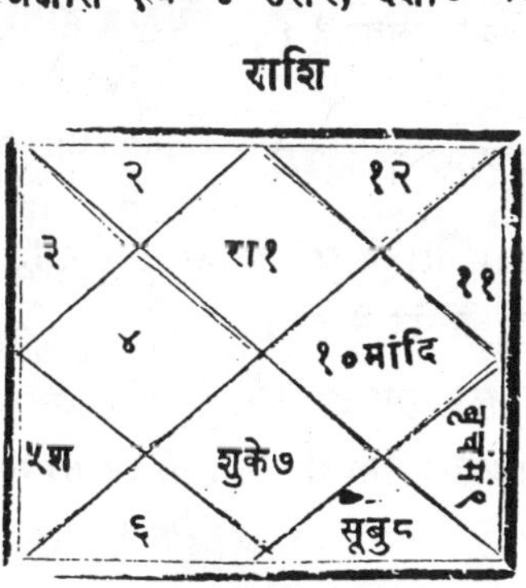

नवांश

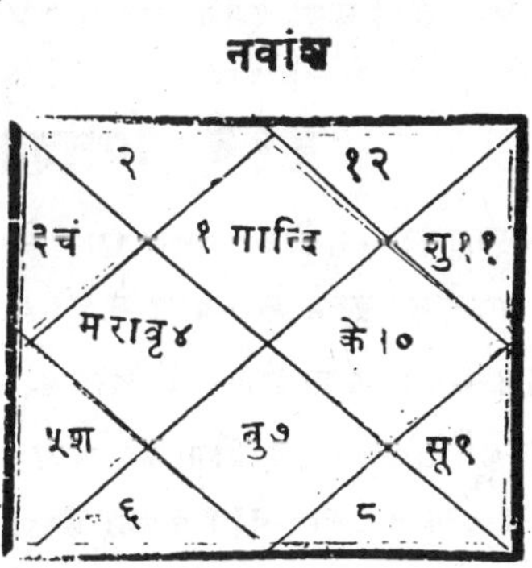

केतु की दशा शेष—६ वर्ष ८ महीना २० दिन

कुण्डली सं० ९५ में प्रबल सर्पशाप योग (२१५) है। पुत्र कारक बृहस्पति और मंगल युक्त हैं। राहु लग्न भाव में स्थित है और पंचमेश सूर्य एक दुःस्थान में है। सर्पशाप योग विद्यमान होने के बावजूद बृहस्पति के अपनी ही राशि में स्थित होने और चन्द्रमा से युक्त होकर गज केसरी योग बनने के कारण पुत्र कारक को नैसर्गिक बल प्राप्त है जो प्रत्यौषध का काम करता है। किन्तु यहां पर हमारा सम्बन्ध केवल सर्पशाप योग से है न कि उसकी समाप्ति से।

कुण्डली सं० ९६

जन्म तारीख–९/१०–८–१९२८ जन्म समय–४–४६ बजे प्रातः (भा. स्टे.टा.)
अक्षांश २५° २२′ उत्तर, देशा० ६८° २०′ पूर्व

राशि

नवांश

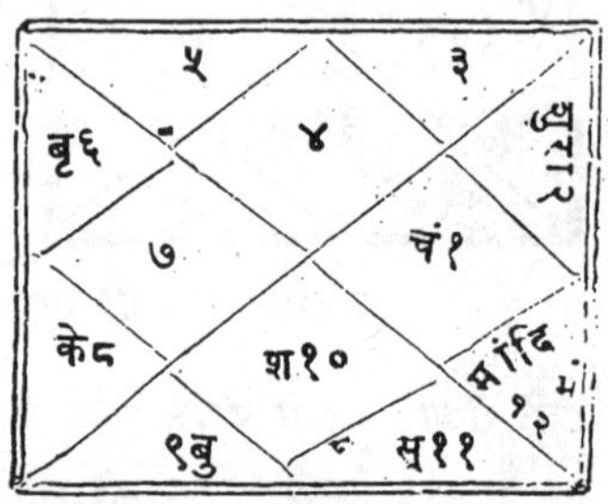

चंद्रमा की दशा शेष—८ वर्ष ५ महीना ८ दिन

कुण्डली सं० ९६ में एक प्रबल अनपत्य योग विद्यमान है जिसे पूरा नहीं किया जा सकता। पंचमाधिपति मंगल राहु से युक्त है और शनि पंचम भाव में स्थित है और उस पर चन्द्रमा की प्रबल दृष्टि है। इसमें यह योग पूर्णरूप से विद्यमान है। जातक के अनेक पुत्रों की मृत्यु होगी किन्तु पुत्रकारक बृहस्पति १० वें भाव में स्थित है और वह अप्रभावित है अतः इससे फल में कुछ परिवर्तन आ सकता है।

२१६. पितृशाप से सुतक्षय योग

परिभाषा—सूर्य को पंचम भाव में स्थित होना चाहिये जो अपनी नीच राशि में हो या मकर या कुम्भ के नवांश में हो या अशुभ ग्रहों के घेरे में हो।

फल—जातक के पिता के कोप के कारण पुत्रों की मृत्यु होगी।

अभ्युक्तियाँ—इस योग की भाषा कुछ भ्रमित है। निम्नलिखित तीन शर्तों में से कोई एक होने पर यह योग बनता है—

(१) पंचम भाव में नीच के सूर्य का स्थित होना आवश्यक है। यह केवल मिथुन

लग्न के सम्बन्ध में संभव है क्योंकि इस मामले में सूर्य तृतीयेश होगा और वह कलंकित होगा।

(ख) सूर्य को पंचम भाव में होना चाहिये किन्तु सूर्य को मकर या कुम्भ नवांश में होना आवश्यक है। यह योग मेष, सिह और धन में लागू नहीं हो सकता क्योंकि इन तीनों के सम्बन्ध में पंचम भाव में मकर या कुम्भ नवांश उदय नहीं हो सकता क्योंकि अन्तिम नवांश धनु में समाप्त हो जाता है। वृषभ, कन्या और मकर के सम्बन्ध में पंचम भाव में नवांश में मकर या कुम्भ तभी उदय हो सकता हैं यदि सम्बन्धित राशि के आरम्भ से सूर्य ६° ४०′ के भीतर हो। मिथुन, तुला और कुम्भ के सम्बन्ध में सूर्य की पंचम भाव की स्थिति सम्बन्धित राशि के १०° से १६° ४०′ के भीतर हो। इसी प्रकार कर्क, बृश्चिक और मीन के सम्बन्ध में सूर्य की भाव स्थिति सम्बन्धित राशि में २०° और २६° ४०′ के भीतर होनी चाहिये। मान लें कि लग्न में बृषभ राशि है और सूर्य कन्या में ५° पर है जो दूसरा नवांश है अर्थात कुम्भ। इस मामले में कहा जा सकता है कि योग की शर्तें पूरी हो रही हैं। पुन: इस तथ्य पर विचार करना चाहिये कि क्या सूर्य वास्तव में पंचम भाव या पंचम राशि में है। यदि वह ५ वें राशि में है तो यह योग नहीं बनता है। मान लें कि लग्न कर्क में ३° पर है और बृश्चिक ५° पर पंचम भाव में उदय हो रहा है। यदि सूर्य बृश्चिक राशि में १९° पर है तो यह योग नहीं बनता है क्योंकि नवांश मकर या कुम्भ नहीं होगा। यदि सूर्य २१° पर बृश्चिक में है तब भी यह योग नहीं बनेगा क्योंकि वह वास्तव में छठे भाव में होगा। भाव स्थिति के कारण इस अन्तर पर विचार कर लेना चाहिये कि वास्तव में यह योग विद्यमान है। प्रसंग वश हम यह कहना चाहेंगे कि यदि शनि के नवांश में पंचम भाव आता है तो बच्चों की मृत्यु के लिये यह संकेत काफी है यदि कोई अन्य प्रतिकारी प्रभाव न हो।

ऊपर दिये गये अनेक योगों में और नीचे माता, पिता, भाईयों और अन्य के शाप के कारण बच्चों की मृत्यु के कारणों का विवेचन किया गया है। संतान की मृत्यु एक हृदय विदारक दुर्भाग्य है जिसे पूरा नहीं किया जा सकता। आशीर्वाद और शाप दोनों योजनाबद्ध ढंग से कार्य करते हैं। किन्तु उनके फल कभी कभी ध्यान देने योग्य होते हैं। इनके रहस्यमय बल अनेक ढंग से और रुचिकर रूप में काम करते हैं। जब कोई व्यक्ति क्रोध में होता है तो वह कारण और तर्क को सामान्यत: भूल जाता है और बुरी भावना विभिन्न रूप से काम करने लगती है। विभिन्न प्रकार की उत्तेजनाओं से विभिन्न प्रकार के कारण शाप के फल होते हैं, भले ही वे वास्तविक हों या काल्पनिक। कुछ ऐसे व्यक्ति होते हैं जिनमें पूर्व कर्मों के फल के अनुसार गहन आवेश होता हैं जिससे सर्वदा दूसरों को कष्ट होता है। बुरी नजर का ही उदाहरण लें, इसमें होता यह है कि उस व्यक्ति के भीतर गेहूअन सांप के विष या बिच्छू के डंक जैसा

प्रबल आवेश होता है जो किसी लक्ष्य के विनाश के लिये बिजली की तरह कार्य करता है।

पंचम भाव में सूर्य की नीच स्थिति के अनेक उदाहरण मिल सकते हैं और हम यहां पर इस योग का उदाहरण देना नहीं चाहते।

(अ) इस योग का तीसरा अन्तर सरल है। सूर्य को ५ वें भाव में स्थित होना चाहिये और वह दोनों ओर से अशुभ ग्रहों के घेरे में हो।

कुण्डली सं० ९७

जन्म तारीख–२२–२–१८६३ जन्म समय–३९ घ. ४० प.

अक्षांस १३° उत्तर, देशा० ७७° ३४ पूर्व

राशि

नवांश

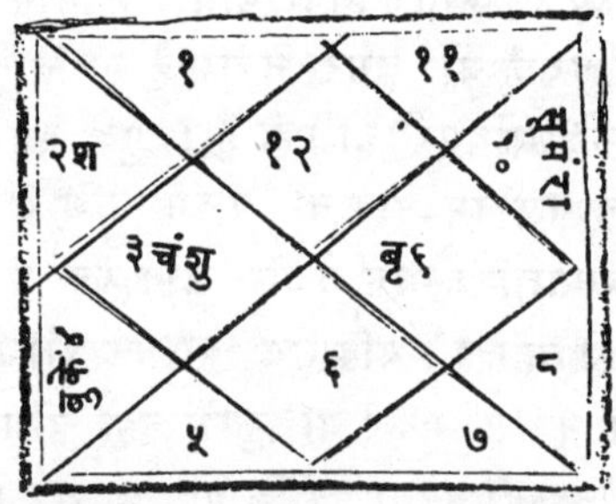

केतु की दशा शेष—१ वर्ष ९ महीने १३ दिन

कुण्डली सं० ९७ में लग्न भाव में तुला राशि है और ५ वें भाव में सूर्य स्थित है जो नवांश में मकर में स्थित है। अतः इसमें पितृशाप से सुतक्षय योग विद्यमान है। ग्रहों की निम्नलिखित स्थितियों में भी योग संख्या २१६ बनता है।

(क) सूर्य को ५ वें भाव का अधिपति होकर त्रिकोण में स्थित होना चाहिये और पाप ग्रहों के घेरे में या उनसे दृष्ट होना चाहिये। प्रत्यक्षतः यह योग मेषलग्न के संबन्ध में लागू होगा।

(ख) यदि बृहस्पति सिंह राशि में हो, पंचमेश सूर्य से और पंचम भाव से युक्त हो और लग्न भाव में अशुभ ग्रह हों तो पिता के क्रोध के कारण पुत्रों की मृत्यु होती है।

(ग) यदि मंगल नवमेश होकर पंचमाधिपति से युक्त हो और लग्न तथा त्रिकोण में अशुभ ग्रह हों तो पिता के शाप के कारण पुत्रों की मृत्यु की भविष्यवाणी की जा सकती है।

इन योगों को लागू करने में ज्योतिषी को अपने विवेक का प्रयोग करना चाहिये जिसमें इस बात पर विचार करना चाहिये कि पंचम भाव प्रबल स्थिति में है या नहीं।

२१७. मातृशाप से सुतक्षय योग

परिभाषा—यदि अष्टमेश पंचम भाव में हो और पंचमेश अष्टम भाव में हो और चन्द्रमा तथा चतुर्थेश छठे भाव से युक्त हों तो उपरोक्त योग बनता है।

फल—मां के शाप के कारण पुत्रों की मृत्यु होगी।

अभ्युक्तियां—पुत्रों की मृत्यु जैसी घटनाओं के लिए ऋषियों द्वारा दिये गये अनेक योगों द्वारा भारतीय ज्योतिष सम्बन्धी सिद्धान्तों की गहनता स्पष्ट रूप से प्रकट होती है। इस तथ्य को ध्यान में रखते हुए कि विभिन्न शापों के कारण बच्चों की मृत्यु होगी, योगों की इस प्रकार की विभिन्नता अति आवश्यक है।

विचाराधीन योग में ५ वें और ८ वें भावों के अधिपतियों के बीच परिवर्तन आवश्यक है और मातृकारक चन्द्रमा और मातृ स्थानाधिपति (चतुर्थेश) को दुःस्थान में होना चाहिये। सिंह और कुम्भ लग्नों के लिए यह योग नहीं बनेगा क्योंकि ५ वें और ८ वें भावों का अधिपति एक ही ग्रह होगा।

कुण्डली सं० ९८

जन्म तारीख–१८–११–१९०० जन्म समय–४–१७ बजे संध्या (स्था० स०)

अक्षांस ३१° उत्तर, देशान्तर ७७°३५′ पूर्व

राशि

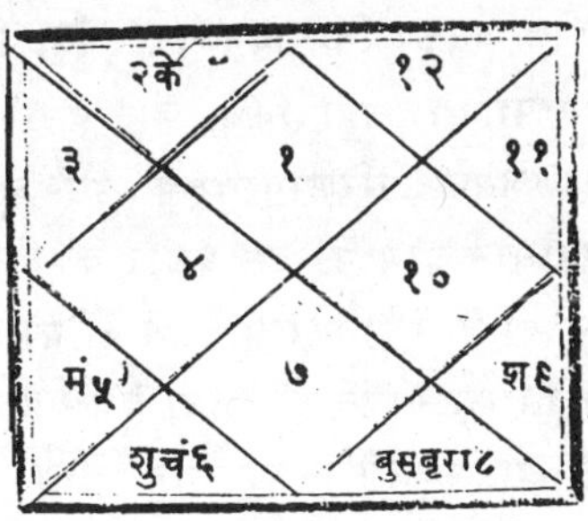

नवांश

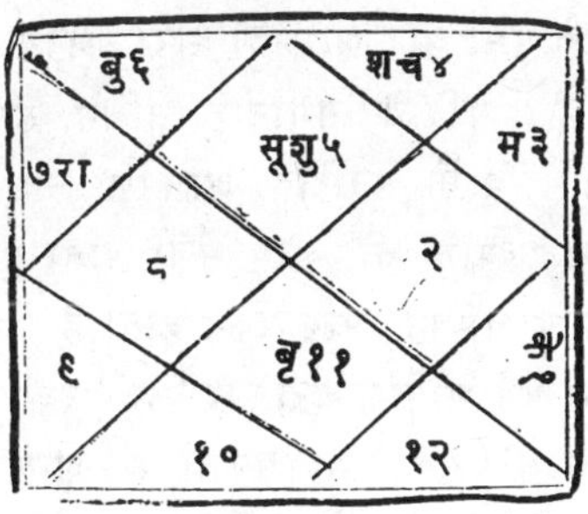

चन्द्रमा की दशा शेष–० वर्ष ९ महीने १३ दिन

यह योग सं० २१७ का एक विशेष उदाहरण है। ५ वें और ८ वें भावों के अधिपतियों के बीच परस्पर परिवर्तन योग है। योग का दूसरा भाग भी इसमें विद्यमान है क्योंकि चौथे भाव का अधिपति छठे भाव में स्थित है।

२१८ भ्रातृशाप से सुतक्षय योग

परिभाषा—लग्नाधिपति और पंचमाधिपति को आठवें भाव में स्थित होना चाहिये और तृतीयेश को ५ वें भाव में मंगल और राहु के साथ स्थित होना चाहिये।

फल—भाइयों के शाप के कारण बच्चों की मृत्यु होगी।

अभ्युक्तियां—इस योग में लग्नाधिपति, पंचमाधिपति, तृतीयेश, अष्टमाधिपति, राहु और भ्रातृ कारक मंगल के बीच एक विशेष प्रकार का सम्बन्ध बताया गया है। इस योग में दिये गये सिद्धान्तों का विस्तार किया जा सकता है ताकि इसमें दी गई स्थितियों में कुछ अन्तरों को शामिल किया जा सके। यदि पंचमाधिपति मंगल के साथ युक्त हो या मंगल और राहु ५ वें भाव में हों तब भी यह योग बनता है। ५ वें और तीसरे तथा मंगल के बीच इस प्रकार का सम्बन्ध महत्त्वपूर्ण है कि वे ५ वें भाव को प्रभावित करने में सक्षम हैं।

२१९. प्रेतशाप से सुतक्षय योग

परिभाषा—यदि ५ वें भाव में सूर्य और शनि हो, निर्बल चन्द्रमा ७ वें में हो और बृहस्पति १२ वें भाव में हो तो प्रेतशाप योग बनता है।

फल—प्रेतों के शाप के कारण बच्चों की मृत्यु होगी।

अभ्युक्तियाँ—मृत शरीर से मुक्त होने के बाद आत्मा श्राद्ध तक मार्गस्थ स्थिति में रहती है जो साधारणतः दो सप्ताह की अवधि होती है। इस मार्गस्थ स्थिति में पड़ी आत्मा को प्रेत कहा जाता है। यह कहा गया है कि पृथ्वी पर अपने अस्तित्व के दौरान अपने कर्मों के आधार पर प्रेत उच्च या नीच अस्तित्व को प्राप्त करता है जो सबन्धित व्यक्ति के पुत्रों और आश्रितों द्वारा श्राद्ध के संतोष जनक निष्पादन पर पूर्णतः निर्भर करता है। यदि ये समारोह उचित ढंग से निष्पादित नहीं किये जाते हैं तो प्रेत स्वर्गीय क्षेत्र में सुरक्षित आचरण नहीं करता जिसके परिणामस्वरूप इस चूक से सम्बन्धित व्यक्ति को शाप भेजा जाता है। प्रश्नाधीन योग में इस प्रकार के प्रेतों के शाप से बच्चों की मृत्यु प्रकट होती है। हम इन बातों में विश्वास रखते हों या नहीं मत्यु का अर्थ भौतिक शरीर से किसी रहस्यमय शक्ति का गायब हो जाना है। यह शक्ति शून्य की ओर नहीं जा सकती या शून्य से नहीं आ सकती। यह मान लेना युक्ति संगत है कि आत्मा भिन्न भिन्न योजना में चलती है जो पृथ्वी पर अपने अस्तित्व के दौरान किये गये कर्मों के अनुसार होती है। ऋषियों ने अवश्य ही अपनी अन्तर्दृष्टि द्वारा मृत्यु के बाद आत्मा की स्थिति को देखा होगा। और चूंकि विज्ञान के ज्ञात सिद्धान्त जीवन और मृत्यु के रहस्य को स्पष्ट नहीं कर सकते अतः इसका अर्थ यह नहीं होता कि भौतिक मृत्यु के बाद अस्तित्व समाप्त हो जाता है।

जब निर्बल चन्द्रमा सातवें भाव में हो, राहु लग्न में हो और सूर्य तथा शनि ५ वें भाव में हों तो चन्द्रमा पर अनेक बुरे प्रभाव होते हैं—केतु की युक्ति, राहु और शनि की दृष्टि। किसी भी प्रकार से चन्द्रमा, राहु और शनि का सम्बन्ध होने पर इस प्रकार के

प्रभावों का संकेत मिलता है जिसे साधारणतः शैतान, आत्मा, प्रेत और अन्य विनाश-कारी तत्त्व कहा जाता है।

कुण्डली संख्या ९९

जन्म तारीख–२८–६–१९१४ जन्म समय–९–५७ बजे रात्रि (भा.स्टे.स.)

अक्षांस १३° उत्तर, देशा० ७७° ३५′ पूर्व

राशि

नवांश

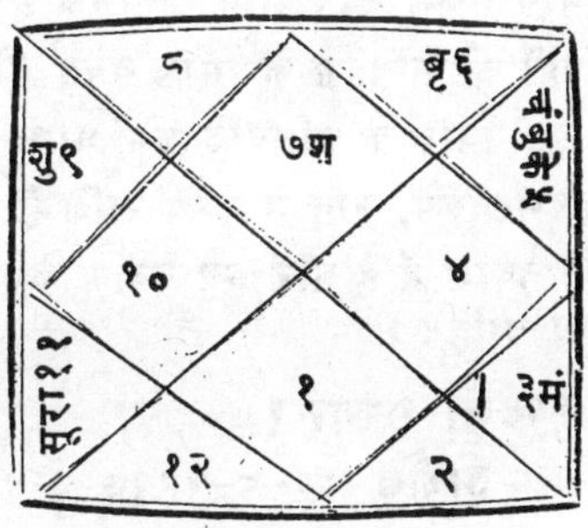

शुक्र की दशा शेष—१६ वर्ष २ महीने ३ दिन

कुण्डली सं० ९९ में सूर्य और शनि ५ वें भाव में स्थित हैं। चन्द्रमा निर्बल है और मंगल तथा केतु के साथ ७ वें भाव में स्थित है। बृहस्पति १२ वें भाव में और राहु लग्न में स्थित है। इसमें उपरोक्त योग बली है और इससे मुक्त होने की कोई संभावना नहीं है। इस मामले में लगभग सभी बच्चों की मृत्यु की आशा की जाती है।

२२०. और २२१. बहुपुत्र योग

परिभाषा—यदि राहु ५ वें भाव में शनि के अतिरिक्त किसी अन्य नवांश में हो तो बहुपुत्र योग बनता है (२२०)।

यदि सप्तमाधिपति से युक्त ग्रह जिस नवांश में हो उसका अधिपति प्रथम, द्वितीय या पंचम भाव में स्थित हो तब भी यह योग बनता है। (२२१)

फल—जातक के अनेक बच्चे होंगे।

अभ्युक्तियाँ—स्वभाव में अनेक कमियां होती हैं। कुछ लोग सन्तान के लिये चिन्तित रहते हैं दूसरी ओर कुछ लोगों के अनेक बच्चे होते हैं और कुछ लोग वित्तीय तथा अन्य अभावों के कारण उनके पालन पोषण में अक्षम होते हैं। एक पूरी तरह से सामान्य पति-पत्नी जिनका लैंगिक सम्बन्ध पूर्णतः ठीक होता है, को एक भी सन्तान

नहीं होता । इसमें कर्म के नियम का रहस्यमय ढंग में फलीभूत होना सामने आता है ।

इस तथ्य के कारण योग संख्या २२० एक अति महत्त्वपूर्ण है यह उस साधारण नियम का अपवाद है कि पंचम भाव में राहु की स्थिति नहीं होनी चाहिये । शनि के नवांश में राहु की स्थिति कष्ट दायक होती है । योग संख्या २२० और २९६ लगभग एक जैसा है केवल अन्तर यह है कि सूर्य की वजाय राहु को हिसाब में लिया गया है ।

योग संख्या २२१ थोड़ा भ्रामक है । इसे इस प्रकार स्पष्ट किया जा सकता है कि कुछ ग्रहों को सप्तमेश के साथ युक्त होना चाहिये । ये युक्त ग्रह कतिपय नवांश में हों और इस नवांश के अधिपति को प्रथम द्वितीय या ५ वें नवांश में स्थित होना चाहिये । उदाहरणस्वरूप, लग्न में कुम्भ राशि है और सप्तमेश अर्थात् सूर्य मंगल के साथ है जो धनु के नवांश में है और इस नवांश के अधिपति को कुम्भ, मिथुन या मीन में यह योग बनाना चाहिये ।

कुण्डली संख्या १००

जन्म तारीख–३०–८–१९२७ जन्म समय–१२–३० बजे दोपहर (स्था० स०)

अक्षांस २१° उत्तर, देशान्तर ७२° ५०′ पूर्व

राशि

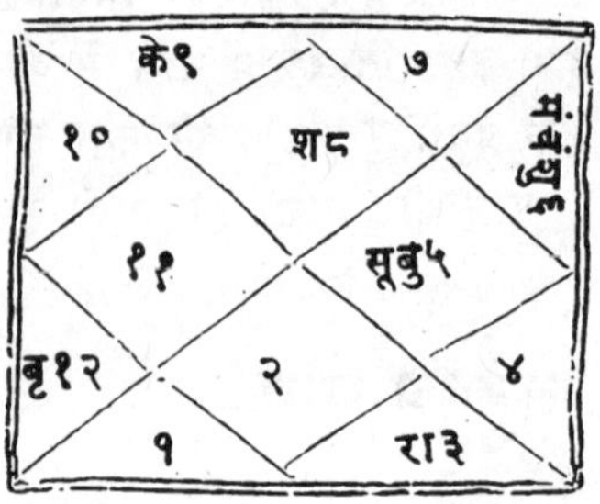

नवांश

चन्द्रमा की दशा शेष—३ वर्ष ८ महीना २१ दिन

कुण्डली संख्या १०० योग संख्या २२१ का एक उदाहरण है । मंगल सप्तमाधिपति से युक्त है । मंगल जिस नवांश में स्थित है उसका अधिपति अर्थात् शनि लग्न भाव में स्थित है । अतः यह योग विद्यमान है ।

२२२ और २२३ दत्तक पुत्र योग

परिभाषा—मंगल और शनि को पांचवें भाव में स्थित होना चाहिये और लग्नाधिपति को बुध की राशि में होना चाहिये और उसी ग्रह से दृष्ट या युक्त होना चाहिये (२२२) ।

सप्तमाधिपति अवश्य ही ११वें भाव में हो, पंचमाधिपति शुभ ग्रह से युक्त हो और पांचवें भाव में मंगल और शनि स्थित हों (२२३)।

फल—उस व्यक्ति को दत्तक पुत्र होंगे।

अभ्युक्तियाँ—हिन्दू मत के अनुसार यदि किसी व्यक्ति का अपना बच्चा न हो तो उसे इस विचार से पुत्र को गोद ले लेना चाहिये कि वंश की परम्परा चलती रहेगी और वह उस व्यक्ति के बुढ़ापे में सहायक होगा। ज्योतिष की प्राचीन पुस्तकों में अनेक योग पाये जाते हैं किन्तु हमने यहाँ पर केवल दो विशेष योग दिये हैं। योग संख्या २२२ में यह अपेक्षा है कि मंगल और शनि को पांचवें भाव में स्थित होना चाहिये। इसका अर्थ यह है कि बच्चों वाला भाव पीड़ित होना आवश्यक है। यदि लग्नाधिपति बुध की राशि में हो या वह बुध से युक्त या दृष्ट हो तो जातक में प्रजनन की शक्ति का अभाव होगा क्योंकि बुध एक तटस्थ ग्रह है।

योग संख्या २२३ का अन्तिम भाग और योग संख्या २२२ का आरम्भ का भाग लगभग एक जैसा ही है। इसके अतिरिक्त सप्तमाधिपति को ग्यारहवें भाव में होना चाहिये और पंचमाधिपति को शुभ ग्रह से युक्त होना चाहिये। इन योगों के पीछे तर्क स्पष्ट नहीं है। किन्तु जिन जन्म कुण्डलियों में ये योग पाये जाते हैं उनमें इसी प्रकार के परिणाम देखे जाते हैं।

कुण्डली संख्या १०१

जन्म तारीख—२२-१-१९१४ जन्म समय—६-४० बजे प्रात: (भा० स्टै० टा०)

अक्षांस १३° उत्तर, देशान्तर ८०° १४′ पूर्व

राशि

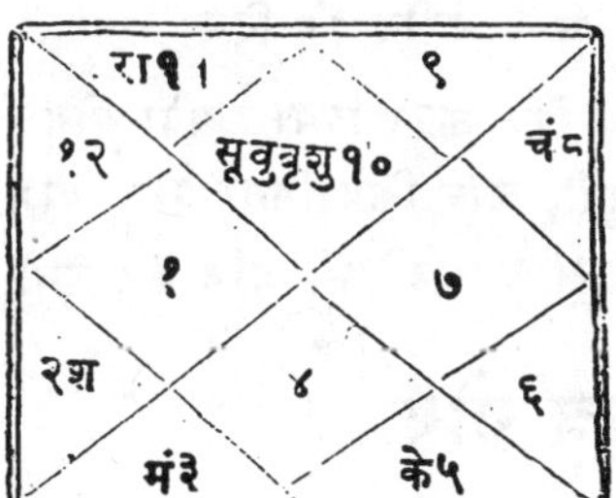

नवांश

बुध की दशा शेष—१४ वर्ष ४ महीने १९ दिन

यह योग संख्या २२३ का एक उदाहरण है। सप्तमाधिपति चन्द्रमा ११वें भाव में स्थित है, पंचमाधिपति शुक्र शुभ ग्रह से युक्त है और शनि ५वें भाव में स्थित है।

२२४ अपुत्र योग

परिभाषा—यदि पंचमाधिपति दुःस्थान में हो तो अपुत्र योग बनता है।

फल—जातक को कोई सन्तान नहीं होगी।

अभ्युक्तियाँ—यह एक साधारण योग है जिसमें बच्चों का जन्म बिल्कुल ही नहीं होता। पहले लिखे गये कुछ योगों में विभिन्न कारणों से बच्चों की मृत्यु के योग दिये गये हैं। किन्तु अपुत्र योग से यह पता लगता है कि सन्तान का जन्म बिल्कुल ही नहीं होगा। ६, ८ और १२वें भाव दुःस्थान होते हैं। पंचमाधिपति को इनमें से किसी भाव में स्थित नहीं होना चाहिये। कुण्डली संख्या १०२ अपुत्र योग का एक विशेष उदाहरण है।

कुण्डली संख्या १०२

जन्म तारीख–३१–७–१९१० जन्म समय–सूर्योदय के बाद ३२ घ० १५ प०

अक्षांस ८° ४४′ उत्तर, देशा० ७७° ४४′ पूर्व

राशि

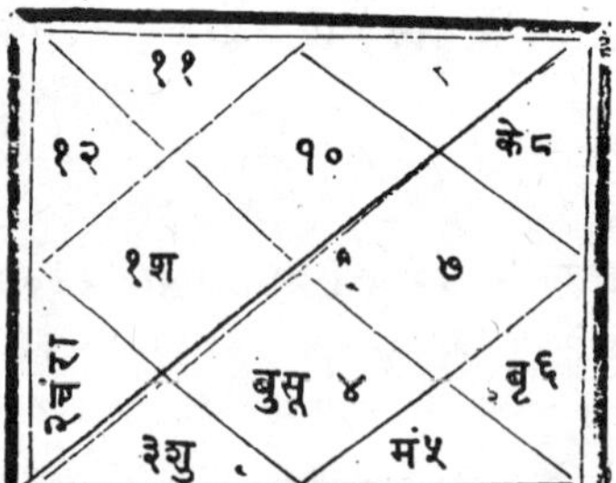

नवांश

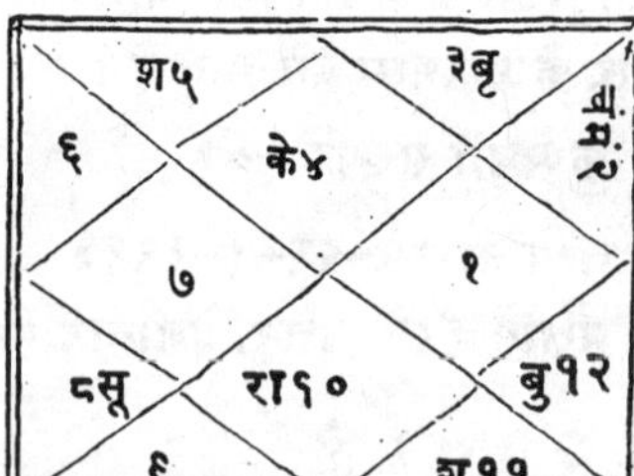

चन्द्रमा की दशा शेष—७ वर्ष ३ महीने १८ दिन

इस बात पर अवश्य ध्यान देना चाहिये कि ऊपर दिया गया योग बहुत ही साधारण स्वरूप का है और पांचवें भाव की पूरी जाँच किये बिना इस योग को लागू नहीं करना चाहिये। पांचवें भाव के बल और क्षीणता की भी जाँच कर लेनी चाहिये।

२२५ एकपुत्र योग

परिभाषा—पंचमाधिपति को केन्द्र या त्रिकोण में होना चाहिये।

फल—जातक का केवल एक पुत्र होगा।

अभ्युक्तियां—यह एक साधारण योग है और इसमें स्पष्टीकरण की आवश्यकता नहीं है। पांचवें भाव से सम्बन्धित इनमें से अनेक योगों को ज्यों का त्यों लागू नहीं

किया जा सकता है। पांचवें भाव का सावधानी पूर्वक अध्ययन करना चाहिये और यदि कोई गम्भीर प्रभाव हो तो बच्चों की मृत्यु की आशा करनी चाहिये।

इन योगों से पांचवें भाव के बारे में एक कच्चा अनुमान लगाने में सहायता मिलती है किन्तु भाव के बलाबल के आधार पर ही पांचवें भाव के बारे में सभी विवरण प्राप्त होते हैं कि किसी व्यक्ति को संतान होगा या नहीं, उनमें से कितने जीवित बचेंगे और उनका भविष्य कैसा होगा आदि।

२२६ सुपुत्र योग

यदि पंचम भाव का अधिपति बृहस्पति हो और सूर्य उत्तम स्थिति में हो तो सुपुत्र योग बनता है।

फल—जातक को श्रेष्ठ पुत्र की प्राप्ति होगी।

अभ्युक्तियाँ—आरम्भ में जो आनन्द का उद्देश्य होता है वह बाद में दुःख का कारण बन सकता है। साधारणतः पुत्र की प्राप्ति अनेक लोगों के लिये अति खुशी की बात होती है किन्तु यदि जन्म कुण्डली में ऊपर बताया गया योग या इसमें अन्तर विद्यमान न हो तो बड़ा होने पर वह बच्चा माता-पिता के लिये अति दुःख का कारण बन जाता है। उपरोक्त योग केवल सिंह और वृश्चिक लग्न के सम्बन्ध में लागू होता है क्यों कि केवल इन्हीं के सम्बन्ध में बृहस्पति पंचमाधिपति हो सकता है और यह अन्य लग्नों के सम्बन्ध में लागू नहीं होता है। हमें ऐसा लगता है कि जब पंचमाधिपति और पंचम भाव शुभ वर्गों में हों तो पुत्र परिवार के लिये दीप स्तम्भ होगा।

२२७. और २२८. काल निर्देशित पुत्र योग

परिभाषा—बृहस्पति को पांचवें भाव में होना चाहिये और पंचमाधिपति शुक्र से युक्त हो तो काल निर्देशित योग बनता है (२२७)।

बृहस्पति को लग्न से नवम भाव में स्थित होना चाहिये और शुक्र को बृहस्पति से नवम भाव में लग्नाधिपति से युक्त होना चाहिये (२२८)।

फल—जातक को ३२, ३३ या ४०वें वर्ष में पुत्र की प्राप्ति होती है।

अभ्युक्तियां—इन दो योगों से उस सम्भावित अवधि की भविष्यवाणी करने में सहायता मिलती है जब कि जातक को पुत्र की प्राप्ति होगी। यदि बृहस्पति पंचम भाव में हो और शुक्र पंचमाधिपति से युक्त हो तो ३२ या ३३ वर्ष की आयु में पुत्र-प्राप्ति की भविष्यवाणी की जा सकती है बशर्ते कि जब जातक उपरोक्त आयु प्राप्त करता है तो समुचित प्रभाव पक्ष में हों; अन्यथा यह योग बेकार हो जायेगा।

योग संख्या २२८ में यह कहा गया है कि लग्न से नवम भाव में बृहस्पति का स्थित होना आवश्यक है और शुक्र का बृहस्पति से नवम भाव में स्थित होना आवश्यक है। यह एक उत्तम स्थिति होती है क्यों कि यह कहा जाता है कि शुक्र को लग्न से पांचवें भाव में स्थित होना चाहिये। इस योग में उत्पन्न व्यक्ति को ४० वर्ष की आयु में पुत्र की प्राप्ति होगी बशर्ते कि समुचित दशा और भुक्ति चल रही हो।

२२९. और २३०. काल निर्देशित पुत्रनाश योग

परिभाषा—इस योग में पंचमभाव में राहु का स्थित होना अति आवश्यक है और पंचमाधिपति अशुभ ग्रह से युक्त हो और बृहस्पति नीच का हो। (२२९)

बृहस्पति और लग्न से पंचम भाव में अशुभ ग्रह स्थित होना चाहिये। (२३०)

फल—३२ और ४० वर्ष की आयु में जातक के पुत्र की मृत्यु होगी।

अभ्युक्तियाँ—इन दोनों योगों से जातक की विशेष आयु में पुत्र की मृत्यु का अनुमान लगाने में सहायता मिलती है। जिस व्यक्ति की ३२ वर्ष की आयु में पुत्र की मृत्यु होती है उसकी कुण्डली में पांचवें भाव में राहु का होना जरूरी है जिसका अधिपति बुरे ग्रहों से युक्त हो और बृहस्पति नीच का हो। अन्य शब्दों में बच्चों के भाव से सम्बन्धित सभी तीनों तथ्य अर्थात् भाव, भावाधिपति और कारक पर किसी न किसी प्रकार का बुरा प्रभाव आवश्यक है। व्यवहार में यह पाया गया है कि प्राचीन पुस्तकों में दिये गये अन्य योगों की अपेक्षा इस योग का बहुत ही गम्भीर प्रभाव होता है। उदाहरण स्वरूप—हमारे पास अनेक जन्म कुण्डलियां हैं जिनमें यह योग विद्यमान है और लगभग सभी मामलों में परिणाम यह पाया गया है कि या तो बच्चों का जन्म ही नहीं हुआ अथवा जन्म से एक वर्ष के भीतर ही बच्चों की मृत्यु हो गई। यह एक विचित्र बात है जो हमारे ध्यान में आई है।

योग संख्या २३० और भी सामान्य है। यदि लग्न भाव से पांचवें स्थान पर अशुभ ग्रह स्थित हो और बृहस्पति से पांचवें भाव में भी अशुभ ग्रह हो तो ३२ या ४० वर्ष की आयु में बच्चे की मृत्यु हो जायेगी। वास्तविक व्यवहार में इस योग का परिणाम ऐसा प्राप्त हुआ है कि कुछ बच्चों की मृत्यु हो गई और कुछ बच्चे जीवित रहे।

जब कभी किसी भाव में अशुभ ग्रह स्थित होने या किसी ग्रह से युक्त होने के कारण बुरे प्रभाव दीखते हों तो दृष्टि के प्रभाव को भी हिसाब में लेना चाहिये यद्यपि दृष्टि के कारण बुरे प्रभावों का महत्त्व कम होता है।

कुण्डली संख्या १०३

जन्म तारीख—२३-१०-१८८३ **जन्म समय—१०-० बजे प्रातः (स्था. स.)**

अक्षांस १२° उत्तर, देशा० ७८° ३८′ पूर्व

राशि

नवांश

शनि की दशा शेष—७ वर्ष ५ महीना ५ दिन

कुण्डली सं० १०३ में लग्न से पंचम भाव में केतु स्थित है और वहां राहु से दृष्ट है। जबकि बृहस्पति से पंचम भाव शनि की दृष्टि के कारण समान रूप से पीड़ित है। यह जन्म कुण्डली उपरोक्त योग का एक स्पष्ट उदाहरण है।

२३१. बुद्धिचातुर्य योग

परिभाषा—यदि पचमाधिपति शुभ ग्रह होकर अन्य शुभ ग्रह से दृष्ट हो या किसी शुभ राशि में स्थित हो तो यह योग बनता है।

फल—जातक बुद्धिमान् और चरित्रवान् होगा।

अभ्युक्तियाँ—बृषभ, मिथुन, सिंह, बृश्चिक, मकर, कुम्भ और मीन के लग्नों मामले में ही पंचमाधिपति शुभ ग्रह हो सकता है। यदि इस परिभाषा की शब्दशः व्याख्या की जाय तो शेष पांच राशियों के मामले में यह योग नहीं बन सकता है। परिणाम स्वरूप इसका अर्थ यह है कि मेष, कर्क, कन्या, तुला और धनु लग्नों में उत्पन्न व्यक्ति बुद्धिमान् और चरित्रवान् व्यक्ति नहीं बन सकता है। इस प्रकार का सुझाव विशेषकर इस विचार से असंगत होगा कि अनेक बुद्धिमान् और चरित्रवान् व्यक्तियों का जन्म उन राशियों में हुआ है जिनके लिये पंचम भाव शुभ राशि नहीं हो सकती है। अतः यह माना जा सकता है कि यह योग उन मामलों में भी विद्यमान हो सकता है जहां शुभ या अशुभ राशि का ध्यान किये बिना पंचम भाव में शुभ ग्रह स्थित हों और पंचमाधिपति बृहस्पति, बुध या शुक्र से युक्त हो।

कुण्डली संख्या १०४

जन्म तारीख—५-५-१८७१ जन्म समय—११-१४ बजे रात्रि (स्था. स.)
अक्षांस १३° उत्तर, देशा० ७६° ९′ पूर्व

राशि

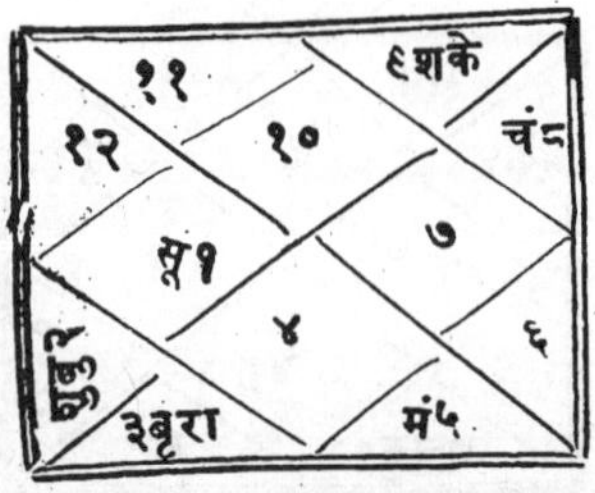

नवांश

शनि की दशा शेष—१७ वर्ष १० महीना १० दिन

कुण्डली सं० १०४ एक सेवा निवृत्त न्यायाधीश की है। पंचम भाव की विचित्र स्थिति पर ध्यान दें, यहां पर उसी भाव का अधिपति शुक्र और षष्ठेश तथा नवमेश बुध स्थित है। जज अति विद्वान् और चरित्रवान् था। इस आयु में भी उनकी याददास्त और ग्रहण शक्ति असामान्य रूप से उत्तम है।

कुण्डली संख्या १०५

जन्म तारीख–१२–२–१८५६ जन्म समय–१२–२१ दोपहर (स्था० स०)

अक्षांस १८° उत्तर, देशा० ८४° पूर्व

राशि

नवांश

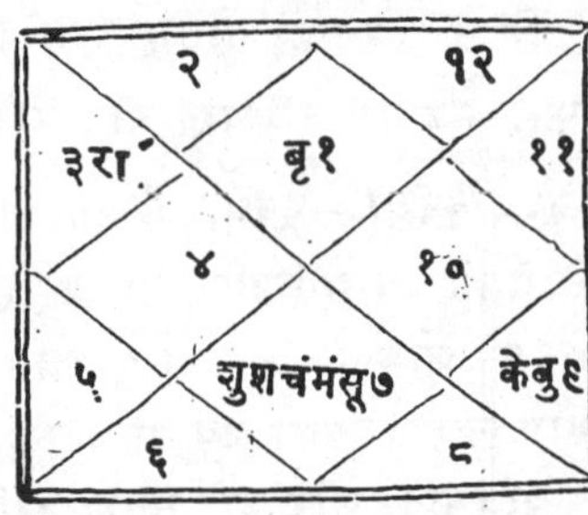

शुक्र की दशा शेष—६ वर्ष ८ महीना १२ दिन

कुण्डली सं० १०५ स्वर्गीय बी० सूर्य नारायण राव की है। पंचम भाव में कन्या राशि है जो एक शुभ ग्रह की राशि है जब कि पंचमाधिपति बुध शुभ ग्रह बृहस्पति के साथ दशम भाव में स्थित है। यह सामान्य ज्ञान की बात है कि प्रो० असामान्य रूप से बुद्धिमान् व्यक्ति थे और अपनी मृत्यु की तारीख तक अपनी तीव्र बुद्धि को कायम रखा। उत्तम हृदय और उत्तम चरित्र के साथ वे महान मानव प्रेमी थे और गरीबों तथा जरूरत मन्दों की मदद करके प्रसन्न होते थे। उत्तम नैतिकता के कारण सम्बन्धी तथा मित्र उनका आदर करते थे। ये सभी उत्तम गुण वहीं होते हैं क्योंकि दार्शनिक और बुद्धि के ग्रह बृहस्पति के साथ युक्त होकर पंचमाधिपति को बल प्राप्त है।

२३२. तीव्रबुद्धि योग

परिभाषा—पंचमाधिपति जिस नवांश में स्थित है उसके अधिपति पर शुभ ग्रह की दृष्टि होनी चाहिये और पंचमाधिपति स्वयं भी शुभ हो तो यह योग बनता है।

फल—जातक असामान्य रूप से तीव्र बुद्धि वाला होगा।

अभ्युक्तियां—यह योग साधारणतः प्रभावशाली व्यक्तियों की कुण्डली जाता है। मुझे ऐसा लगता है कि इस योग के दूसरे भाग में दिया गया यह सुझाव कि पंचमाधिपति को शुभ ग्रह होना चाहिये, आवश्यक नहीं है। क्योंकि वास्तविक व्यवहार में हम लोग यह पाते हैं कि नैसर्गिक शुभ ग्रह या नैसर्गिक अशुभ ग्रह का ध्यान किये बिना पंचमाधिपति को उत्तम ग्रह से युक्त या दृष्ट होना चाहिये। प्रश्नाधीन योग के अनुसार पंचमाधिपति जिस नवांश में है उसके अधिपति पर शुभ दृष्टि होनी चाहिये। माना जा सकता है कि यह योग उन मामलों में भी विद्यमान होता है यदि उपरोक्त नवांश का अधिपति नैसर्गिक शुभ ग्रह से युक्त हो।

कुण्डली संख्या १०६

जन्म तारीख –२०/२१–२–१८७९ जन्म समय–४·५० बजे प्रातः (स्था० स०)

अक्षांस १०° ४३′ उत्तर, देशान्तर ७६° ४८′ पूर्व

राशि

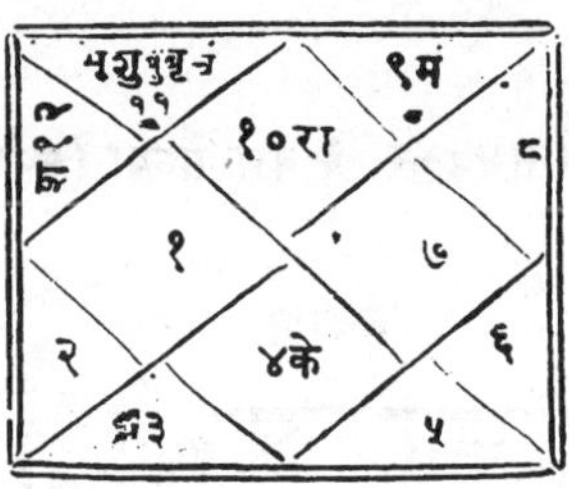

नवांश

राहु की दशा शेष—१४ वर्ष ६ महीने २१ दिन

कुण्डली सं० १०६ में पंचमाधिपति अर्थात् शुक्र शुभ नवांश में है। इस नवांश का अधिपति अर्थात् बुध दो शुभ ग्रहों के साथ दूसरे भाव में स्थित है।

परिणाम स्वरूप यह कहा जा सकता है कि इसमें तीव्र बुद्धि योग विद्यमान है। यह जातक काफी बुद्धिमान्, चतुर राजनीतिज्ञ, एक सक्षम वकील और होशियार लेखक है।

२३३. बुद्धिजड़ योग

परिभाषा—यदि लग्नाधिपति बुरे ग्रहों से युक्त या दृष्ट हो पांचवें भाव में शनि हो और लग्नाधिपति शनि से दृष्ट हो तो उपरोक्त योग बनता है।

फल—जातक मन्द बुद्धि होगा।

अभ्युक्तियाँ—यहां दिये गये विभिन्न योगों में दो मूल शर्तें हैं अर्थात् (१) कारक की शुभ स्थिति या सम्बन्धित भाव के अधिपति की शुभ स्थिति (२) सम्बन्धित तीनों तथ्यों में से किसी एक पर या सभी पर बुरे प्रभाव। चूंकि प्रत्येक भाव एक से अधिक घटनाओं से सम्बन्धित होता है अतः किसी विशेष घटना के बारे में पता लगाने के लिये उसपर अन्तर्ग्रस्त बुरे प्रभाव और शुभ प्रभाव का हमें सावधानी पूर्वक विश्लेषण करना चाहिये। विचाराधीन योग में, जो मन्दबुद्धि का संकेत देने वाला माना जाता है, शनि, लग्नाधिपति और पंचम भाव के बीच एक प्रकार का सम्बन्ध निहित है। इसी प्रकार का योग एक भिन्न व्याख्या के लिये भी सक्षम होता है अर्थात् बच्चों की मृत्यु। परन्तु यदि बच्चों का कारक बृहस्पति उत्तम स्थिति में हो तो जातक को सन्तान होगी जो मन्द बुद्धि होगी। जिन्हें कोई सन्तान नहीं होती केवल वे ही मन्दबुद्धि नहीं होते। हम पाठकों को जो बताना चाहते हैं वह यह है कि किसी योग के विद्यमान होने पर उससे सम्बन्धित फल एकाएक बता देना हमेशा खतरनाक होता है। एक विद्यार्थी को बच्चों के भाव, मृत्यु भाव या पत्नी के भाव पर तबतक भविष्यवाणी नहीं करनी चाहिये जबतक उसे पर्याप्त व्यावहारिक अनुभव न हो जाये।

कुण्डली संख्या १०७

जन्म तारीख—२६–६–१९२० जन्म समय—२–६ बजे संध्या (स्था० सं०)

अक्षांस २४° ५४′ उत्तर, देशा० ४° २८″ पूर्व

राशि

नवांश

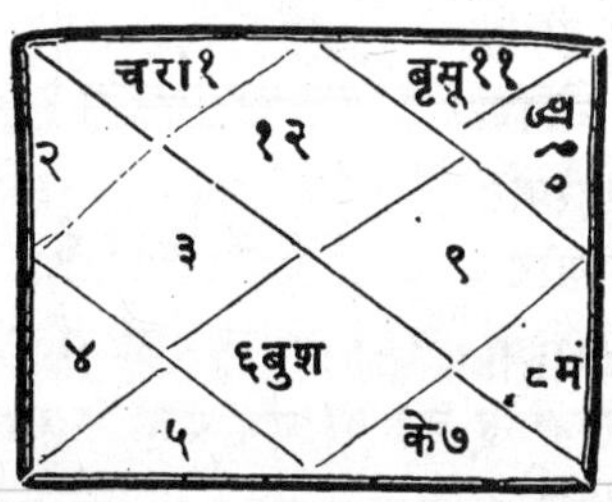

बृहस्पति की दशा शेष—११वर्ष १० महीने ७ दिन

कुण्डली सं० १०७ एक ऐसे व्यक्ति की है जो अपनी मन्दबुद्धि के कारण लगभग

पागल था। बृहस्पति उच्च का और बुध से युक्त होने के कारण जातक को तीव्र बुद्धि वाला व्यक्ति होना चाहिये। किन्तु यहां पर स्थिति विपरीत थी। पंचमाधिपति चन्द्रमा मंगल और राहु से युक्त है और शत्रु राशि में शनि से दृष्ट है। इससे अधिक अशुभ योग नहीं हो सकता। जातक अपने बाल्यकाल के समय को नहीं भूल सकता। वह सोच नहीं सकता, अपनी बुद्धि का प्रयोग नहीं कर सकता और कभी कभी वह पागल जैसा व्यवहार करता है।

२३४ त्रिकालज्ञान योग

परिभाषा—यदि बृहस्पति अपने ही नवांश में मृद्वंश या गोपुरांश में हो और उस पर शुभ ग्रह की दृष्टि हो तो यह योग बनता है।

फल—जातक भूत, वर्तमान और भविष्य को पढ़ने में सक्षम होता है।

अभ्युक्तियां—एक ज्योतिषी अपनी कला की सहायता से भूत, वर्तमान और भविष्य को पढ़ सकता है किन्तु यहाँ पर त्रिकाल ज्ञान का संदर्भ दिया गया है जिससे वह व्यक्ति अपने अन्तर्ज्ञान से वस्तुओं की भविष्यवाणी करने में सक्षम होता है। यह योग निम्नलिखित स्थितियों में विद्यमान माना जा सकता है (क) यदि बृहस्पति अपने नवांश में मृद्वंश में हो (ख) यदि गोपुरांश में होकर शुभ ग्रह से दृष्ट हो।

पाठकों को षष्ठयंश अर्थात् $\frac{1}{60}$ भाग का ज्ञान अवश्य होगा। मृद्वंश विषम राशि में इस भाग का १९वां भाग (९ से ९$\frac{1}{2}$°) होगा या सम राशि में ४२वां भाग (२०$\frac{1}{2}$ से २१°)। बृहस्पति अपने नवांश में मृद्वंश में हो सकता है यदि वह ९ और ९$\frac{1}{2}$° के बीच मिथुन, तुला या कुम्भ में हो, यदि वह इनसे भिन्न राशि में हो तो वह अपने नवांश में स्थित होकर मृद्वंश में नहीं हो सकता है क्योंकि २०$\frac{1}{2}$ से २१ जिसका अर्थ ७वां नवांश होता है जो बृहस्पति के अन्दर कभी नहीं आ सकता है।

ऐसे ही प्रकार के अन्य योग में बृहस्पति का गोपुरांश में होना अनिवार्य होता है। एक ग्रह गोपुरांश में तभी हो सकता है यदि वह अपने ही वर्ग में चार बार हो। मान लें कि बृहस्पति धनु में १° पर है तो वह अपनी ही राशि, अपनी ही द्रेष्काण, अपने ही चतुर्थांश और अपने ही सप्तांश में होगा जिसमें वह चार बार स्ववर्गीय होगा।

निम्नलिखित कुण्डली में त्रिकाल ज्ञान योग विद्यमान है।

कुण्डली सं० १०८

जन्म तारीख–३०–९–१९४६ जन्म समय–५–३० बजे प्रातः (आई.एस.टी.)

अक्षांस २५° उत्तर, देशा० ८२° ३०′ पूर्व

राशि

नवांश

शनि की दशा शेष—१२ वर्ष ११ महीना १८ दिन

कुण्डली संख्या १०८ में बृहस्पति तुला में ९° १६′ पर है जो विषम राशि है। वह अपने ही नवांश में और मृद्वंश में है।

२३५ पुत्रसुख योग

परिभाषा—जब पंचम भाव में बृहस्पति या शुक्र स्थित हो या जब बुध पांचवें भाव से युक्त हो या जब पंचम भाव में शुभ राशि हो और वहाँ पर शुभ ग्रह स्थित हों तो पुत्रसुख योग बनता है।

फल—जातक को बच्चों से सुख प्राप्त होगा।

अभ्युक्तियां—इस योग को बड़ी शिथिलता से परिभाषित किया गया है। पंचम भाव में शुभ राशि (बुध, शुक्र, बृहस्पति) का होना आवश्यक है और वहाँ पर शुभ ग्रह का स्थित होना आवश्यक है या यदि पंचम भाव में शुभ राशि न हो तब भी बृहस्पति और शुक्र के स्थित होने पर यह योग बनता है। दूसरे शब्दों में इस योग में पंचम भाव का सामान्य बली होना आवश्यक है। वास्तव में बच्चों के कारण सुखी होना एक बड़ा सौभाग्य है। बड़े बच्चों की ओर से अपने माता-पिता को न चाहने, अवज्ञा या निरादर के कारण दिल को बहुत चोट पहुँचती है।

२३६ जार योग

परिभाषा—यदि १०वें भाव में १०, २ और ७वें भाव के अधिपति स्थित हों तो यह योग बनता है।

फल—जातक अनेक स्त्रियों के साथ सम्बन्ध रखेगा।

अभ्युक्तियां—किसी व्यक्ति को जार या व्यभिचारी बनाने के अनेक योग हैं और

उनमें से यह एक योग है। इस प्रकार के योगों की व्याख्या करते समय आपको काफी सावधानी और कुशलता से काम लेना चाहिये। मैं इस बात को नहीं समझ पा रहा हूँ कि जब १०, २ और ७ वें भावों के अधिपति १०वे भाव में हों तो जातक अति कामुक किस प्रकार हो सकता है। मान लें कि लग्न भाव में कन्या राशि है तो २, ७ और १०वें भावों के अधिपति शुक्र, बृहस्पति, और बुध होंगे। जब ये तीनों १०वें भाव में युक्त होंगे तो जातक लैंगिक सम्बन्धों के मामले में बहुत ही सख्त और सिद्धान्तवादी होगा। यद्यपि बुध और शुक्र से युक्ति के कारण वह कामुक होगा। जिन ऋषियों ने इस योग का प्रतिपादन किया है उनसे सहमत न होकर हमें यह देखना है कि यदि सप्तमाधिपति शुक्र या मंगल हो और जब तक १०वें भाव में युक्त न हो, यह निष्कर्ष निकालना उचित नहीं होगा कि सम्बन्धित व्यक्ति का चरित्र संदिग्ध होगा। ७वें भाव में मंगल और शुक्र के युक्त होने पर वह व्यक्ति अति कामुक होता है। यदि इस योग पर शुभ दृष्टि हो तो अत्यधिक कामुक होना पर्याप्त रूप से समाप्त हो जाता है और जातक उचित सीमा के भीतर निहित रहता है।

कुण्डली संख्या १०९

जन्म तारीख–१०–६–१९१० जन्म समय–३–२० बजे संध्या (आई एस टी)

अक्षांस १३° उत्तर, देशा० ७७° ३५' पूर्व

राशि

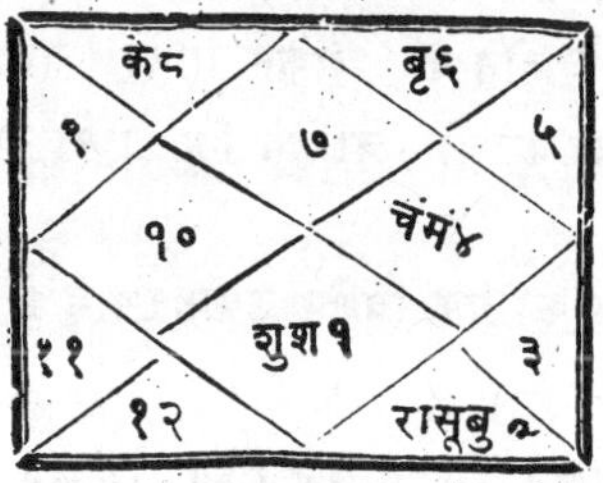

नवांश

शनि की दशा शेष—१५ वर्ष २ महीना १६ दिन

कुण्डली संख्या १०९ जार योग का एक विशेष उदाहरण है।

२३७ जारज पुत्र योग

परिभाषा—यदि पंचमाधिपति और सप्तमाधिपति बली हो और षष्ठेश से युक्त होकर शुभ ग्रहों से दृष्ट हो तो यह योग बनता है।

परिणाम—उस व्यक्ति में प्रजनन शक्ति का अभाव होगा किन्तु उसकी पत्नी को अन्य व्यक्ति से पुत्र होगा।

अभ्युक्तियाँ—यह एक महत्त्वपूर्ण योग है क्योंकि इससे हम यह सुनिश्चित करने में समर्थ होते हैं कि क्या सन्तान उसी व्यक्ति के बीज का उत्पादन है अथवा उस व्यक्ति की पत्नी का अन्य व्यक्ति के साथ अवैध सम्बन्ध का परिणाम है। इस योग के अनुसार पति पत्नी दोनों ही विवाहेतर सम्बन्ध के लिये दोषी होंगे क्योंकि पति का किसी अन्य स्त्री के साथ सम्बन्ध होगा जब कि अपनी इच्छाओं को पूरा करने के लिये अवैध साधन अपनाने का पत्नी का अपना मार्ग होगा। जब पति पत्नी दोनों ही एक दूसरे के प्रति कृतघ्न होंगे तो इस प्रकार के माता-पिता से उत्पन्न बच्चों का नैतिक स्तर ऊंचा नहीं होगा।

२३८ बहु स्त्री योग

परिभाषा—यदि लग्नाधिपति और सप्तमाधिपति एक दूसरे से युक्त या दृष्ट हों तो उपरोक्त योग बनता है।

फल—उस व्यक्ति की अनेक पत्नियां होंगी।

अभ्युक्तियाँ—मानव की काम की इच्छाएं अनेक होती हैं और ये विचित्र और अविश्वसनीय ढंग से व्यक्त होती हैं। कुछ ऐसे व्यक्ति होते हैं जो मानसिक और शारीरिक रूप से चरित्रवान् होते हैं और अपनी पत्नी से भिन्न स्त्रियों को हमेशा मां और बहन के समान मानते हैं। कुछ लोग प्रत्यक्ष रूप से सम्मानित होते हैं परन्तु वे पूरी तरह अनैतिक होते हैं और अपनी इच्छाओं की शान्ति के लिये गन्दी औरतों के पीछे रहते हैं। यद्यपि इस योग से अनेक स्त्रियों के होने का संकेत माना जाता है, वास्तविक व्यवहार में इसकी इस अर्थ में व्याख्या करनी चाहिये कि ऐसा व्यक्ति अनेक स्त्रियों के साथ सम्बन्ध रखेगा।

निम्नलिखित कुण्डली व्यक्ति की चरित्रभ्रष्टता का एक विशेष उदाहरण है।

कुण्डली संख्या ११०

जन्म तारीख ६-४-१८८६ जन्म समय लगभग ६-३० बजे संध्या (स्था० स०)

अक्षांस १७° ३०′ उत्तर, देशा० ७८°-३०′ पूर्व

राशि

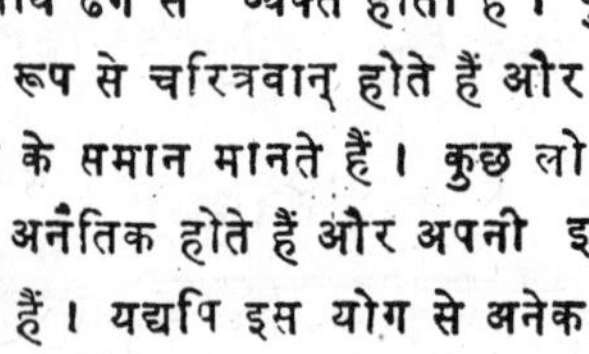

नवांश

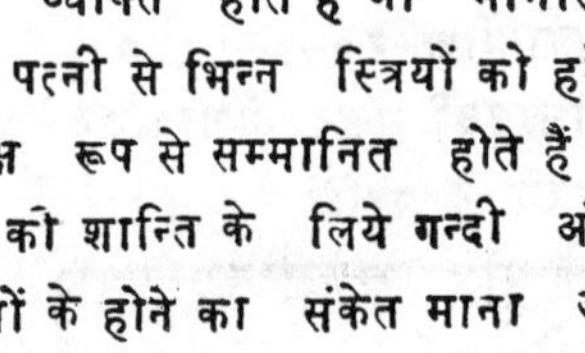

शुक्र की दशा शेष—११ वर्ष ९ महीना ६ दिन

कुण्डली संख्या ११० में सप्तमाधिपति मंगल और लग्नाधिपति शुक्र की एक दूसरे पर दृष्टि है और दोनों ही छायाग्रह राहु और केतु से युक्त हैं। सप्तमाधिपति मंगल पर शनि की भी दृष्टि है। जातक अनेक पत्नियां रखने के लिए प्रसिद्ध था।

यह कहा जाता है कि यदि नवमाधिपति ७वें भाव में हो, सप्तमाधिपति चौथे भाव में हो, और लग्नाधिपति या एकादशेश केन्द्र में हो तब भी यह योग बनता है। इनमें से कुछ योग काफी सरल होते हैं किन्तु उन्हें व्यवहार में लागू करने में जोखिम और कठिनाई होती है।

२३९ सत्कलत्र योग

परिभाषा—यदि सप्तमाधिपति या शुक्र बृहस्पति या बुध से युक्त या दृष्ट हो तो उपरोक्त योग बनता है।

फल—जातक की पत्नी उत्तम और पवित्र होगी।

अभ्युक्तियाँ—चरित्र की उत्तमता एक मूल्यवान् वस्तु होती है जो आसानी से अधिक लोगों पुरुष या स्त्री में नहीं पाई जाती है। जिस व्यक्ति की कुण्डली में उपरोक्त योग हो उसकी पत्नी नैतिक रूप से सख्त, ईश्वर से डरने वाली और अपने पति से प्यार करने वाली होगी। आधुनिक काल में संभवतः अपने पति की कुण्डली में इस प्रकार के योग पसन्द नहीं किया जायेगा। समानता की गलत भावना के अधीन हमारी जानकारी में कुछ ऐसी सम्मानित स्त्रियाँ हैं जो वेश्या से भी बदतर हैं और वे समाज में शान पाने के लिए अपने मान को बेचने के लिये सर्वदा तैयार रहती हैं।

कुण्डली संख्या १११

जन्म तारीख–२–१०–१८६९ जन्म समय–७–४५ बजे प्रातः (स्था. स.)

अक्षांस २१°३७′ उत्तर, देशा० ६९° ४९′ पूर्व

राशि

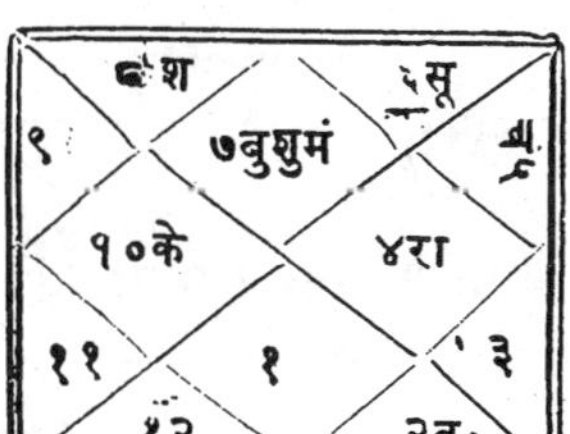

नवांश

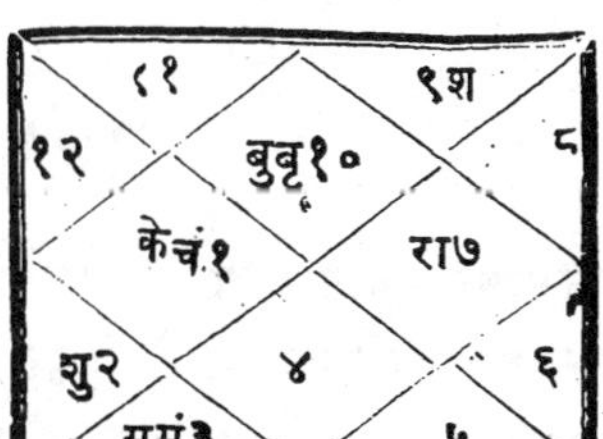

केतु की दशा शेष—६ वर्ष १० महीने २४ दिन

कुण्डली सं० १११ में सप्तमाधिपति मंगल दो शुभ ग्रहों शुक्र और बुध के साथ लग्न

भाव में स्थित है। जातक की पत्नी एक आदर्श, सती और पतिव्रता स्त्री थी जो अपने पति को देवता मानती थी।

कुण्डली सं० ११२

जन्म तारीख–१८–११–१६४३ जन्म समय–१–४३ बजे प्रातः (स्था० स०)

अक्षांस १७° २०′ उत्तर, देशा० ७८° ३०′ पूर्व

राशि

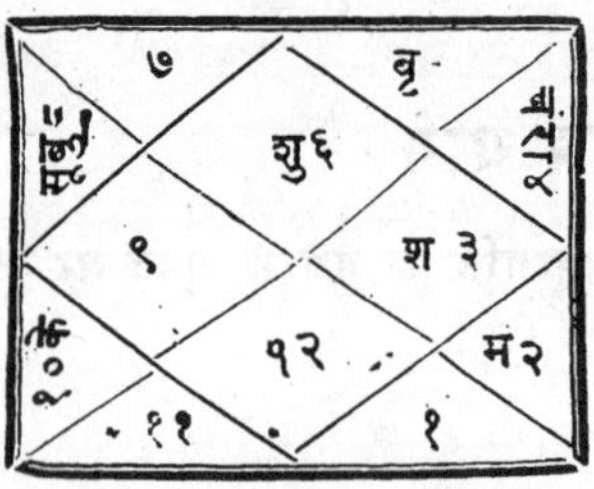

नवांश

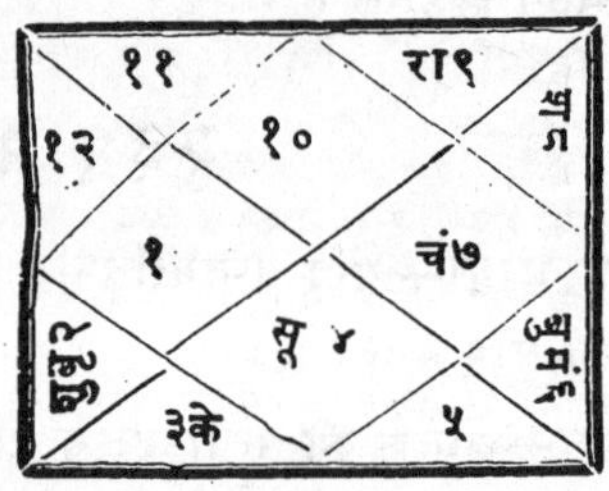

शनि की दशा शेष—८ वर्ष ९ महीने १३ दिन

कुण्डली सं० ११२ में सप्तमाधिपति बृहस्पति और कलत्र कारक शुक्र दोनों पर शुभ प्रभाव का अभाव है। जातक और उसकी पत्नी के बीच बहुत कम लगाव है जिसके फलस्वरूप तलाक हो गया।

२४०. भग चुम्बन योग

परिभाषा—यदि सप्तमाधिपति चौथे भाव में शुक्र से युक्त हो तो उपरोक्त योग बनता है।

फल—जातक भग चुम्बन में लगा रहेगा।

अभ्युक्तियाँ—यदि लग्नाधिपति राशि या नवांश में नीच का हो तब भी इसी प्रकार का योग बनता है।

२४१. भाग्य योग

परिभाषा—यदि लग्न, तीसरे और पांचवें भावों में प्रबल शुभ ग्रह हों और साथ ही नवम भाव पर दृष्टि डाल रहे हों तो उपरोक्त योग बनता है।

फल—जातक बहुत ही भाग्यशाली, आमोद प्रमोद का शौकीन और अमीर होगा।

अभ्युक्तियाँ—इस योग के लिये दो शर्तें विनिर्दिष्ट की गई हैं अर्थात लग्न, तीसरे और पांचवें भावों में प्रबल शुभ ग्रहों की स्थिति और साथ ही नवम भाव पर इनकी

दृष्टि हो। एक मात्र बृहस्पति से यह योग बन सकता है जब वह लग्न में स्थित हो या ५ वें भाव में स्थित हो क्योंकि कोई अन्य शुभ ग्रह लग्न से नवम भाव पर दृष्टि नहीं डाल सकता है। तीसरे भाव से कोई भी शुभ ग्रह यह योग बना सकता है। इस योग का वास्तव में मूल्यांकन करने से पूर्व सम्बन्धित शुभ ग्रह में स्वामित्व के स्वरूप पर भी उचित विचार कर लेना चाहिये। कर्क लग्न में बृहस्पति के स्थित होने पर प्रबल भाग्य योग बनता है क्योंकि नवमाधिपति नवम भाव पर दृष्टि डालता है और लग्न में उच्च का होकर स्थित होता है। यहीं योग मिथुन से लगभग निष्प्रभावी होता है क्योंकि बृहस्पति को केन्द्राधिपत्य दोष लगता है। प्राचीन पुस्तकों में शुभ ग्रहों के अस्थायी स्वरूप पर विचार करने का सुझाव नहीं दिया गया है परन्तु यह स्पष्ट रूप से लागू है कि सम्बन्धित शुभ ग्रह के बलाबल के आधार पर योग के बल का विचार करना चाहिये क्योंकि यह योग लग्न, तीसरे और ५ वें भावों में प्रबल शुभ ग्रह स्थित होने के आधार पर बनता है।

२४२. जन्मतः पूव पितृमरण योग

परिभाषा—यदि सूर्य ६, ८ या १२ वें भाव में स्थित हो, अष्टमाधिपति नवें भाव में हो, द्वादशेश लग्न में हो और षष्ठेश ५ वें भाव में हो तो उपरोक्त योग बनता है।

फल—जातक का जन्म पिता की मृत्यु के बाद होगा।

अभ्युक्तियाँ—पिता के मरणोपरान्त बच्चे का जन्म शायद ही होता है परन्तु ऐसा नहीं कि ऐसा होता न हो। यहां पर परिभाषित योग एक लगभग है जिसमें सूर्य और ६, ८ तथा १२ वें भाव के अधिपति को शामिल किया गया है और यह बताया गया है कि उन्हें कतिपय परस्पर स्थिति में होना चाहिये। मुझे ऐसा लगता है कि पूरे प्रभाव प्राप्त करने के लिये समस्त का कुण्डली में विद्यमान होना आवश्यक है न कि इसके एक भाग का।

कुडली संख्या ११३

जन्म तारीख २२–३–१९२९ जन्म समय ५–५० बजे संध्या (स्था० स०)

अक्षांस २०° उत्तर, देशा० ७०° ३०′ पूर्व

राशि

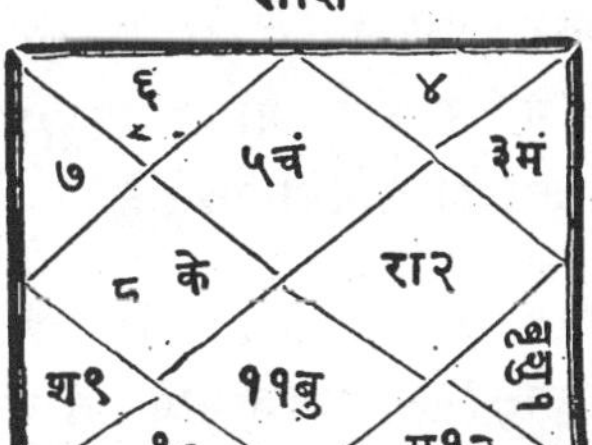

नवांश

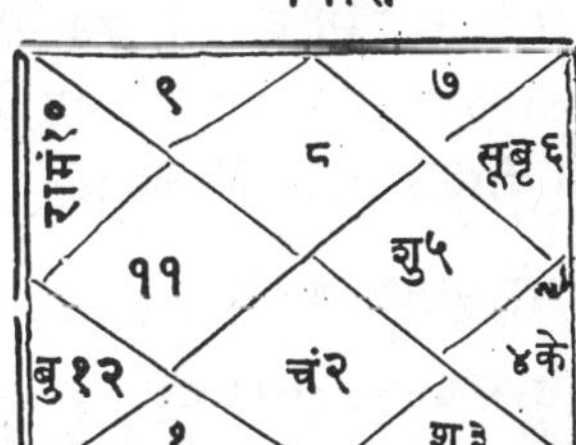

केतु की दशा शेष—४ वर्ष ७ महीने १९ दिन

कुण्डली संख्या ११३ में योग संख्या २४२ पूरी तरह विद्यमान है। सूर्य ८वें में, अष्टमाधिपति बृहस्पति ९वें में, द्वादशेश चन्द्रमा लग्न में और अन्त में षष्ठेश शनि ५वें भाव में स्थित है।

२४३. दातृत्व योग

परिभाषा—यदि नवमाधिपति उच्च का हो और शुभ ग्रह से दृष्ट हो और नवम भाव में शुभ ग्रह स्थित हो तो उपरोक्त योग बनता है।

फल—जातक उदारता का अवतार होगा।

अभ्युक्तियाँ—किसी व्यक्ति को उदार दृष्टिकोण वाला बनाने के लिये इस योग में नवमाधिपति और नवम भाव को बली होना बताया गया है। नवम भाव को धर्म और भाग्य भाव कहा जाता है और चूंकि धन और दानशीलता धर्म से जुड़े हुए हैं अतः उदारता की इच्छा रखने के लिये किसी व्यक्ति का भाग्यशाली होना आवश्यक है। पुनः यहाँ पर दानशीलता की अनेक श्रेणियाँ होती हैं, किसी प्रकार के लाभ की भावना के बिना दान देना, पूर्व प्रयोजनों के लिये काफी धन देना परन्तु स्पष्ट रूप से अपना स्वार्थ सिद्ध करने के लिये, महाभारत का कर्ण और सम्राट बाली अपने निःस्वार्थ दानशीलता के लिये विख्यात हैं। किन्तु इस प्रकार के लोग पौराणिक कथाओं में होते हैं। आज भी ऐसे लोग हैं जो अपने बलिदान के बदले कुछ पाने की आशा के बिना दूसरों की सहायता करने में प्रचुर आनन्द महसूस करते हैं। इस प्रकार की उत्तम इच्छा नवम भाव के बली होने के कारण होती हैं। नवम भाव में अशुभ ग्रह जो अन्यथा बली हो और राज योग बनाता हो, जातक के विचार उत्तम नहीं बना सकते। इसमें सन्देह नहीं कि वह पूर्व प्रयोजनों के लिये काफी दान देगा किन्तु वह यह सब स्वार्थवश करेगा ताकि उसका नाम हो सके और प्रभावी लोगों के कृपा का पात्र बन सके। गरीब लोगों को भूखा रखने के लिये स्थिति पैदा करके अपनी तिजोरी भरने के कपट कार्य में लगा व्यक्ति जो बाद में इस पाप कर्म से प्राप्त धन का महत्वपूर्ण भाग धर्मार्थ प्रयोजन के लिये देता है, उस चोर से बदतर है जो अमीरों को लूटकर गरीबों की सहायता करता है। यहाँ पर यह योग वास्तव में नेक और मानव प्रेमी लोगों पर लागू है जो पीड़ित लोगों की भलाई के लिये उदारता की भावना रखते हैं।

कुण्डली संख्या ११४

जन्म तारीख–४–६–१८८४ जन्म समय–१०–१८ बजे प्रातः (स्था० स०)

अक्षांस १२° उत्तर, देशा० ७६° ३८′ पूर्व

राशि

नवांश

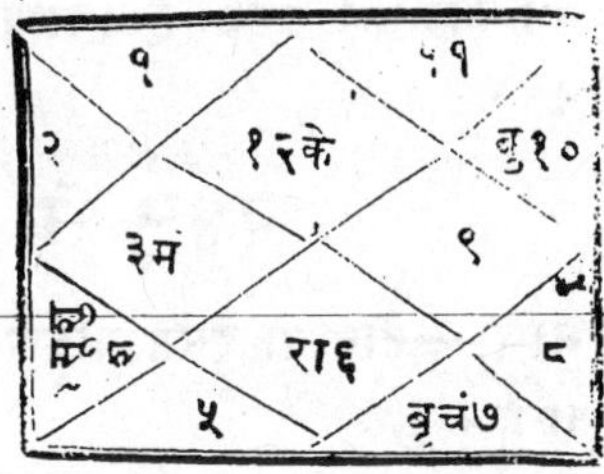

मंगल की दशा शेष—१ वर्ष ११ महीने १२ दिन

कुण्डली संख्या ११४ एक स्वर्गीय महाराजा की है। नवमाधिपति बृहस्पति लग्न में उच्च का है और अन्य शुभ ग्रह शुक्र से युक्त हैं तथा नवम भाव पर स्वयं उसके अधिपति की दृष्टि है। नवम भाव पर मंगल की भी दृष्टि है किन्तु बृहस्पति निरपवाद रूप से शुभ और बली है। जातक अपनी दानशीलता के लिये विख्यात था और वह हमेशा ही जरूरतमन्द और उचित पात्र की सहायता करता था।

निम्नलिखित स्थितियों में भी दातृत्व योग बन सकता है (क) यदि लग्न या लग्नाधिपति पर नवमाधिपति की दृष्टि हो जो केन्द्र में स्थित हो। (ख) यदि नवमाधिपति ४ या १०वें भाव में केन्द्र में स्थित हो और द्वादशेश पर बृहस्पति की दृष्टि हो। इन योगों में विभिन्न परिवर्तनों पर भी प्रयास किया जा सकता है।

२४४. अपकीर्ति योग

परिभाषा—यदि १०वें भाव में सूर्य और शनि स्थित हों जो अशुभ नवांश में हों या अशुभ ग्रहों से दृष्ट हों तो उपरोक्त योग बनता है।

फल—जातक कुख्यात होगा।

अभ्युक्तियां—प्रसिद्धि एक बुलबुला होती है और यह किसी भी समय फूट सकती है। कुछ लोग जीवन भर समाप्त न होने वाली प्रसिद्धि पाने में भाग्यशाली होते हैं जब कि कुछ लोग अचानक ही दृष्टि में आते हैं और उल्का की तरह तिरस्कृत होकर लुप्त हो जाते हैं। सुनाम प्राप्त करने के लिये सूर्य और शनि के बीच परस्पर युति विशेषकर १०वें भाव में, का होना आवश्यक नहीं है। योग संख्या २४४ के अनुसार १०वें भाव में सूर्य और शनि का होना आवश्यक है और उस पर अशुभ ग्रह की दृष्टि आवश्यक है अथवा सूर्य और शनि का अशुभ नवांश में होना आवश्यक है, इसका अर्थ यह है कि इन दोनों ग्रहों के मात्र १०वें भाव में स्थित होने से जो अन्य अशुभ ग्रह से दृष्ट न हों, अपकीर्ति योग नहीं बनता है यदि वे शुभ नवांश में हों। हमारे विचार से

१०वें भाव में सूर्य और शनि के योग पर बृहस्पति की दृष्टि निस्सदेह रूप से प्रबल प्रत्यौषध का कार्य कर सकती है तथापि वह व्यक्ति अस्थायी रूप से अपनी प्रसिद्धि खो सकता है।

२४५ से २६३ राज योग

परिभाषा—तीन या इससे अधिक ग्रह उच्च के हों और केन्द्र में स्थित हों तो यह योग बनता हैं।

फल—जातक एक विख्यात राजा बनता है।

२४६

परिभाषा—जब ग्रह नीच का हो किन्तु चमकीले किरणों के साथ या वक्री हो और उचित स्थान पर स्थित हो तो राज योग बनता है।

फल—जातक की स्थिति एक शासक के बराबर होगी और उसमें भी राजकीय लक्षण होंगे।

२४७

परिभाषा—दो, तीन या चार ग्रहों का दिगबल में होना आवश्यक है।

फल—साधारण परिवार में जन्म लेने के बावजूद शासक बनेगा।

अभ्युक्तियां—उपरोक्त तीनों राजयोगों से साधारण वातावरण में उत्पन्न होने के बावजूद जातक शासक स्थिति तक पहुंच जाने में सक्षम होता है। ज्योतिष की प्राचीन पुस्तकों में सैकड़ों और हजारों राज योगों का वर्णन किया गया है किन्तु हम यहां पर कुछ महत्त्वपूर्ण योगों पर ध्यान दिलाना चाहेंगे जिससे वास्तव में उनके कारण फल प्राप्त होते हैं। योग सं० २४५ के अनुसार तीन या तीन से अधिक ग्रहों को उच्च का या स्वक्षेत्रीय होना चाहिये और साथ ही केन्द्र में स्थित होना चाहिये। प्रत्यक्षतः यह परिभाषा पंचमहापुरुष योग के अनुरूप है। वास्तविक व्यवहार में यह पाया गया है कि ये तीन या अधिक ग्रहों को उच्च का या स्वक्षेत्रीय होकर केन्द्र में स्थित होना आवश्यक नहीं है। यदि त्रिकोण में हों तब भी वैसा ही फल देंगे।

योग संख्या २४६ अधिक साधारण है और काफी प्रयुक्त है। शर्त केवल यह है कि जो ग्रह नीच के हों वे अधिक तेज हों अर्थात् दाह में या वक्री न हों और उन भावों में स्थित हों जो दुःस्थान (६, ८, १२) न हों। मुझे भय है कि १० वें भाव में शनि जैसा ग्रह नीच का और वक्री हो तो जब कोई और उत्तम स्थिति न हो, काफी कष्ट पहुँचाते हैं और उस व्यक्ति की जीवन बृत्ति को पूरी तरह नुकसान पहुंचाते हैं। इस योग

के बनाने वालों का मत है कि नीच के ग्रह यदि शुभ नवांश में हों तो राजयोग का फल मिलता है।

योग सं० २४७ के अनुसार मात्र दो से चार ग्रह दिग्बल में हों तो कहा जाता है कि राजयोग बनेगा। यदि बुध और बृहस्पति लग्न में हों, मंगल और सूर्य दसवें भाव में हों, शनि सप्तम में और चन्द्रमा तथा शुक्र क्रमशः चौथे भाव में हो तो दिग्बल में होते हैं, पुनः यहां पर दिग्बल में स्थित होकर राजयोग बनाने वाले ग्रहों के सामान्य बल आदि पर भी विचार करना चाहिए। मेष लग्न में ७ वें और १० वें भावों में क्रमशः शनि और मंगल के स्थित होने के कारण जो राजयोग बनता है और तुला लग्न में शनि और मंगल के क्रमशः मेष और कर्क में स्थित होने के कारण जो राज योग बनता है वे दोनों बराबर नहीं हो सकते। प्रथम उदाहरण में यह योग उत्तम होता है क्योंकि ७ वें भाव में शनि और १० वें भाव में मंगल उच्च के होते हैं और वे दिग्बल में होते हैं। लग्नाधिपति होकर लग्न से १० वें भाव में उच्च का होने के कारण मंगल को बल प्राप्त होता है। दूसरे उदाहरण में शनि नीच का होता है। इसमें सन्देह नहीं कि वह दिग्बल में होते हुये योग कारक होता है। किन्तु नीच का होने के कारण योग का बल पर्याप्त रूप से प्रतिबन्धित हो जाता है जबकि मंगल दिग्बल में होते हुये निर्बल होता है क्योंकि वह दसवें भाव में नीच का होगा।

कुण्डली सं० ११५

जन्म तारीख–१३/१४–४–१९२४ जन्म समय–२–३४ बजे प्रातः (स्था.स.)

अक्षांस १३° उत्तर, देशा० ७७° ३४′ पूर्व

राशि

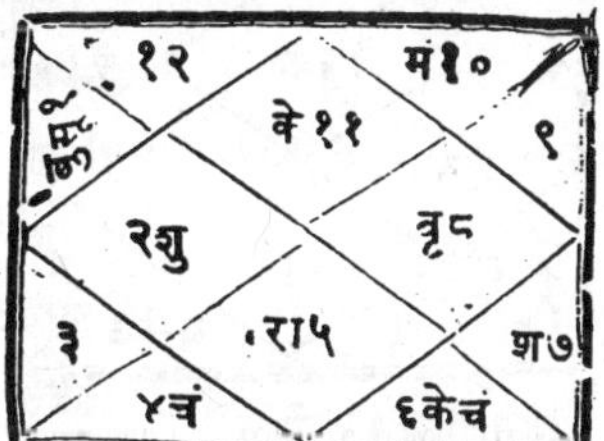

नवांश

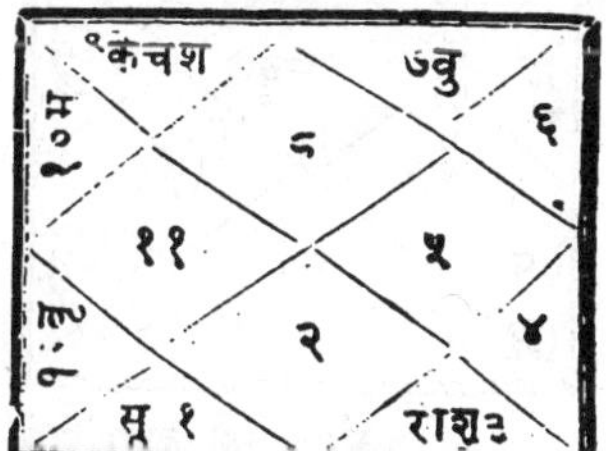

बुध की दशा शेष––१४ वर्ष ४ महीना २७ दिन

कुण्डली सं० ११५ में तीन ग्रह अर्थात शनि, मंगल और सूर्य उच्च के हैं और चन्द्र लग्न से केन्द्र में स्थित है। यह योग संख्या २४५ का एक उदाहरण है। वास्तव में इसमें कतिपय रुकावट है जो भाग्य की धाराओं के प्रवाह में बाधा है जैसे कि सूर्य और शनि के बीच परस्पर दृष्टि परिवर्तन और मंगल की राहु पर दृष्टि आदि। परन्तु राजयोग के विचार से सूर्य की दशा उत्तम रहेगी और ऐसा ही हुआ।

कुण्डली सं० ११६

जन्म तारीख–१०–१०–१८७१ जन्म समय–२–० बजे अपराह्न (स्था० स०)

अक्षांस ५१°२६' उत्तर, देशा० २°–३५' पश्चिम

राशि

नवांश

केतु की दशा शेष—१ वर्ष १ महीने २५ दिन

कुण्डली सं० ११६ में यद्यपि शुक्र १० वें भाव में नीच का है वह न केवल तेज है बल्कि वक्री भी है, जातक ने कश्मीर, मैसूर और कोचीन में दीवान के रूप में काम किया और राजकीय शान से बुढ़ापे तक जीवित रहा। इसमें सन्देह नहीं कि यह कुण्डली योग सं० २४६ का उदाहरण है बल्कि दूसरा प्रबल राजयोग भी है जिससे कुण्डली का सामान्य बल बढ़ जाता है।

कुण्डली सं० ११७

जन्म तारीख–४–६–१८८४ जन्म समय–१०–१८ बजे प्रातः (स्था. स०)

अक्षांस १२° उत्तर, देशा० ७६°–३८' पूर्व

राशि

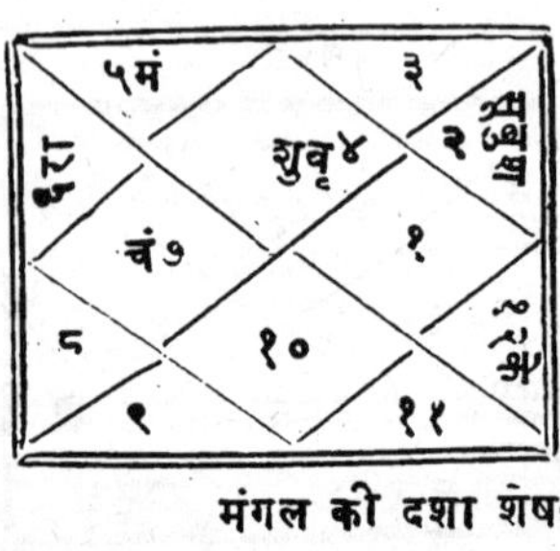

नवांश

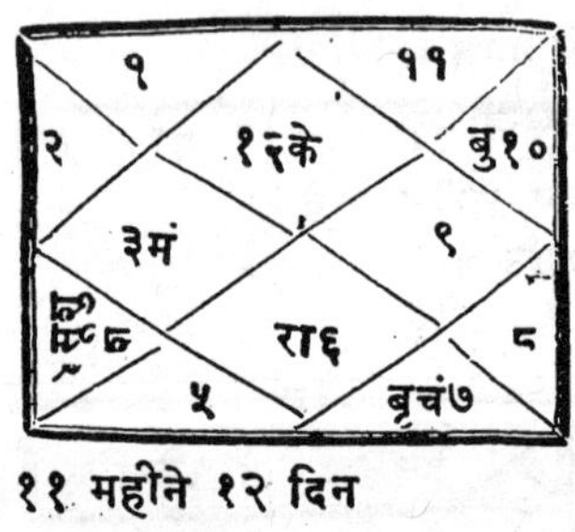

मंगल की दशा शेष—१ वर्ष ११ महीने १२ दिन

कुण्डली सं० ११७ योग सं० २४७ का एक उदाहरण है। यह एक महाराजा है। बृहस्पति और चन्द्रमा क्रमशः लग्न और चौथे भाव में दिग्बल में हैं। इससे प्रबल राजयोग बनता है। जातक एक उत्तम शासक था और अपने विशाल विचार और हृदय के कारण उसे अपनी जनता का आदर और प्यार प्राप्त हुआ।

२४८. से २५०.

परिभाषा—यदि लग्न में कुम्भ राशि हो और वहां पर शुक्र स्थित हो और चार

ग्रह उच्च के हों और बुरे नवांश या षष्ठ्यंश में न हों तो राजयोग बनता है—(२४८)

यदि चन्द्रमा लग्न में हो, बृहस्पति चौथे भाव में, शुक्र १० वें भाव में और शनि उच्च का हो या अपने ही भाव में हो तो राजयोग बनता है—(२४९)

यदि जिस राशि में कोई ग्रह नीच का होता हो उसका अधिपति या किसी राशि में कोई ग्रह उच्च का होता हो उसका अधिपति चन्द्रमा या लग्न से केन्द्र में हो तो राजयोग बनता है—(२५०)

फल—जातक शासक या शासक के समान होता है।

अभ्युक्तियाँ—राजयोगों में हमने उनको भी शामिल कर लिया है जिसे नीचभंग राजयोग कहा जाता है। साधारणतः यह कहा जाता है कि इस प्रकार के राजयोग में जातक साधारण परिवार में जन्म लेकर ऊँचा उठता है। परन्तु वास्तविक व्यवहार में यह पाया गया है कि राजयोग और नीचभंग राजयोग लगभग एक जैसा ही कार्य करते हैं। किन्तु अन्तर्ग्रस्त ग्रहों के नैसर्गिक स्वरूप और कार्य के कारण उनमें अन्तर के अनुसार फल होता है।

योग सं० २४८ बिरले पाया जाता है और इसकी प्रयुक्ति व्यापक नहीं है क्योंकि यह केवल एक ही लग्न तक सीमित होता है और चूंकि इसमें चार ग्रहों का उच्च का होना अनिवार्य है और उन्हें बुरे नवांश और षष्ठ्यंश में भी नहीं होना चाहिए अतः यह योग कार्य नहीं करता है और जातक आततायी और तानाशाह हो जाता है।

योग संख्या २४९ में यह अपेक्षा है कि चन्द्रमा, बृहस्पति और शुक्र को क्रमशः लग्न, चौथे और १० वें भाव में स्थित होना चाहिए और शनि को उच्च या स्वराशि में होंना चाहिए। यहां पर भी योग का बल संबंधित लग्न पर निर्भर करता है। इस योग में महत्वपूर्ण बात यह है कि दो प्रथम श्रेणी के शुभ ग्रहों का चौथे और १० वें भावों में प्रबल होकर स्थित होना आवश्यक है।

कुण्डली संख्या ११८

जन्म तारीख—२१—७—१८९५ जन्म समय—१२—० बजे दोपहर

अक्षांस ४०° उत्तर, देशा० ०° पूर्व

राशि

नवांश

बृहस्पति की दशा शेष—३ वर्ष ३ महीना ११ दिन

कुण्डली सं० ११८ योग सं० २४९ का एक उदाहरण है। चन्द्रमा, बृहस्पति और शुक्र क्रमशः लग्न. चौथे और १० वें भावों में स्थित हैं और शनि उच्च का है। इसमें यह योग पूर्णतः विद्यमान है।

योग सं० २५० के बारे में ज्योतिष पत्रिका में इस प्रश्न पर काफी चर्चा की गई है कि नीच ग्रह की राशि में किस ग्रह को उच्च का होना चाहिए। मूल पुस्तक में प्रयुक्त शब्द 'तदुच्चनाथ' है। कुछ विद्वानों ने इसकी व्याख्या इस प्रकार की है कि वह ग्रह नीच ग्रह की उच्च राशि का अधिपति होगा। कुछ आलोचकों द्वारा दिए गए तर्क विश्वसनीय नहीं हैं। बी. सूर्य नारायण राव जैसे लेखकों के अनुसार तदुच्चनाथ का अर्थ वह ग्रह है जो वहां पर उच्च स्थिति में होता है। न कि नीच ग्रह की उच्च राशि का अधिपति। अब भी यह एक विवादास्पद मुद्दा है। अतः हम इस पुस्तक में इस पर चर्चा करना नहीं चाहेंगे जो मुख्यतः ज्योतिष के विद्यार्थियों के लिए है। चूंकि ज्योतिष एक व्यावहारिक विज्ञान है अतः हम किसी योग की जो व्याख्या देते हैं उसे व्यावहारिक कुण्डलियों पर लागू करके सत्यापित किया जा सकता है। चूंकि ज्योतिष संबंधी अत्यधिक शब्दों को संकेत के रूप में, प्रतीक के रूप में और शिष्ट कथात्मक रूप में व्यक्त किया गया है अतः संस्कृत या व्याकरण या साहित्य के विद्वान किसी भी प्रकार से इसके उचित परिप्रेक्ष्य में विषय का मूल्यांकन करने में सक्षम नहीं हैं। इसके विपरीत इस प्रकार के शब्दों की व्याख्या की दृष्टि से व्याख्या करने पर निष्कर्ष में और अधिक कुरूपता आती है। शब्दशः और तथ्य की व्याख्या में अनुमान की गुंजाइश नहीं रह जाती जिसके फलस्वरूप मूल विचार उलझन में डाल देता है। इनमें से अधिकतर योगों को लग्न और चन्द्रमा दोनों से देखना चाहिए।

कुण्डली सं० ११९

जन्म तारीख—८–११–१८८८ जन्म समय–५–४७ वजे प्रातः (स्था० सं०)

अक्षांस १०° ४७′ उत्तर, देशा० ७९° १०′ पूर्व

राशि

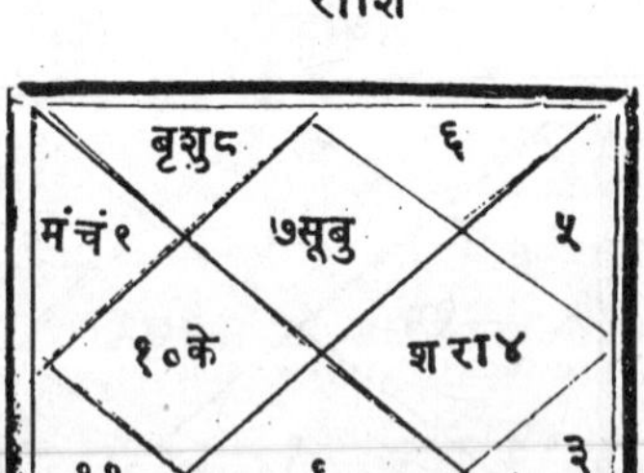

नवांश

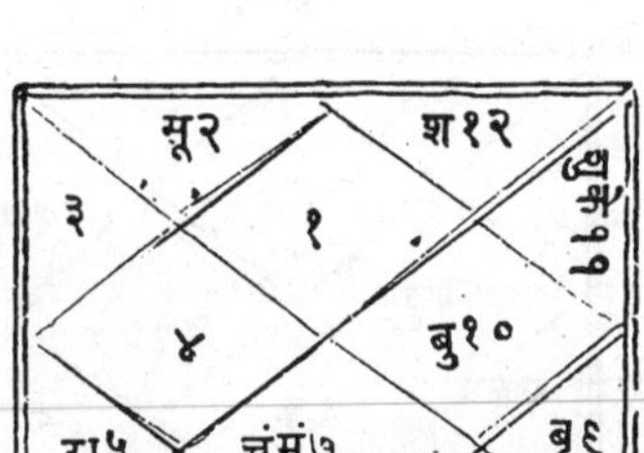

शुक्र की दशा शेष—८ वर्ष २ महीने २१ दिन

कुण्डली संख्या ११९ नीचभंग राजयोग का एक उदाहरण है। सूर्य नीच का है और सूर्य जिस राशि में स्थित है वहां पर उच्च स्थिति में होने वाला ग्रह शनि लग्न से केन्द्र में स्थित है। यह कुण्डली एक महान् वैज्ञानिक की है जिसने अन्तर्राष्ट्रीय प्रतिष्ठा प्राप्त की थी। नीचभंग राजयोग के अतिरिक्त मंगल से दृष्ट १० वें भाव में शनि और राहु की युति अति महत्त्वपूर्ण है।

२५१. से २५३.

परिभाषा—यदि चन्द्रमा लग्न के सिवाय किसी अन्य केन्द्र भाव में स्थित हो और बृहस्पति से दृष्ट हो और और अन्यथा बली हो तो राजयोग बनता है –२५१

यदि नीच राशि में स्थित ग्रह नवांश में उच्च में हो तो राजयोग बनता है—२५२

यदि लग्न में बृहस्पति और केन्द्र में बुध हो तथा वे क्रमशः नवमाधिपति और एकादशेश से दृष्ट हों तो राजयोग बनता है—२५३

फल—जातक शासक बनता है या धन, शक्ति तथा प्रभाव में शासक के समकक्ष बनता है।

अभ्युक्तियां—अन्य योगों की भांति राजयोग भी आधुनिक परिस्थितियों के अनुसार अपनाया जाना चाहिए। प्राचीन पुस्तकों में उल्लिखित अनेक राजयोग उस समय बनाये गये थे जब राजतन्त्रीय शासन था। किन्तु अब लोकतन्त्र का जमाना है और व्यावहारिक रूप से राजतन्त्र समाप्त हो चुका है। अतः राजयोग होने का अर्थ यह नहीं है कि जातक राजा बनेगा। प्रबल राज योग होने पर राजा के समान स्थिति बन सकती हैं। विभिन्न प्रकार की राजनैतिक शक्ति प्रदान करने के लिये अलग अलग प्रकार के राजयोग बनते हैं। यदि राजयोग कारक ग्रह सूर्य और चन्द्रमा से सम्बधित हों तो राजनैतिक शक्ति प्राप्त हो सकती है। यदि राजयोग कारक ग्रह मंगल से संबन्धित हों तो जातक तानाशाह या कमान्डर इन चीफ बन सकता है। यह बताने के लिए कि किसी विशेष राजयोग का क्या फल होगा, काफी अध्ययन और जांच की आवश्यकता होगी।

योग संख्या २५१ में चन्द्रमा का लग्न के सिवाय किसी अन्य केन्द्र भाव में प्रबल होकर स्थित होना अनिवार्य है और उस पर बृहस्पति की दृष्टि होनी चाहिये।

कुण्डली संख्या १२०

जन्म तारीख–८–८–१९१२ जन्म समय–७–२३ बजे संध्या (स्था० स०)

अक्षांस १३° उत्तर, देशा० ७७° ३५′ पूर्व

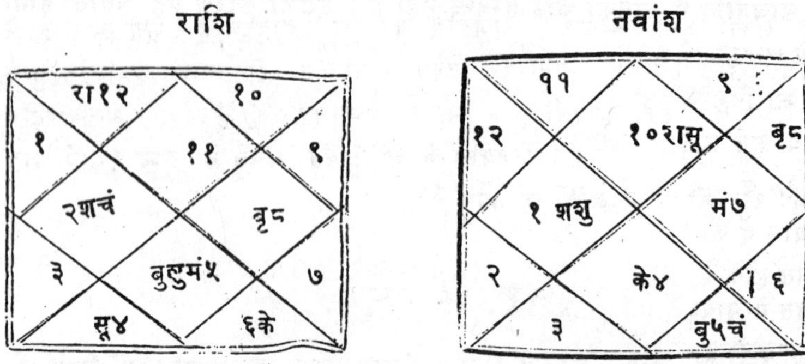

मंगल की दशा शेष—६ वर्ष ० महीने १० दिन

कुण्डली सं० १२० में चन्द्रमा लग्न के सिवाय अन्य भाव में केन्द्र में है और उसपर बृहस्पति की दृष्टि है। चूंकि चन्द्रमा उच्च का है अतः यह कहा जा सकता है कि वह बली है। अतः राजयोग स्पष्ट रूप से विद्यमान है और परस्पर केन्द्र के कारण चन्द्रमा और बृहस्पति और बली हैं तथा गजकेसरी योग बनता है। तथापि इस राजयोग से राजनैतिक शक्ति का कोई सम्बन्ध नहीं है क्योंकि दसवें भाव और दसमाधिपति का राजनैतिक ग्रह सूर्य से कोई सम्बन्ध नहीं है। इसमें सन्देह नहीं कि दसमाधिपात होकर मंगल की दृष्टि दसम भाव पर है किन्तु प्रधान ग्रह बृहस्पति है। इस योग को बनाने वाले ग्रहों के बल के आधार पर राजनैतिक शक्ति के अतिरिक्त अन्य सभी राजयोग के फल प्राप्त होंगे।

कुण्डली संख्या १२१

जन्म तारीख–८–११––१९०३ जन्म समय–२–३८ बजे अपराह्न (स्था० स०)
अक्षांस १७° ३०′ उत्तर, देशान्तर ७३° ३०′ पूर्व

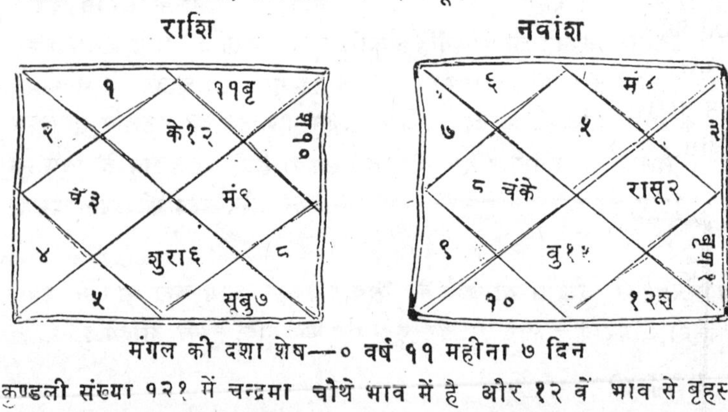

मंगल की दशा शेष—० वर्ष ११ महीना ७ दिन

कुण्डली संख्या १२१ में चन्द्रमा चौथे भाव में है और १२ वें भाव से बृहस्पति से दृष्ट है। इसमें योग २५१ विद्यमान है। चन्द्रमा पर १० वें भाव से मंगल की दृष्टि है। जातक को राजनैतिक शक्ति प्राप्त होनी चाहिये। परन्तु वास्तव में वह एक व्यापारी

है और राजनीति से उसका कोई सम्बन्ध नहीं है। इसका कारण यह प्रतीत होता है कि उसे चन्द्रमा और मंगल की दशा नहीं मिली। बृहस्पति की दशा में उसके व्यापारिक जीवन का निर्माण हुआ। अतः हम यह अनुमान लगा सकते हैं कि यदि एक योगकारक मंगल या सूर्य से सम्बन्ध रखता हो तभी राजयोग से राजनैतिक शक्ति प्राप्त हो सकती है जो १० वें भाव का अधिपति हो या उसमें स्थित हो। दूसरा नीचभंग राजयोग पर भी ध्यान दें जो लग्न से केन्द्र में शुक्र (सूर्य जिस राशि में नीच का है उसका अधिपति) के स्थित होने के कारण बना है। जातक काफी धनी है और अपने पिता से लाखों विरासत में पाया है।

कुण्डली संख्या १२२

जन्म तारीख–५–११–१९१५ जन्म समय–११·३० बजे प्रातः (भा० स्टै० टा०)

अक्षांस १५° उत्तर, देशान्तर ७७° पूर्व

राशि

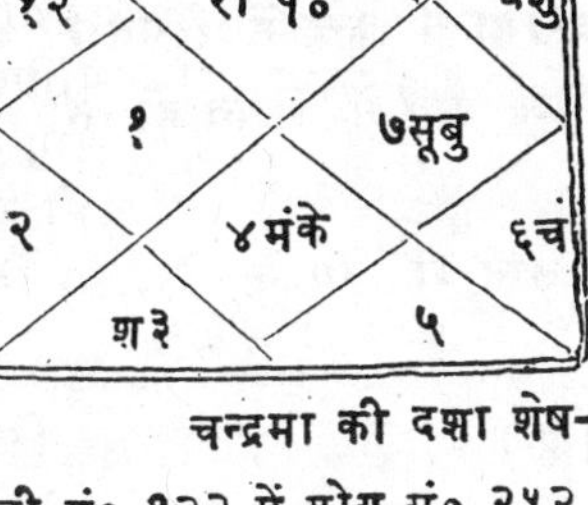

नवांश

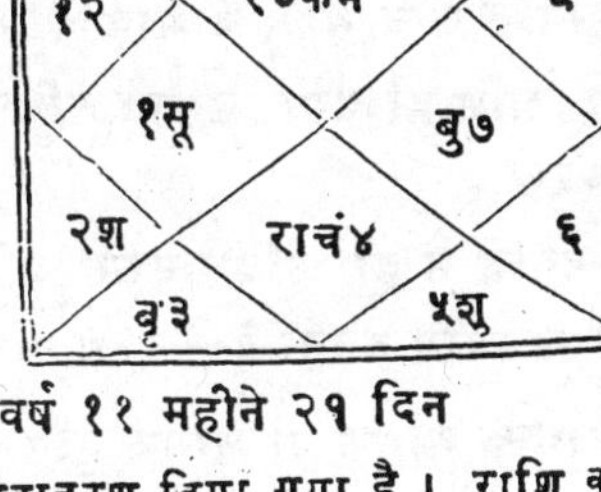

चन्द्रमा की दशा शेष—० वर्ष ११ महीने २१ दिन

कुण्डली सं० १२२ में योग सं० २५२ का उदाहरण दिया गया है। राशि कुण्डली में नीच सभी ग्रह नवांश में उच्च में हैं।

कुण्डली संख्या १२३

जन्म तारीख-२२–५–१९२१ जन्म समय–२·०५ बजे संध्या (भा.स्टे.टा.)

अक्षांस १८° ५२′ उत्तर, देशा० ७२° ३५′ पूर्व

राशि

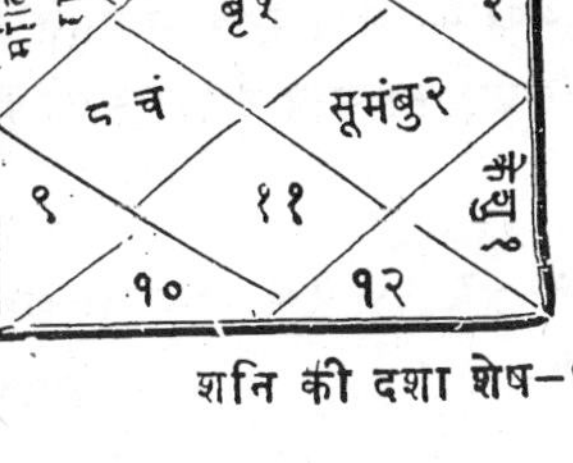

नवांश

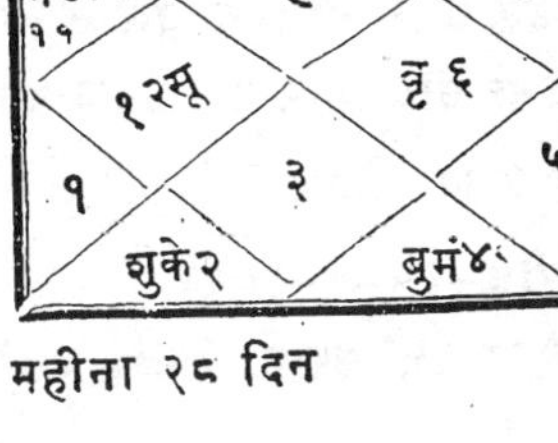

शनि की दशा शेष–१ वर्ष ९ महीना २८ दिन

कुण्डली सं १२३ में योग २५३ की सभी आवश्यकताएँ पूरी हो रही हैं सिवाय एक अर्थात् बुध पर एकादशेश की दृष्टि है। चूंकि स्वयं मंगल एकादशाधिपति है अतः यह मान लिया जा सकता है कि इसमें योग विद्यमान है। वृहस्पति लग्न में और बुध १०वें भाव में स्थित है। अन्य केन्द्र भाव और बृहस्पति पर मंगल की दृष्टि है। लग्नाधिपति और योग कारक मंगल की युक्ति और एकादशेश बुध पर ध्यान दें—ये सभी लग्न से केन्द्र भाव में स्थित हैं।

२५४. से २५८.

परिभाषा—यदि शनि उच्च का या मूल त्रिकोण का होकर केन्द्र या त्रिकोण भाव में स्थित हो और दशमाधिपति से दृष्ट हो तो राजयोग बनता है—२५४

यदि चन्द्रमा दूसरे या तीसरे भाव में मंगल से युक्त हो और राहु ५ वें भाव में स्थित हो तो राजयोग बनता है—२५५

यदि दशमाधिपति उच्च का हो या ९ वें भाव म मित्र नवांश में हो और उत्तमांश में हो तो राजयोग बनता है—२५६

यदि वृहस्पति लग्न से ५ वें भाव में और चन्द्रमा से केन्द्र में स्थित हो और लग्न भाव में अचर राशि हो तथा उसका अधिपति केन्द्र भाव में स्थित हो तो राजयोग बन ा है—२५७

चन्द्रमा नवांश में हो यदि उसका अधिपति लग्न ा बुध से केन्द्र या त्रिकोण में सि त हो तो राजयोग बनना है—२५८

फल—जातक शासक या शासक तुल्य बनता है।

अभ्युक्तियाँ—शनि की उच्च राशि तुला और मूल त्रिकोण राशि कुम्भ है। योग संख्या २५४ के लिये यह अनिवार्य है कि शनि उच्च या मूल त्रिकोण में हो और लग्न से केन्द्र या त्रिकोण में स्थित हो। दूसरे शब्दों में यह योग कन्या, धनु और मकर के अतिरिक्त सभी राशियों में बन सकता है क्योंकि तुला या कुम्भ से ये राशि केन्द्र में नहीं आ सकती हैं। अतः कुम्भ या तुला का शनि यदि दशमाधिपति से दृष्ट हो तो योग सं० २५४ बन सकता है बशर्ते कि लग्न भाव में कन्या, धनु या मकर राशि न हो।

सिद्धान्त में राजयोग की विद्यमानता का कोई परिणाम नहीं होता जब उनका फल देने के लिए उनमें नैसर्गिक बल न हो। विद्यार्थियों को चाहिये कि वे पहले राजयोग का पता लगाना सीखें और तब उनके बल और क्षीणता का माप करना सीखें।

कुण्डली संख्या १२४

जन्म तारीख—१५-५-१८९५ जन्म समय—९-१७ बजे संध्या (स्था० स०)
अक्षांस २२° २५′ उत्तर, देशा० ८७° २१′ पूर्व

राशि

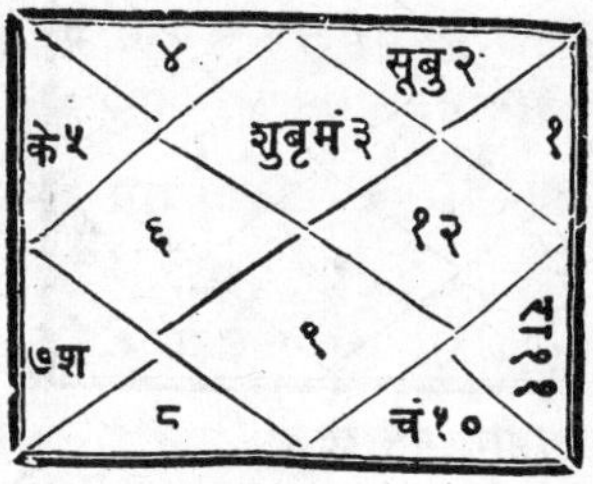

नवांश

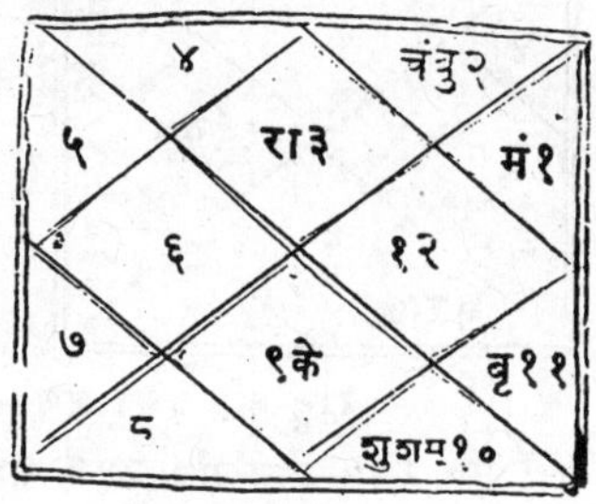

चन्द्रमा की दशा शेष—५ वर्ष ९ महीना ० दिन

कुण्डली सं० १२४ योग सं० २५४ का एक उदाहरण है। शनि न केवल उच्च का होकर केन्द्र में स्थित है बल्कि लग्न से दशमाधिपति बृहस्पति से दृष्ट भी है। जातक एक बहुत बड़ा जमीन्दार था।

यदि दूसरे और तीसरे भाव में चन्द्र मंगल योग हो और राहु ५ वें भाव में स्थित हो तब भी राजयोग बनता है (२५५)। पांचवें भाव में राहु का स्थित होना बच्चों के लिए उत्तम नहीं होता है। जब मंगल दूसरे भाव में हो और राहु ५ वें भाव में हो तो राहु पर मंगल की दृष्टि होती है। इस प्रकार ५वें भाव पर बुरा प्रभाव होता है। संभवतः ऊपर दिया गया राजयोग इस सामान्य सिद्धान्त का अपवाद है कि ५ वें भाव पर राहु और मंगल के प्रभाव से बच्चों के भाव पर बुरा प्रभाव होगा। लगभग एक दर्जन कुण्डलियों (जिनमें यह योग था) में हमने जांच की। ऐसा देखा गया कि राजयोग साधारण था क्योंकि सम्बन्धित व्यक्ति साधारण स्थिति के थे और धन, अधिकार या बुद्धि के लिये विख्यात नहीं थे। हमें उन पाठकों का धन्यवाद करना चाहिये जिन्होंने योग सं० २५५ से सम्बन्धित कुण्डली हमें भेजी।

योग सं० २५७ में व्याख्या की कम आवश्यकता है। पहला दशमाधिपति को नवम भाव में होना चाहिये, दूसरा नवम भाव में स्थित नवांश उच्च या मित्र राशि का होना चाहिये और तीसरा यह कि दशमाधिपति उत्तमांश में हो। यदि कोई ग्रह तीन बार स्वर्गीय हो तो कहा जाता है कि वह उत्तमांश है।

कुण्डली संख्या १२५

जन्म तारीख–२७–३–१९०२ जन्म समय–१०'१५ बजे प्रातः (स्था. स.)

अक्षांस २१°४३' उत्तर, देशा० ७७° ३५' पूर्व

राशि

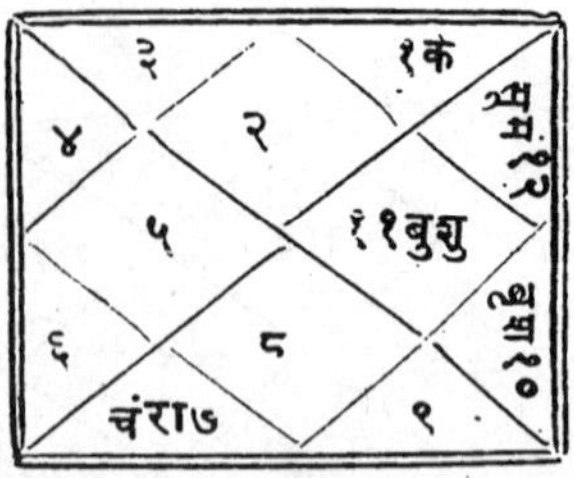

नवांश

राहु की दशा शेष—० वर्ष ९ महीने २२ दिन

कुण्डली सं० १२५ योग सं० २५६ का एक उदाहरण है। दशमाधिपति शनि नवम भाव में स्थित है और अपने ही नवांश में है (उच्च या मित्र राशि की बजाय) और शनि तीन बार स्वर्गीय होने के कारण उत्तमांश में है।

योग सं० २५७ के लिये आवश्यक तीन तथ्यों में से दो निश्चित हैं क्योंकि बृहस्पति और लग्नाधिपति को स्थिर राशि में होना चाहिये। केवल चन्द्रमा की स्थिति परिवर्तनशील होती है। लग्न में स्थिर राशि का होना आवश्यक है, बृहस्पति को लग्न से पांचवें भाव में होना चाहिये। और बृहस्पति से केन्द्र में चन्द्रमा का होना आवश्यक है। लग्नाधिपति का १० वें भाव में होना आवश्यक है। जब बृहस्पति चन्द्रमा से केन्द्र में हो तो स्पष्टतः गज केसरी योग बनता है। चन्द्रमा लग्न से २, ११ या ८ में हो सकता है, पहली दो स्थिति उत्तम होती हैं क्योंकि वे धन और लाभ भाव होते हैं। (यदि चन्द्रमा स्वामित्व के कारण कलंकित न हो) जबकि तीसरी स्थिति अच्छी नहीं होती है। चूंकि इस योग में गजकेसरी और लग्न पर बृहस्पति की दृष्टि को हिसाब में लिया जाता है अतः इसमें पर्याप्त बल हो सकता है यदि लग्नाधिपति और बृहस्पति दोनों ही प्रबल हों। इस योग में अनेक प्रकार से परिवर्तन पाया जाता है क्योंकि यह योग चार राशियों के सम्बन्ध में बन सकता है और चन्द्रमा की स्थिति परिवर्तनशील होती है।

कुण्डली संख्या १२६

जन्म तारीख—६-६-१९१३ जन्म समय—११-५९ बजे प्रातः (जी. एम. टी)
अक्षांस ५१° उत्तर, देशा० १′ पूर्व

राशि

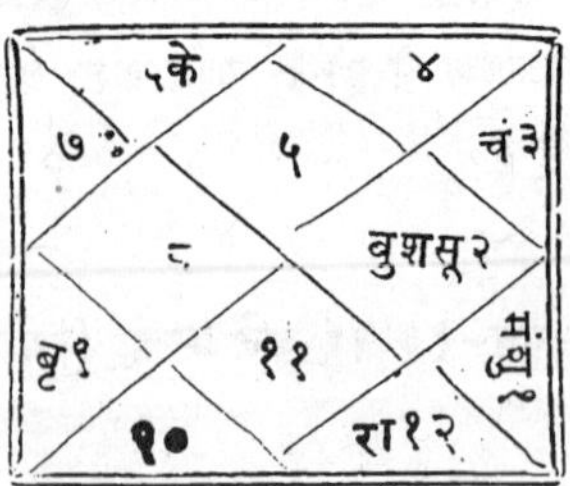

नवांश

राहु की दशा शेष—६ वर्ष २ महीना २४ दिन

कुण्डली सं० १२६ में योग सं० २५७ विद्यमान है। लग्न से पांचवें भाव में बृहस्पति और बृहस्पति से केन्द्र में चन्द्रमा स्थित है। लग्न में स्थिर राशि है और लग्नाधिपति १० वें भाव में स्थित है।

योग सं० २५८ में निम्नलिखित शर्तें पूरी होनी चाहिये। चन्द्रमा जिस नवांश में हो उसके अधिपति को लग्न या बुध से केन्द्र में स्थित होना चाहिये। यह प्रबल राजयोग नहीं होता, एक साधारण योग होता है।

कुण्डली संख्या १२७

जन्म तारीख १०-५-१९१६ जन्म समय सूर्योदय के बाद ३९-१५ घ०

अक्षांस १३° ३०' उत्तर, देशा० ७७°-३५' पूर्व

राशि

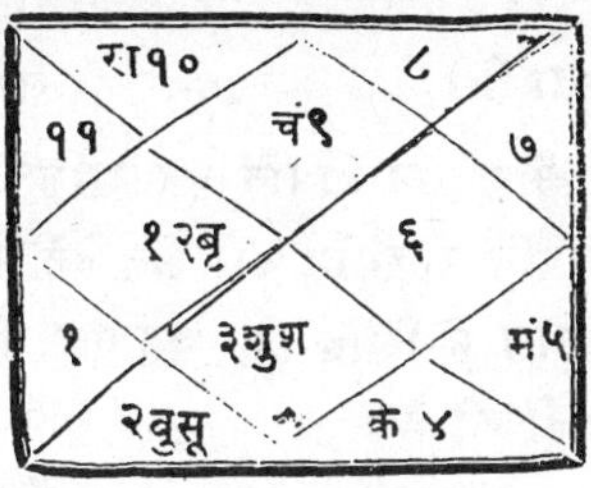

नवांश

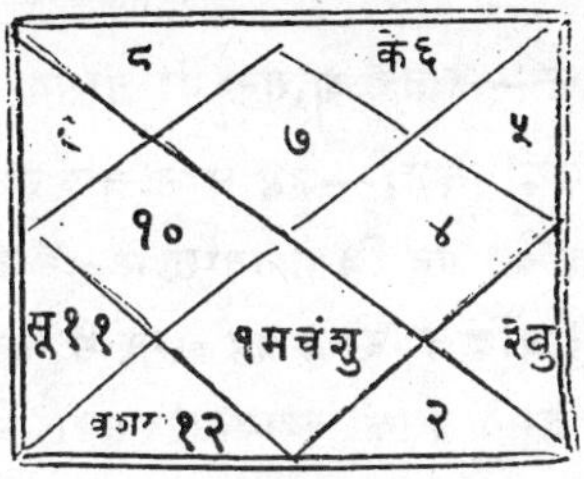

केतु की दशा शेष—५ वर्ष ४ महीना ० दिन

कुडली सं० १२७ में चन्द्रमा मेष नवांश में है। नवांश का अधिपति मंगल बुध से केन्द्र में और लग्न से त्रिकोण में स्थित है। इस प्रकार यह योग पूर्णतः विद्यमान है। फिर भी जातक न तो राजा था और न ही बड़े व्यक्तित्व वाला था। इस पर अनेक बुरे प्रभाव हैं जो राजयोग के विपरीत है।

२५९

परिभाषा—बृष लग्न में यदि चन्द्रमा लग्न भाव में स्थित हो और शनि, सूर्य तथा बृहस्पति क्रमशः १०, ४ और ७ वें भावों में स्थित हों तो राजयोग बनता है।

फल—जातक कमान्डर या शासक तुल्य बनता है।

अभ्युक्तियाँ—यह योग केवल बृषभ लग्न वालों पर लागू होता है। इस योग में चार महत्त्वपूर्ण ग्रहों के बल को हिसाब में लिया जाता है अर्थात् उच्च का चन्द्रमा, बृष लग्न के लिये योग कारक शनि अपनी राशि में १० वें भाव में हो, चौथे भाव का

अधिपति सूर्य अपने भाव में हो और अति शुभ ग्रह बृहस्पति मित्र राशि में ७ वें में हो तो इससे गज केशरी योग बनता है। इसमें मंगल को शामिल नहीं किया गया है फिर भी इस योग से जातक कमान्डर बन सकता है। यह योग प्रसिद्ध पुस्तक शम्भू होरा प्रकाश से लिया गया है। यह मानना संभव होगा कि इस प्रकार के योग में एक लोकतान्त्रिक आततायी पैदा होगा।

२६०. और २६१.

परिभाषा—नीच ग्रह जिस नवांश में हो उसका अधिपति यदि केन्द्र में हो या त्रिकोण में हो और वह चर राशि हो और लग्न का अधिपति भी चर राशि में हो तो राजयोग बनता है।—२६०

यदि लग्नाधिपति नीच ग्रह से युक्त हो और राहु तथा शनि ११ वें भाव में नवमाधिपति से दृष्ट हो तो राजयोग बनता है।—२६१

फल—जातक शासक या शासक तुल्य बनता है।

अभ्युक्तियाँ—जब लग्न चर राशि में हो और लग्नाधिपति चर राशि में स्थित हो तो नीच का ग्रह जिस नवांश में हो उसका अधिपति राजयोग का फल देने में सक्षम हो जाता है यदि उपरोक्त ग्रह लग्न से केन्द्र या त्रिकोण में स्थित हो, यह एक लगभग योग है और हमने इसकी व्यावहारिकता की जांच नहीं की है।

कुण्डली संख्या १२८

जन्म तारीख—२१-६-१८६६ जन्म समय—३-३३ बजे संध्या

अक्षांस ५१° २४′ उत्तर, देशा० ०° १५″ पूर्व

राशि

नवांश

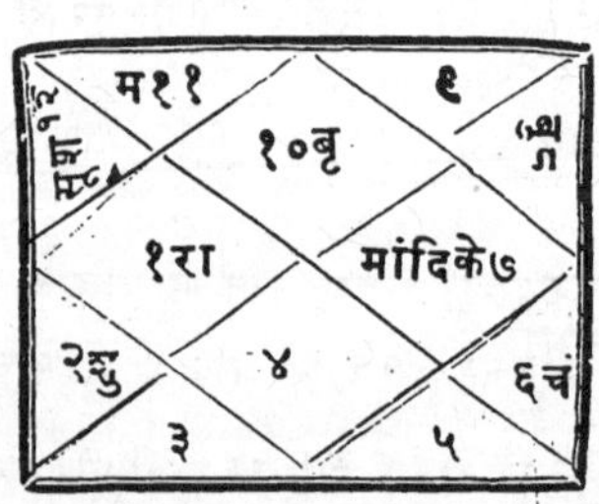

मंगल की दशा शेष—९ वर्ष १ महीने ३ दिन

कुण्डली सं० १२८ का जातक साहित्य का राजकुमार था और काफी सम्मानित और धनी था। लग्न मकर एक चर राशि है और लग्नाधिपति शनि दूसरी चर राशि

तुला में स्थित है। बृहस्पति नीच का है और बृहस्पति जिस नवांश में है उसका अधिपति शनि पूरी तरह राजयोग बना रहा है। उपरोक्त कुण्डली योग सं० २६० का उदाहरण है।

योग सं० २६१ के सम्बन्ध में दो प्रथम श्रेणी के अशुभ ग्रह राहु और शनि के १० वें भाव में स्थित होने और लग्नाधिपति की नीच ग्रह के साथ युक्ति के कारण राजयोग बनने के तर्क का मूल्यांकन करने में हम अक्षम हैं। संभवत: नवमाधिपति से दृष्ट राहु और शनि का दोहरा बुरा प्रभाव और लग्नाधिपति की नीच ग्रह के साथ स्थिति परस्पर रद्द हो जाती है। जिन विद्वानों ने इस राजयोग का परीक्षण किया है उनके मत से हमें खुशी होती है। इस योग वाली कुछ कुण्डलियों में जिन्हें मैंने देखा है, ऐसा लगता है कि नीच के ग्रह में राजयोग की शक्ति विद्यमान है जबकि लग्नाधिपति और १० वें भाव में स्थित दो ग्रह इस सीमा तक कमजोर हो जाते हैं कि वे राजयोग का फल दे ही नहीं सकते।

कुण्डली संख्या १२९

जन्म तारीख–१७–११–१९४४ जन्म समय–३–१७ बजे प्रात: (क्षेत्रीय स्टैं.टा०)

अक्षांस ३३° उत्तर, देशान्तर ४९° १५′ पूर्व

राशि

नवांश

शनि की दशा शेष—१ वर्ष १९ महीना १५ दिन

कुण्डली सं० १२९ में राहु और शनि १० वें भाव में हैं और लग्नाधिपति बुध नीच ग्रह के साथ है। अत: योग सं० २६१, २६२, २६३ पूरी तरह विद्यमान है।

२६२–२६३

परिभाषा—२, ९ और ११ वें भावों के अधिपतियों में से कम से कम एक को चन्द्रमा से केन्द्र में स्थित होना चाहिये और बृहस्पति २, ५ या ११ वें भाव का अधिपति हो तो राजयोग बनता है।—२६२

बृहस्पति, बुध, शुक्र या चन्द्रमा को नवम भाव में स्थित होना चाहिए और उसे दाह में नहीं होना चाहिए तथा मित्र ग्रहों से दृष्ट या युक्त होना चाहिए।—२६३

फल—जातक महान् व्यक्ति या सम्मानित शासक बनता है।

अभ्युक्तियाँ—उपरोक्त दो योगों में से राजयोग का अध्याय पूरा हो जाता है। योग सं० २६२ के लिए एकादशेश या नवमेश या द्वितीयेश को चन्द्रमा से केन्द्र में स्थित होना चाहिये और बृहस्पति का २, ५ या ११ वें भाव का अधिपति होना अनिवार्य हैं। यह तभी संभव है यदि लग्न में कुम्भ, सिंह, वृष या वृश्चिक राशि हो। इसका यह अर्थ है कि यह योग शेष आठ राशियों में लागू नहीं होगा।

कुण्डली सं० १३०

जन्म तारीख–३०–७–१८६३ जन्म समय–२–०९ बजे संध्या

अक्षांस ४२° ५′ उत्तर, देशा० ८३° ५′ पूर्व

राशि

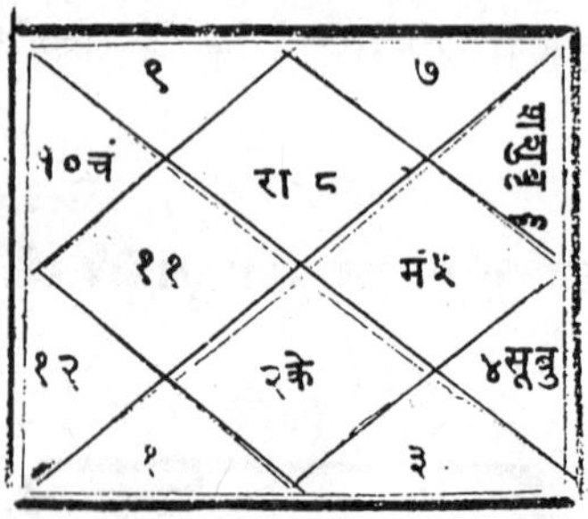

नवांश

चन्द्रमा की दशा शेष–२ वर्ष १ महीने ६ दिन

कुण्डली सं० १३० में एकादशेश बुध चन्द्रमा से केन्द्र में स्थित है और बृहस्पति २ और ५ वें भावों का अधिपति है। अतः यह योग सं० २६२ का एक उदाहरण है।

योग सं० २६३ सरल है और न इसकी व्याख्या की आवश्यकता है। बृहस्पति, शुक्र, बुध या चन्द्रमा को नवम भाव में स्थित होना चाहिये और मित्र ग्रहों से दृष्ट या युक्त होना चाहिये और उसे दाह में नहीं होना चाहिये। यहां पर भी योग के सही स्वरूप और बल का निर्धारण अनिवार्य है।

अरिष्ट योग

सौभाग्य या प्रसन्नता के साधनों की अपेक्षा दुर्भाग्य या कष्ट अधिक महत्त्वपूर्ण है। सर्वोत्तम जेनरल वही होता है जो युद्ध में सावधानी बरते और युद्ध आरम्भ करे। यदि उसके प्रयासों में सफलता मिलती है तो उसे कोई कठिनाई नहीं होगी और सारे काम सुचारु रूप से होते रहते हैं। किन्तु उसपर दुर्भाग्य का काबू होता है तो उसे अपनी सेना की सुरक्षा की व्यवस्था करनी चाहिए और विनाश की गुंजाइश नहीं छोड़नी चाहिये। इसी प्रकार जब सुन्दर भाग्य का समय हो तो वातावरण के साथ समझौता

करने और उसके फल का आनन्द उठाने में उसे कठिनाई नहीं होनी चाहिए परन्तु अचानक ही उसे हानि हो जाती है तो वह न केवल उलझन में पड़ जाता है बल्कि वह समझ नहीं पाता कि उसे इनका मुकबला किस प्रकार करना चाहिए। दुर्भाग्य या अरिष्ट एक आश्चर्यजनक स्वरूप होता है और यद्यपि इनमें साम्य होता है, सभी व्यक्तियों के बीच दुःख और कष्ट की मात्रा एक जैसी नहीं होती। इस दुर्भाग्य का व्यक्तियों पर तीन प्रकार से प्रभाव होता है जिनमें से दो शारीरिक और मानसिक रूप में देखे जा सकते हैं और तीसरे का सम्बन्ध आत्मा से होता है। जिसे केवल अनुभव किया जा सकता है, खुले आंख से देखा नहीं जा सकता है। किसी कुण्डली में साधारणतः अरिष्ट छठे भाव से देखा जाता है परन्तु इस पुस्तक में दिए गये अरिष्ट योगों का प्रभाव लगभग सभी भावों पर पड़ता है। अरिष्ट योगों की व्याख्या करते समय उन योगों पर विधिवत् विचार करना चाहिए जो प्रत्यौषध के रूप में या उन तथ्यों को कम करने में योगदान देते हैं।

२६४. गलकर्ण योग

परिभाषा—यदि तीसरे भाव में मान्दि और राहु हो या मंगल हो और प्रेतपुरिया षष्ठयंश में हो तो उपरोक्त योग बनता है।

फल—जातक कान के रोग से पीड़ित होता है।

अभ्युक्तियाँ—कुछ ज्योतिष सम्बन्धी शोध निबन्धों के अनुसार तीसरे भाव में अशुभ ग्रहों के स्थित होने पर भी यह योग बनता है। किन्तु वास्तविक व्यवहार में इस सिद्धान्त की पुष्टि नहीं होती है। यदि क्रूर षष्ठयंश में राहु तीसरे भाव में स्थित हो तो निश्चित रूप से कान में कष्ट का संकेत मिलता है।

षष्ठयंश के विवरण के लिए मेरी पुस्तक हिन्दू ज्योतिष देखें।

२६५. व्रण योग

परिभाषा—यदि षष्ठेश अशुभ ग्रह होकर लग्न, अष्टम या दशम भाव में स्थित हो तो यह योग बनता है।

फल—जातक कैन्सर जैसे भयानक रोग से पीड़ित होता है।

अभ्युक्तियां—इस योग की शब्दशः प्रयुक्ति नहीं की जाती है। प्रथमतः षष्ठेश का अशुभ ग्रह होना अनिवार्य है। यह तभी संभव है यदि लग्न में मकर, सिंह, कन्या, वृश्चिक या मीन राशि हो। मुझे ऐसा लगता हैं कि वृश्चिक लग्न को छोड़ देना चाहिये क्योंकि षष्ठेश लग्नाधिपति भी होता है। और दूसरी यह कि उसे अष्टम;

दशम या लग्न भाव में स्थित होना चाहिये । यदि षष्ठेश लग्न भाव में स्थित हो तो इससे कुण्डली का बल कम हो जाता है भले ही वह शुभ या अशुभ कोई ग्रह हो । संभवतः अशुभ षष्टेश कुण्डलीं का बल कम करने के अतिरिक्त शारीरिक कष्ट का कारण भी बनेगा ।

रोग के स्थान का निर्धारण उसमें शामिल ग्रहों पर विचार करके करना चाहिये । यदि विचाराधीन ग्रह सूर्य है तो जातक सिर के कैन्सर से पीड़ित होता है, यदि चन्द्रमा हो तो चेहरे का कैन्सर, यदि मंगल हो तो गले का, यदि बुध हो पेट के निचले भाग का, यदि बृहस्पति हो तो नाक का, यदि शुक्र हो तो आंखों का और यदि शनि हो तो पैरों का कैन्सर होता है । राहु और केतु के कारण पेट का कैन्सर होता है । यदि विचाराधीन अशुभ ग्रह पर शुभ ग्रह की दृष्टि हो तो कष्ट कम हो जाता है । विभिन्न ग्रहों के रोग स्थान का बटवारा अपूर्ण प्रतीत होता है क्योंकि अनेक अङ्गों को छोड़ दिया गया है ।

कैन्सर एक साधारण नाम है जो सभी प्रकार के हानिकर टयूमर के लिए प्रयोग किया जाता है । कैन्सर शरीर के महत्त्वपूर्ण अङ्गों को क्षतिग्रस्त कर देता है । आधुनिक चिकित्सा विज्ञान अभी इस रोग के निदान का पता लगा रहा है । यह कहा जा सकता है कि आधुनिक सभ्यता के लिये यह एक दुर्भाग्य है कि देश में अत्यधिक संगठित और बनावटी समाज में कैन्सर का प्रकोप ज्यादा है ।

कुण्डली संख्या १३१

जन्म तारीख–१४–७–१८९७ जन्म समय–४–० बजे संध्या (स्था० सं२)

अक्षांस ४१° १५′ उत्तर, देशा० ०° पूर्व

राशि

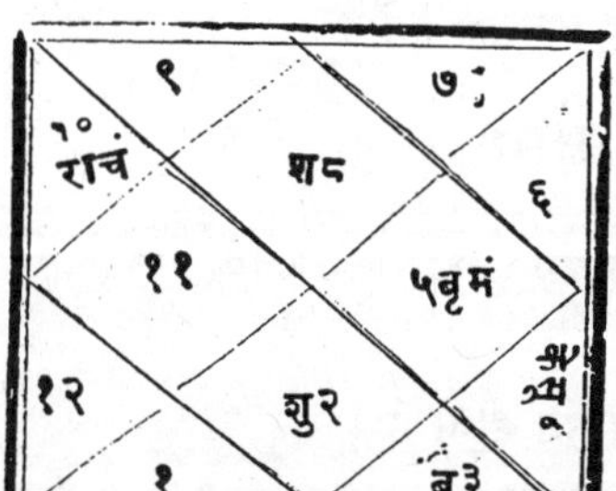

नवांश

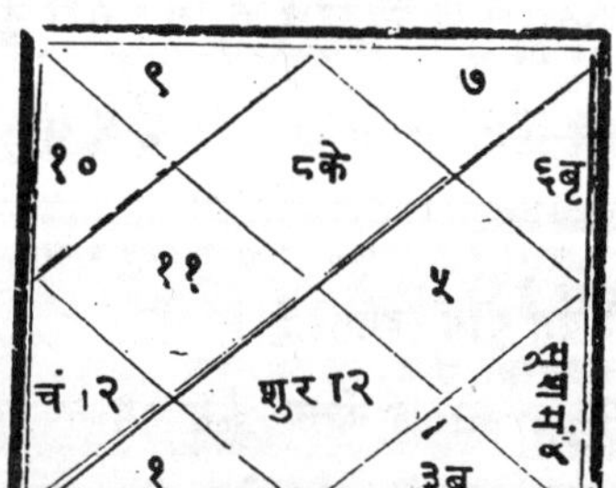

सूर्य की दशा शेष—१ वर्ष १ महीना ४ दिन

कुण्डली संख्या १३१ में षष्ठेश मंगल एक अशुभ ग्रह हैं । वह १० वें भाव में अन्य अशुभ ग्रह की राशि में स्थित है और समान रूप से प्रबल अशुभ ग्रह शनि से दृष्ट है ।

इन अशुभ प्रभावों के प्रति मंगल और बृहस्पति की युक्ति का कोई महत्त्व नहीं है, जातक मलाशय के कैन्सर से पीड़ित थी। वह काफी समय तक मेरुदण्ड के निचले भाग में तथा पेट में दर्द से पीड़ित रही। मलाशय का कारक मंगल होता है। इस विषय पर मानक पुस्तकों से विभिन्न ग्रहों द्वारा विभिन्न अङ्गों के स्वामित्व के बारे में निम्नलिखित विवरण एकत्र किया गया है।

सूर्य—प्लीहा, हृदय
चन्द्रमा—भोजन नलिका, आहार नली
मंगल—जननेन्द्रिय, बायां प्रमष्तिष्क गोलार्ध, रक्त में लाल रंग, मलाशय
बुध–तन्त्रिका, दायाँ प्रमस्तिष्क गोलार्ध, प्रमस्तिष्क प्रणाली, श्वास नली, कान, जीभ
बृहस्पति—अधि इन्द्रिय, कलेजा
शुक्र—गला, गुर्दा, गर्भाशय, अण्डाशय
शनि—दांत, चमड़ा, वेगस तन्त्रिका
राहु—पीयूषकाय
केतु—पीनियल ग्लेंड

यह बटवारा हमारे अपने निष्कर्षों पर आधारित है। अतः अन्तिम नहीं हैं। तथापि चिकित्सा ज्योतिष में अनुसन्धान की पर्याप्त गुञ्जाइश है और आशा है कि विद्यार्थी अधिकाधिक कुण्डलियों का अध्ययन करने के बाद महत्त्वपूर्ण सामग्री एकत्र करने में सक्षम होंगे।

२६६. शिश्न व्याधि योग

परिभाषा—यदि षष्ठेश और अष्टमाधिपति से युक्त होकर बुध लग्न भाव में स्थित हों तो उपरोक्त योग बनता है।

फल—जातक असाध्य लैंगिक रोग से पीड़ित रहेगा।

अभ्युक्तियां—शिश्न का अर्थ लिंग होता है। योग संख्या २६६ में मात्र यह कहा गया है कि इसमें दी गई ग्रह स्थिति में जातक लैंगिक रोग से पीड़ित रहेगा। लिङ्ग सम्बन्धी रोग अनेक प्रकार के होते हैं। हाइड्रोमिल, ईपिसिडिडाइमाइटिस्, आरचिटिस, फिमोनिस, जेनिटल फिस्टुला, गनोरिया, अंडाशय का टयूमर, डाइसमेनोरिया आदि रोग लिंग से सम्बन्धित होते हैं जबकि लैंगिक विकार और अधिकता के कारण मुख्यतः अनेक प्रकार के रोग होते हैं। ज्योतिष की प्राचीन पुस्तकों में इस प्रकार के सामाजिक रोग की भविष्यवाणी के लिये कोई संकेत नहीं मिलता है। इसका कारण संभवतः यही हो सकता है कि प्राचीन काल में इस प्रकार के रोग नहीं थे।

राशि

चन्द्रमा की दशा शेष—४ वर्ष १० महीना २ दिन

कुण्डली सं० १३२ में षष्ठेश शुक्र, सूर्य और बुध युक्त होकर लग्न भाव में स्थित है। यहाँ पर शुक्र लग्नाधिपति भी है। लग्न भाव में बुध और अष्टमाधिपति बृहस्पति युक्त हैं। परिणामस्वरूप इससे शिश्न व्याधि योग विद्यमान हैं। बृहस्पति की दशा के दौरान जातक लैंगिक रोग से पीड़ित था।

योग सं० २६६ में उचित परिवर्तन किया जा सकता है ताकि विभिन्न प्रकार के लैंगिक रोगों को शामिल किया जा सके।

यदि उपरोक्त योग में शनि विद्यमान हो और उसपर कोई शुभ दृष्टि न हो तो लिंग सम्बन्धी रोग का उपचार आपरेशन द्वारा होगा।

२६७. कलत्रषण्ढ योग

परिभाषा—यदि सप्तमाधिपति और षष्ठाधिपति युक्त हों तो उपरोक्त योग बनता है।

फल—जातक की पत्नी मन्दकामी होगी।

अभ्युक्तियाँ—लिंग के अविकसित होने या अधिक समय तक अत्यधिक संभोग करने के कारण या कतिपय मनोवैज्ञानिक कमियों के कारण संभोग की क्रिया में अक्षमता का नाम नपुंसकता है। स्त्रियों के मामले में नपुंसकता का अर्थ अपने पति को संतुष्ट करने में अक्षम होना है। जब पत्नी काम वासना के दायित्व को पूरा करने में सक्षम नहीं होती है तो पति को स्वयं को दुर्भाग्य शाली मानना चाहिए। पत्नी को मन्दकामी बनाने के लिए सप्तमाधिपति का शुक्र के साथ छठें भाव में स्थित होना अनिवार्य है। चूंकि अधिकतर कुण्डलियों में हमने इस योग का परीक्षण नहीं किया है अतः हम इसकी व्यावहारिक ग्राह्यता को प्रमाणित करने में अक्षम हैं। पाठक इस योग का परीक्षण स्वयं करें और यह देखें कि व्यावहारिक क्षेत्र में इसमें कितनी सत्यता है।

२६८ और २६९ कुष्ठरोग योग

परिभाषा—यदि लग्नाधिपति ४ या १२ वें भाव में मंगल और बुध के साथ स्थित हो तो कुष्ठ रोग योग बनता है—२६८

यदि शनि और चन्द्रमा से युक्त होकर बृहस्पति छठें भाव में स्थित हो तो कुष्ठ रोग योग बनता है—२६९

फल—जातक कुष्ठ रोग से पीड़ित होता है।

अभ्युक्तियां—यद्यपि यह कहा जाता है कि कुष्ठ का भयानक रोग अस्वस्थ और गन्दी आदतों के कारण होता है, साधारणतः यह पता लगता है कि किसी व्यक्ति के पूर्व जन्म में नैतिक नीचता के कारण होता है। सभी प्रकार के डाक्टरी इलाज के बावजूद कुष्ठ रोग पर नियन्त्रण नहीं पाया जा सकता है। किन्तु कतिपय अवधि के दौरान ऐसा लगता है कि कुछ ठीक हो गया। योग सं० २६८ के अनुसार लग्नाधिपति, मंगल और बुध को चौथे या १२ वें भाव में होना चाहिए। यहां पर भी लग्न की प्रकृति और कुण्डली के बल पर सावधानी पूर्वक विचार करना चाहिये। योग सं० २६९ में छठे भाव में बृहस्पति, शनि और चन्द्रमा का स्थित होना आवश्यक है। इन योगों को लागू करने में छठे भाव में स्थित ग्रहों पर उचित विचार करना आवश्यक होता है। जब शनि, बुध और लग्नाधिपति एक साथ हों और राहु तथा शनि छठें भाव में हों तो जातक को गहरा कुष्ठ रोग होता है। लोमश ने यहां तक कहा है कि यदि छठे भाव में बृहस्पति और चन्द्रमा स्थित हों तो १९ और २२ वर्ष की आयु में कुष्ठ रोग होता है। अधिकतर कुण्डलियों पर इसे लागू करके इसकी सत्यता का परीक्षण करना चाहिये। मेरा अनुसंधान विभाग विभिन्न प्रकार के रोगों से पीड़ित अनेक लोगों की कुण्डली एकत्र करने में लगा है और मुझे आशा है कि शीघ्र ही हम इन परीक्षणों के परिणाम पाठकों तक पहुँचाने में सफल हो जाएंगे। मैं अव्यवसायी ज्योतिषियों को सावधान करना चाहूँगा कि जब तक वे पर्याप्त अनुभव प्राप्त न कर लें तब तक उन्हें रोग के स्वरूप के बारे में निष्कर्ष नहीं देना चाहिए।

२७०. क्षयरोग योग

परिभाषा—यदि राहु छठे भाव में हो, लग्न से केन्द्र में मान्दि हो और लग्नाधिपति अष्टम में हो तो यह योग बनता है।

फल—जातक क्षयरोग से पीड़ित होता है।

अभ्युक्तियां—योग संख्या २७० समझने में बहुत आसान है और इसकी व्याख्या

की आवश्यकता नहीं है। तथापि साधारण रोग विशेष कर क्षय रोग के ज्योतिष से सम्बन्ध पर हम कुछ टिप्पणी देना चाहेंगे।

यक्ष्मा रोग प्राचीन काल से संभवतः मानव के अस्तित्व के साथ से चला आ रहा है। ऐसा लगता है कि इस रोग के बारे में हिन्दू काफी कुछ जानते हैं और आज भी ऐसा माना जाता है कि व्यक्ति द्वारा पूर्व जन्म में किए गये पापों के कारण ही यह भी एक अभ्यागमन है। कुछ लोग यह कह सकते हैं कि यह एक विवादास्पद प्रश्न है। फिर भी यह विश्वास था परन्तु अन्य रोगों के साथ साथ यह भी नियमों के उल्लंघन का एक फल होता है जिसमें सन्देह की गुजाइश कम है। हाल के वर्षों में आरम्भिक चरणों में इस रोग पर नियन्त्रण पाने के डाक्टरों के प्रयासों के बावजूद क्षय रोग के कारण मृत्यु दर में बृद्धि हुई है। चिकित्सा के सिद्धान्तों में कुछ मूल गलतियां हो सकती हैं क्योंकि इस भयानक रोग से काफी लोग मरते हैं। इस रोग के बास्तविक कारण जानने के वावजूद ऐसा लगता है कि डाक्टर इससे बिल्कुल अनभिज्ञ हैं। किया गया उपचार और अपनाए गये उपाय रोगी को ठीक करने के लिये होते हैं न कि रोग की रोकथाम के लिये। इस रोग पर काबू पाने में आधुनिक औषधियां असफल रही हैं। अतः यह उचित होगा कि इस रोग के ग्रह सम्बन्धी कारणों का पता लगाया जाए। ज्योतिष सम्बन्धी पुस्तकों में अनेक योग पाए जाते हैं परन्तु इस प्रकार के योगों को यों ही और अन्धकार में नहीं बनाया जाता है। चिकित्सा ज्योतिष पर अभी तक कोई व्यवस्थित पुस्तक प्रकाशित नहीं की गई है और रोगों से सम्बन्धित विभिन्न प्रकार के योग विभिन्न पुस्तकों में तितर वितर पड़े हैं। इन योगों को वर्गीकृत रूप में प्राप्त करने के लिये हमने चिकित्सा ज्योतिष पर विस्तार में कार्य करने का विचार बनाया है। जब यह पुस्तक प्रकाशित होगी तो रोगों के निदान पर ज्योतिष विज्ञान के समस्त क्षेत्र पर एक दृष्टिपात किया जा सकता है। इससे ग्रहों के उन प्रभावों को देखा जा सकेगा जिनके कारण विभिन्न रोग, प्रभाव, घटनाएं और जीवन में दुर्घटनाएं होती हैं।

कर्म के सिद्धान्त के अनुसार सभी प्रकार के रोग पाप या नियम तोड़ने के फलस्वरूप होते हैं। साधारणतः पीड़ित द्वारा आवश्यक रूप से नियम नहीं तोड़ा जाता बल्कि यह पूर्वजों संभवतः पीड़ित व्यक्ति के जन्म से पहले की पीढ़ी द्वारा किया जाता है। इस प्रकार क्षय रोग हमें विरासत में मिलता है–यह रोग क रूप में नहीं–बल्कि फेफड़े की कमजोरी या सामान्य कमजोरी के रूप में मिलता है जो वाद में क्षयरोग में विकसित होता है। इसका कुण्डली मे संकेत होता है जिसके आधार पर ज्योतिषी यह कह सकता है कि क्या जातक क्षय रोग से पीड़ित होगा? यदि हां तो कब होगा?

अब हम थोड़ा सा विषय से हटकर बात करेंगे और इस सम्बन्ध में चिकित्सा विज्ञान का मत बतायेंगे। चिकित्सा के सिद्धान्तों के अनुसार यह रोग ट्यूबरक्यूलर बेसिल द्वारा प्रेषित किया जाता है। क्षय रोग को फेफड़े का रोग माना जाता है। चिकित्सा व्यवसाय उस मुख्य विश्वास के लिए उत्तरदायी है जिसमें संभवतः इस तथ्य को अनदेखी कर दिया जाता है कि क्षय रोग किसी भी अङ्ग में हो सकता है।

जीवन का त्रिपाद सूर्य (अहं), चन्द्रमा (मस्तिष्क) और लग्न (शरीर) से बनता है और इनमें से किसी एक या तीनों के पीड़ित होने पर किसी न किसी प्रकार का मानसिक या शारीरिक रोग या विक्षोभ होता है।

आधुनिक विचारकों द्वारा क्षय रोग के सही कारण के रूप में बेसिली क्षय रोग द्वारा रोग की उत्पति के सिद्धान्त को स्वीकार किया गया है। क्या इस सिद्धान्त का कोई वैज्ञानिक आधार है, इस पर हम आगे विचार करेंगे।

यह कहना पर्याप्त है कि रोग के कीटाणु के सिद्धान्त में बहुत संकट है और मानव के परीक्षण, वैज्ञानिक जांच तथा साधारण तर्क में प्रमाणित नहीं हो सकता है। यदि यह सिद्धान्त सही है तो क्षय रोगी के पास रहने वाले सभी लोगों को यह रोग होना चाहिये। वास्तव में स्थिति विपरीत होती है। ज्योतिष के अनुसार यदि क्षय रोग का योग विद्यमान न हो तो उस व्यक्ति का शरीर रोग से मुक्त रहेगा भले ही वह अनेक क्षय रोगियों के बीच रहता हो।

कारक के रूप में शनि क्षय रोग से युक्त होता है। जिस कुण्डली में शनि और मंगल छठे भाव में हों और उनपर सूर्य और राहु की प्रबल दृष्टि हो उसमें इस रोग से पीड़ित होने के लक्षण दीखते हैं। लग्न यदि राहु और केतु के घेरे में हो और अन्य अशुभ ग्रह से क्षय रोग से मृत्यु का संकेत मिलता हो। यदि छठे भाव में राहु या केतु विद्यमान हों तब भी क्षय रोग का संकेत मिलता है। यदि चन्द्रमा बुरी तरह प्रभावित हो तो क्षय रोग का कारण मानसिक स्थिति होगी। यदि शुक्र राहु और मंगल से बुरी तरह पीड़ित हो तो जातक को शादी के बाद क्षय रोग होगा। इस प्रकार के मामलों में दुल्हा और दुल्हन का चयन सावधानी पूर्वक करना चाहिये। यदि षष्ठेश या अष्टमाधिपति राहु या केतु के साथ हो तब भी जातक क्षय रोग से पीड़ित हो सकता है।

जिन लोगों की क्षय रोग से मृत्यु हुई है ऐसे लोगों की अनेक कुण्डलियों की जांच करने से यह पता लगता है कि प्रभावित बुध सहित सभी अशुभ ग्रहों का इसमें योगदान होता है। यदि कन्या में शनि या राहु पीड़ित हो तो आंत का यक्ष्मा होता है विशेषकर यह लग्न भाव हो। आंत में जलन का यक्ष्मा तब होता है यदि मंगल नवांश में द्विस्वभाव राशि विशेषकर कन्या में हो। कन्या का मंगल यदि तुला में चन्द्रमा पर दृष्टि डाल रहा हो और सूर्य पर शनि की दृष्टि या युक्ति भी हो तो विकट तपेदिक का संकेत

मिलता है। यदि सूर्य और शनि परस्पर केन्द्र में हों और लग्न पर प्रभाव डाल रहे हों तो तपेदिक से मृत्यु का संकेत मिलता है। यदि लग्न में या किसी एक केन्द्र में मिथुन राशि हो और सूर्य प्रमाथित राशि में स्थित हो तो पल्मोनरी (फुफ्फुस) तपेदिक का संकेत मिलता है। फेफड़े का तपेदिक भी तब होगा यदि सूर्य द्विस्वभाव राशि में प्रभावित हो। यदि चन्द्रमा नीच का हो, सूर्य से युक्त हो और मंगल या शनि से दृष्ट हो तो पल्मोनरी (फुफ्फुस) तपेदिक होता है। विभिन्न अशुभ योगों के कारण विभिन्न प्रकार के क्षय रोग होते हैं और उनमें से सभी को यहां पर सूचीबद्ध करना संभव नहीं है। उपरोक्त योग हमारे अध्ययन और अवलोकन के कारण पाये गये हैं और अब हम प्राचीन पुस्तकों से योगों की चर्चा करेंगे।

(१) यदि राहु अष्टम में, मान्दि केन्द्र में हो और लग्नाधिपति अष्टम में हो तो २४ वर्ष की आयु में तपेदिक होगा। (२) बुध छठे भाव में मंगल के साथ हो और शुक्र तथा चन्द्रमा से दृष्ट हो। (३) मंगल और शनि छठें भाव में हों और सूर्य से दृष्ट हों (४) चन्द्रमा शनि और मंगल के घेरे में हो और सूर्य मकर में हो (५) चन्द्रमा और शनि युक्त हों और मगल से दृष्ट होकर जलीय राशि में हों।

अब हम दो विशेष कुण्डलियों पर विचार करेंगे।

कुण्डली सं० १३३

जन्म तारीख–२८–६–१८९७ जन्म समय–६–५० बजे संध्या (स्था० स०)
अक्षांस १३° उत्तर, देशान्तर ७७°३५′ पूर्व

राशि

नवांश

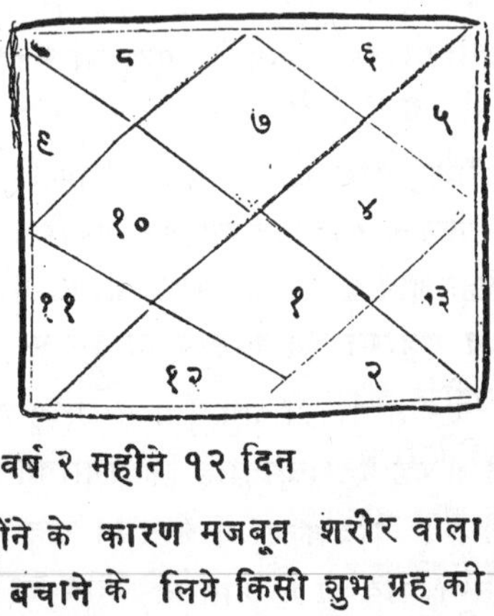

मंगल की दशा शेष–४ वर्ष २ महीने १२ दिन

कुण्डली सं० १३३ का जातक खिलाड़ी होंने के कारण मजबूत शरीर वाला था। चन्द्रमा पर शनि की प्रबल दृष्टि है और इससे बचाने के लिये किसी शुभ ग्रह की युक्ति या दृष्टि नहीं है। इससे मानसिक चिन्ता के कारण तपेदिक का संकेत मिलता है। लग्न राहु और शनि के घेरे में है और लग्नाधिपति पर्याप्त रूप से प्रभावित है। बृहस्पति

को दशा और राहु की भुक्ति में रोग हुआ और शनि की दशा में शनि की ही भुक्ति में जातक की मृत्यु हो गई। यह देखें कि शनि किस प्रकार मारक है और बृहस्पति ने किस प्रकार रोग दिया।

कुण्डली सं० १३४

जन्म तारीख–१८–१२–१८९८ जन्म समय–२–२० बजे प्रातः (स्था० स०)
अक्षांस १३° उत्तर, देशा० ७७° ३५' पूर्व

राशि

राहु की दशा शेष—० वर्ष ० महीना ८ दिन

कुण्डली सं० १३४ में पंचम भाव में चन्द्रमा पर मंगल की दृष्टि है। चन्द्रमा से छठें भाव में जलीय राशि है और वहां पर मंगल स्थित है। चन्द्रमा से अष्टमाधिपति बुध ११ वें भाव में राहु और सूर्य से युक्त है। शनि की दशा के अन्त में जातक को यह रोग हुआ और बुध की दशा में बुध की भुक्ति में ही जातक की मृत्यु हो गई।

इस घातक रोग पर सफलता पूर्वक काबू पाने के लिए यह आवश्यक है कि निपुण ज्योतिषियों द्वारा सभी व्यक्तियों की कुण्डलियों का सावधानी पूर्वक अध्ययन किया जाय। यह तभी संभव है यदि राज्य में ज्योतिष को प्रोत्साहन दिया जाय और कम से कम वही प्रस्थिति दी जाय जो चिकित्सा को प्राप्त है। विभिन्न व्यक्तियों की कुण्डलियां एकत्र करें और उनका समग्र विश्लेषण करें। जब ज्योतिष के सिद्धान्त के अनुसार कोई प्रवृति विद्यमान हो तो ज्योतिष और चिकित्सा दोनों ही उपायों का सहारा लिया जाय। चिकित्सा सम्बन्धी उपायों से शरीर के निर्माण के लिए पोषक या उपायचर्या को उद्दीप्त करेगा और शरीर की बनावट तथा गहरा, पूरा और मुक्त सांस लेने के लिये फेफड़ों के विस्तार द्वारा छाती के विकास में सहायता करेगा। जैसा कि हमने देखा है कि शनि तपेदिक का मुख्य कारण है। सूर्य के प्रकाश में नीले किरण से पर्याप्त मात्रा में विषाक्त ऊर्जा प्राप्त होती है। नीला शीशा के माध्यम से सूर्य का प्रकाश देखने पर उष्ण किरण समाप्त हो जाते हैं और नीला प्रकाश जो अधिक गर्म नहीं होता है, प्राप्त किया जा सकता है। रोगी को इन नीले किरणों से प्रभावित होना चाहिए और इससे

उन्हें काफी लाभ होगा। इस प्रभाव से शनि के किरणों की आपूर्ति पूरी की जा सकती है अथवा इससे जीवाणु या रक्त पर प्रकाश का सीधा प्रभाव हो सकता है जो ऐक्टिनिक प्रकाश में काफी क्षेत्र से होकर गुजरता है। यदि यह प्रयोग उचित ढंग से किया जाये तो शीघ्र प्रभाव देखने में आयेगा।

ज्योतिष में पहले ही यह बता दिया जाता है कि क्या किसी विशेष कुण्डली में तपेदिक का योग विद्यमान है। यदि ऐसा है तो यह रोग होने का समय और इस रोग के रोकथाम के लिए उपाय भी बता दिया जाता है।

औषध एक प्रयोग सिद्ध प्रथा है अतः यह एक विज्ञान नहीं है। इसका वर्गीकरण करने के लिए इस पर निगरानी रखना, तुलना करना, प्रभाव देखना और इसे अभिलिखित करना आवश्यक होता है। प्राचीन काल के ज्योतिषियों ने पाराशर काल से लेकर अब तक यथा संभव ऐसा ही किया है कुछ पर इस अग्रगण्य प्रकाश की ओर से उचित परिणाम प्राप्त हुआ है जैसा कि अनुभवी लेखकों के सिद्धान्तों में विहित है। तथापि यह मुहावरा है कि ज्योतिषियों और डाक्टरों में सहमति नहीं होती और वे अपनी इस असहमति में निष्ठावान हैं। अतः कुण्डली सही विज्ञान को बताने वाली होती है और जब चिकित्सक इसकी सहायता लेते हैं तो निदान और रोग के वर्गीकरण में प्रगति हो सकती है।

२७१. बन्धन योग

परिभाषा—यदि लग्नाधिपति और षष्ठेश केन्द्र या त्रिकोण में शनि, राहु या केतु से युक्त हों तो यह योग बनता है।

फल—जातक को कारावास होगा।

अभ्युक्तियाँ—इस योग में कारावास के कारण को स्पष्ट नहीं किया गया है। कारावास राजनैतिक या आपराधिक दोष के कारण हो सकता है। लग्नाधिपति और षष्ठेश को केन्द्र या त्रिकोण में शनि या राहु या केतु से युक्त होना चाहिये। यदि लग्नाधिपति शनि हो तो बुरे फल कम हो जाते हैं या पूरी तरह समाप्त हो जाते हैं। शुभ दृष्टि से बुरा फल कम हो जाता है।

२७१. करच्छेद योग

परिभाषा—यदि शनि और बृहस्पति ९ या ३ में हों तो यह योग बनता है।

फल—जातक के हाथ कट जायेंगे।

अभ्युक्तियाँ—मात्र शनि नवम भाव में और बृहस्पति तीसरे भाव होने से ही जातक का अंग सजा के कारण कट सकता है, ऐसा नहीं है। यह काफी युक्ति सगत प्रतीत होता है कि यह मान लिया जाये कि इस योग में निर्धारित फल तभी होगा यदि शनि और बृहस्पति अत्यधिक प्रभावित हों और क्रूर षष्ठ्यंश के हों। हमने अभी तक ऐसे व्यक्ति की कुण्डली नहीं देखी है जिसके हाथ कट गये हों। प्रगति और सभ्यता के इस युग में शासन द्वारा सजा के कारण अंगों को काट दिया जाना संभव नहीं है। प्राचीन पुस्तकों से लिया गया यह योग इसकी प्रधानता के लिये दिया जाता है। पाठक इसकी व्यावहारिक ग्राह्यता की जांच करें।

यह कहा जाता है कि निम्नलिखित परिस्थितियों में भी करच्छेद योग बनता है (क) यदि शनि ओर बृहस्पति १२ वें भाव में हों (ख) यदि चन्द्रमा और मंगल ७ वे या ८ वें भाव में युक्त हों, और (ग) यदि राहु, शनि और बुध १० वें भाव में युक्त हों।

२७३. सिरच्छेद योग

परिभाषा—षष्ठेश को शुक्र से युक्त होना चाहिये जब कि सूर्य या शनि को क्रूर षष्ठ्यंश में राहु को युक्त होना।

फल—जातक की मृत्यु सिर कटने के कारण होगी।

अभ्युक्तियाँ—अब विभिन्न देशों में विभिन्न अपराधों की सजा के स्वरूप के आधार पर सिर कटने वाले योग या अंग कटने वाले योग को लागू करना चाहिये। योग संख्या २७३ में फांसी द्वारा मृत्यु का संकेत मिलता है। किस प्रकार के अपराध के कारण जातक को फांसी की सजा होगी, इसका अष्टम भाव और योग बनाने वाले ग्रहों के स्वामित्व के स्वरूप के आधार पर सावधानी पूर्वक अध्ययन करना चाहिये। इस योग के कार्यान्वित होने के लिए दो शर्तें पूरी होनी चाहिये। पहली यह कि सूर्य या शनि को क्रूर पष्ठ्यंश में राहु के साथ होना चाहिये। इसका अर्थ यह है कि सूर्य-र हु अथवा शनि-राहु को एक ही षष्ठ्यंश में होना चाहिए। इस निहितार्थ का यह अर्थ है कि यदि वे युक्त हों किन्तु एक ही षष्ठ्यंश में न हों तो यह योग काम नहीं करता है। कुछ विद्वानों का यह मत है कि इस प्रकार की जटिल व्याख्या का औचित्य नहीं है। वे यह तर्क देते हैं कि युक्त ग्रह अर्थात् शनि या सूर्य को क्रूर षष्ठ्यंश में होना चाहिये न कि शनि या सूर्य या राहु को मूल श्लोक "खौ शनौ वा फणिनाथयुक्ते क्रूरादिषष्ठ्यंश-समन्विते वा" का अर्थ यह है कि सूर्य या शनि को राहु से युक्त होकर क्रूर षष्ठ्यंश में स्थित होना चाहिये।

कुण्डली संख्या १३५

जन्म तारीख–३०–४–१८९४ जन्म समय–११–०५ बजे संख्या (स्था० स०)
अक्षांस ५१° ३१′ उत्तर, देशा० ६° ३७°-पूर्व

राशि

नवांश

वृशिचक की दशा शेष—१३ वर्ष ११ महीना २१ दिन

कुण्डली सं० १३५ में षष्ठेश शुक्र है, इस योग की पहली शर्त पूरी हो रही है। शनि और केतु क्रूर षष्ठ्यंश (राक्षस) में हैं। जातक को आरोपित युद्ध अपराधों के लिये अन्तर्राष्ट्रीय अधिकरण द्वारा फांसी दी गई।

२७४. दुर्मरण योग

परिभाषा—यदि लग्नाधिपति से दृष्ट होकर चन्द्रमा ६, ८ या १२ वें भाव में शनि मांदि या राहु से युक्त हो तो यह योग बनता है।

फल—जातक की अस्वाभाविक मृत्यु होगी।

अभ्युक्तियां—जन्म कुण्डली के तीन महत्त्वपूर्ण तथ्यों में से लग्नाधिपति और चन्द्रमा दो हैं। यदि वे इस प्रकार से गम्भीर रूप से बुरे प्रभाव में होंगे जैसाकि इस योग में बताया गया है तो वे निश्चित ही बुरे फल देंगे। अस्वाभाविक मृत्यु अनेक प्रकार से हो सकती है और मृत्यु के प्रत्येक कारण के लिये विशिष्ट प्रकार के योग होने चाहिये।

आत्महत्या द्वारा मृत्यु, विष द्वारा मृत्यु, अस्त्र से मृत्यु, जंगली जानवरों या जहरीले जन्तुओं द्वारा मारे जाने के कारण मृत्यु, जल में डूबकर मृत्यु या दुर्घटनाग्रस्त होकर मृत्यु ये सभी अस्वाभाविक मृत्यु हैं। निम्नलिखित योगों को भी ध्यान में रखना चाहिये।

(क) यदि सप्तम भाव में सूर्य, शनि और राहु युक्त हों तो जहरीले जन्तुओं द्वारा मृत्यु होती है।

(ख) यदि मकर या कुम्भ राशि में मंगल हो और बृहस्पति के भाव में बुध हो तो बाघ द्वारा मृत्यु होगी।

(ग) यदि ९ वें भाव में मंगल हो और शनि, राहु और सूर्य से युक्त हो तो अस्त्र से मृत्यु होगी।

(घ) यदि चौथे भाव में नीच का या अस्त ग्रह स्थित हो और छठे भाव में जलीय राशि हो तो जल में डूबकर मृत्यु होती है।

१७५. युद्धमरण योग

परिभाषा—यदि मंगल षष्ठेश या अष्टमाधिपति होकर तृतीयेश से युक्त हो और राहु, शनि या मांदि क्रूर नवांश में हो तो यह योग बनता है।

फल—जातक की मृत्यु युद्धस्थल में होगी।

अभ्युक्तियाँ—ऋषियों ने सर्वदा यही कहा है कि स्वदेश के लिये युद्ध स्थल में मृत्यु होने पर वह व्यक्ति गौरवान्वित होता है और यह स्वर्ग का मार्ग है। यह योग केवल मेष, मिथुन, कन्या और बृश्चिक लग्न में लागू होता है क्योंकि अन्य राशियों के लग्न में होने पर मंगल षष्ठेश या अष्टमेश नहीं हो सकता है। वास्तविक व्यवहार में लगभग सभी लग्नों में उत्पन्न व्यक्तियों की मृत्यु युद्धस्थल में हुई है। अतः यह युक्ति संगत प्रतीत होता है कि इस योग की परिभाषा को मंगल के षष्ठेश या अष्टमेश होने तक सीमित नहीं रखना चाहिए। यदि षष्ठेश या अष्टमेश तीसरे भाव के अधिपति, शनि, राहु या मांदि के साथ क्रूर नवांश में स्थित हों तब भी यह कहा जा सकता है कि यहां पर योग सख्या २७५ विद्यमान है। यदि षष्ठेश या अष्टमेश शनि ग्रह हो तब भी तृतीयेश और, राहु मांदि या मंगल की युक्ति के कारण यह योग बन सकता है।

यदि द्रेष्काण में शनि जिस राशि में हो वहां का अधिपति मंगल की राशि या नवांश में हो या मंगल से दृष्ट हो तो भी यह योग बनेगा।

कुण्डली संख्या १३६

जन्म तारीख –२९–७–१८८३ जन्म समय–२·०५ बजे संध्याः (स्था० स०)

अक्षांस ४३.२६′ उत्तर, देशान्तर ११° पूर्व

राशि

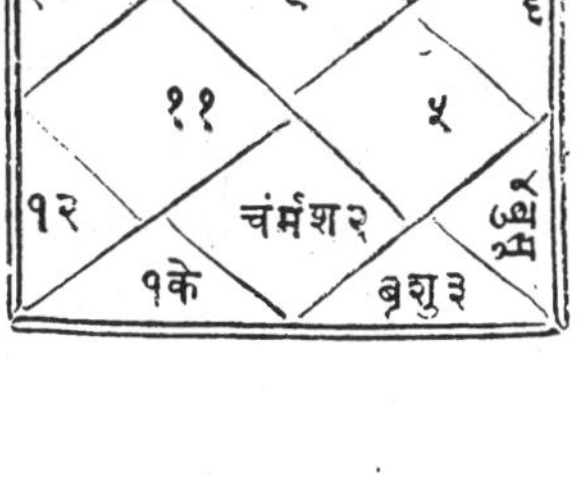

नवांश

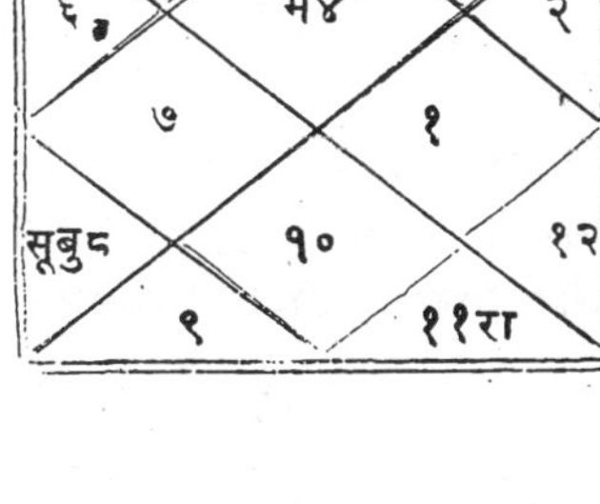

जन्म समय चन्द्रमाकी दशा शेष—३ वर्ष ७ महीने ११ दिन

कुण्डली सं० १३६ में जिस द्रेष्काण में शनि है उसका अधिपति अर्थात् बुध मंगल ग्रह के नवांश में स्थित है। यद्यपि युद्ध के दौरान मृत्यु नहीं हुई फिर भी युद्ध में उनके द्वारा किए गये कार्यों के कारण मृत्यु हुई। मंगल छठे और प्रथम भावों का अधिपति होकर तृतीयेश शनि से युक्त है। सप्तम भाव में मंगल और शनि की युक्ति पर ध्यान दें। बहुत ही कष्टप्रद स्थिति में जातक की मृत्यु हुई।

२७६. और २७७. संघटक मरण योग

परिभाषा—यदि अनेक बुरे ग्रह मंगल की राशि या नवांश में आठवें भाव में स्थित हों और बुरे उपप्रभागों में हों तो उपरोक्त योग बनता है।—२७६

यदि सूर्य राहु और शनि अष्टमाधिपति से युक्त हों और बुरे नवांश में हों तो उपरोक्त योग बनता है।—२७७

फल—अनेक लोगों के साथ जातक की मृत्यु होगी।

अभ्युक्तियाँ—संघटक मरण का अर्थ होता है एक साथ मृत्यु अर्थात भूकम्प, खानों में और फैक्ट्रियों में विस्फोट, जहाज के डूबने, हवाई दुर्घटना, गर्म और ठंडी हवा, रेल दुर्घटना और इसी प्रकार की अन्य घटनाओं में मृत्यु। जब सैकड़ों और हजारों व्यक्तियों की मृत्यु एक समय एक ही प्रकार से होती है तो यह अनुमान लगाना युक्ति संगत है कि उन सबकी कुण्डलियों में मिलते जुलते योग विद्यमान हैं। इसका किसी ने भी परीक्षण नहीं किया है कि जो लोग एक समय पर एक ही कारण से मरते हैं उनकी कुण्डलियों में एक प्रकार के योग विद्यमान थे। शोध और परीक्षण का यह एक उत्तम क्षेत्र है। दुर्भाग्य के इन सभी मामलों में अरिष्ट ग्रह विशेष कर मंगल और ८ वां भाव तथा बुरे वर्ग अन्तर्ग्रस्त होते हैं।

२७८. पीनास रोग योग

परिभाषा—यदि चन्द्रमा, शनि और एक क्रूर ग्रह क्रमशः ६, ८ और १२ वें भाव में हो और लग्नाधिपति बुरे नवांश में हो तो उपरोक्त योग बनता है।

फल—जातक नासीय अस्थि के प्रदाह से पीड़ित रहता है।

अभ्युक्तियां—पीनास रोग नाक का एक रोग है। इस रोग में नाक की नलियों में श्लेष्मा भर जाता है और कभी कभी नाक से खून और पीब निकलता है। प्राथमिक लक्षण में सिर में भारीपन, भोजन के लिये अनिच्छा, नाक से पानी बहना, आवाज में कमजोरी और निरन्तर श्लेष्मा निकलता रहता है।

नाक से सम्बन्धित ग्रह बुध होता है अतः बुध पर किसी प्रकार के बुरे प्रभाव होने पर जातक को नाक से सम्बन्धित शिकायत होती है। हमने जिन कुण्डलियों का अध्ययन किया है उनमें से अधिकतर मामलों में छठे भाव में चन्द्रमा और बुरे नवांश में लग्नाधिपति के कारण पीनास रोग होता है।

कुडली संख्या १३७

जन्म तारीख—१५–१०–१९१६ जन्म समय—१२–३६ बजे संध्या (भा० स्टै० स०)
अक्षांस १३° उत्तर, देशा० ७७° ३५′ पूर्व

राशि 		**नवांश**

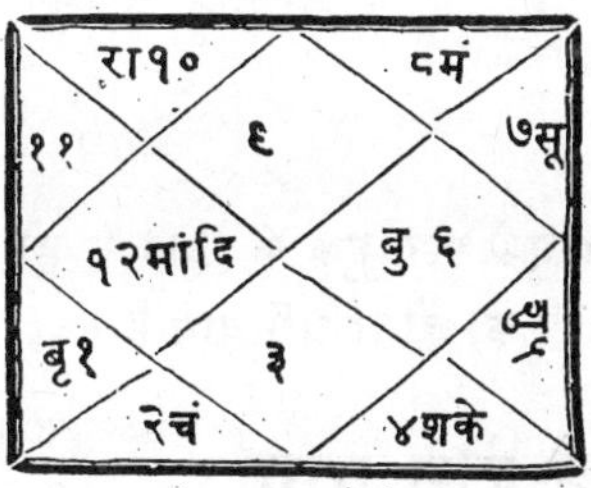

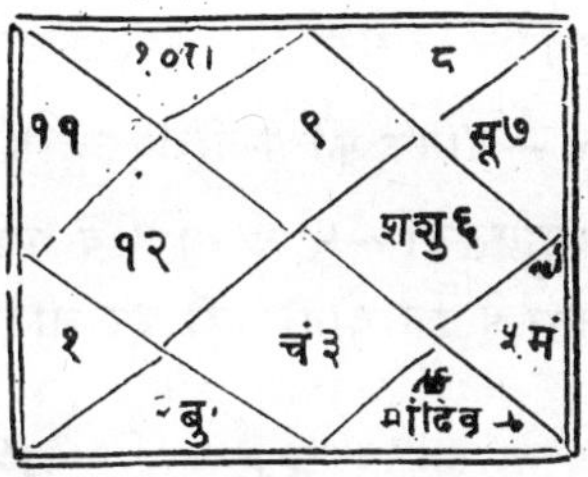

जन्म समय चन्द्रमा की दशा शेष—३ वर्ष ० महीने ९ दिन

कुण्डली सं० १३७ पीनास रोग का एक स्पष्ट उदाहरण है। चन्द्रमा छठे भाव में, शनि आठवें भाव में और अन्य क्रूर ग्रह मंगल १२ वें भाव में स्थित है। लग्नाधिपति बृहस्पति बुरे नवांश में नहीं है।

२७९. पित्तरोग योग

परिभाषा—यदि छठे भाव में सूर्य किसी क्रूर ग्रह से युक्त और अन्य क्रूर ग्रह से दृष्ट होकर स्थित हो तो उपरोक्त योग बनता है।

फल—जातक पित्त रोग से पीड़ित रहता है।

अभ्युक्तियाँ—आयुर्वेद के अनुसार शरीर के तगरत गानसिक क्रियाकलाप तीन महत्त्वपूर्ण शक्तियों या मूल तथ्यों से नियन्त्रित होते हैं जिसे त्रिदोष कहा जाता है। वे हैं बात, पित्त और कफ। यह कहा जाता है कि पित्त मेटा बोली क्रिया कलापों के लिये जिम्मेदार होता है। जब त्रिदोष उत्तेजित होते हैं या अस्त व्यस्त होते हैं तो रोग होता है। प्रत्येक दोष के अपने अपने कारण होते हैं। उदाहरण स्वरूप पित्त के कारण ताप, उत्सुकता, हल्कापन और तेलयुक्त होता है। जब पित्त में उत्तेजना होती है तो इसके प्रभाव से दाह, गर्मी, पूयन, कोच, स्रावण और चेहरे पर लालीपन होता है। जब पित्त

में वृद्धि होती है तो इनके कारण प्लीहा, नींद कम आना और भूख में वृद्धि होती है। जब पित्त का क्षय होता है तो इसके कारण उदर में शूल होता है। अतिरिक्त विवरण के लिए पाठकों को आयुर्वेद की पुस्तकें पढ़नी चाहिये। छठे भाव में सूर्य का होना अपने आप में उत्तम होता है। जब सूर्य रोग भाव में होता है और क्रूर ग्रह से युक्त तथा दृष्ट होता है। तो जातक स्वस्थ नहीं रहेगा और पित्त के उत्तेजित होने के कारण वह हमेंशा ही किसी न किसी रोग से ग्रस्त रहेगा।

२८०. विकलांग पत्नी योग

परिभाषा—यदि ७, ९ या ५ वें भाव में शुक्र और सूर्य स्थित हों यह योग बनता है।

फल—जातक की पत्नी विकलांग होगी।

अभ्युक्तियाँ—५, ७ या ९ वें भाव में मात्र सूर्य और शुक्र के होने से ही यह योग नहीं बनता है इन दोनों ग्रहों पर और बुरे प्रभावों का होना अनिवार्य है।

२८१. पुत्र कलत्र हीन योग

परिभाषा—जब क्षीण चन्द्रमा ५ वें भाव में हो और क्रूर ग्रह ७ और १२ वें भाव में हो तो यह योग बनता है।

फल—जातक अपने परिवार और बच्चों से वंचित रहेगा।

अभ्युक्तियां—इनमें से अधिकतर योगों को लागू करने में अनुभव और सामान्य ज्ञान है से पाठकों को मार्ग निर्देशन मिल सकता है। जहाँ तक इस योग का सम्बन्ध है, प्रत्येक लग्न में तीन या सभी लग्नों में ३६ प्रकार की स्थितियाँ बन सकती हैं। इन सभी स्थितियों में एक जैसे फल नहीं हो सकते और योग के प्रत्येक प्रकारों में फल में अन्तर होगा। चन्द्रमा की स्थिति स्थिर है। क्रूर ग्रह अपनी स्थिति बदल सकते हैं। इस प्रकार यदि चन्द्रमा ५ वें भाव में हो और (क) सूर्य १२ वें भाव में, मंगल सातवें भाव में, शनि लग्न में (ख) मंगल १२ वें भाव में, शनि ७ वें में और सूर्य लग्न में (ग) शनि १२ वें भाव में, मंगल लग्न में और सूर्य सातवे में। किसी लग्न के लिये ये तीन स्थितियां होती हैं।

२८२. सपत्नीक व्यभिचार योग

परिभाषा—यदि सातवें भाव में शुक्र, शनि और मंगल चन्द्रमा से युक्त हो तो यह योग बनता है।

फल—पति-पत्नी दोनों ही व्यभिचारी होंगे ।

अभ्युक्तियाँ—सातवें भाव के योग में अन्तर्ग्रस्त ग्रहों की संख्या और उनके स्वभाव पर ध्यान दें। चन्द्रमा और शनि की युक्ति से बनोबल गिरता है क्योंकि मंगल और शुक्र की युक्ति से लैंगिक इच्छा का अभाव होता है। यह देखने में आयेगा कि जो चिर व्यभिचारी या व्यभिचारिणी हैं जो अवसर की तलाश में रहते हैं वे अत्यधिक कामी (पुनः मंगल और शुक्र की युक्ति) होते हैं अथवा वे सुसंस्कृत नहीं होते (मंगल और शनि की युक्ति)।

इस पुस्तक में कम गुंजाइस होने के कारण मानव की प्रत्येक घटना के लिये हमने एक या दो योगों का वर्णन किया है किन्तु हम अपने पास उपलब्ध कुण्डलियों का सदर्भ देते रहेंगे जिनमें वास्तव में योग सं० २८२ विद्यमान नहीं है फिर भी वह पति-पत्नी दोनों के भ्रष्ट तथा व्यभिचारी होने के उदाहरण हैं। काम शास्त्रियों के मतानुसार पुरुष में नपुंसकता और स्त्री में नपुंसकता ये दो व्यभिचार के मुख्य कारण हैं। स्त्री में नपुंसकता अक्सर मानसिक अव्यवस्था के कारण होती है जिसके फलस्वरूप अधिक सहचार का निराकरण किया जाता है।

कुण्डली सं० १३८

जन्म तारीख—१०–१०–१८७१ जन्म समय—८·० बजे संध्या (स्था० स०)

अक्षांस ५१° २६′ उत्तर, देशा० २° ३५′ पश्चिम

राशि

नवांश

केतु की दशा शेष—१ वर्ष ९ महीने २५ दिन

कुण्डली सं० १३८ में सप्तमाधिपति बुध १० वें भाव में शुक्र से युक्त है और शनि से दृष्ट है। ७ वें भाव पर केतु, शनि और मंगल की दृष्टि है। शुक्र और चन्द्रमा पर शनि और मंगल दोनों के बुरे प्रभाव पर ध्यान दें। यद्यपि जातक एक सम्मानित परिवार से था, वह काम वासना के लिये बहुत भूखा था। उसने विवाह की आवश्यकता के अनुकूल अपने आप को कभी नहीं बनाया जिसके फलस्वरूप वह सम्मानित और असम्मानित हर प्रकार की स्त्रियों के पीछे रहता था और वह उन्हें सामान्य

सामाजिक सम्पर्क से अपने जाल में फांस लेता था। जैसा कि उसने स्वयं ही अपनी मृत्यु से पहले स्वीकार किया, उसकी पत्नी भी समान रूप से अधिक कामी थी और जब कभी अवसर मिलता था तो वह किसी भी पुरुष के समक्ष आत्मसमर्पण कर देती थी। पति-पत्नी के बीच एक बात पर सहमति थी अर्थात जहां तक काम वासना का सम्बन्ध है दोनों का मार्ग अलग अलग होगा। चरित्र हीनता, नशा और मानसिक अस्थिरता दोनों में एक समान थी। दुर्भाग्य वश पत्नी की कुण्डली उपलब्ध नहीं है।

२८३. वंशच्छेद योग

परिभाषा—यदि १०, ७ और चौथे भाव में क्रमशः चन्द्रमा, शुक्र और क्रूर ग्रह विद्यमान हों तो यह योग बनता है।

फल—जातक अपने परिवार को समाप्त करने वाला होगा।

अभ्युक्तियां—परिवार का नाश एक बहुत बड़ा दुर्भाग्य माना जाता है। यह योग बिरले पाया जाता है। वास्तविक अनुभव में चन्द्रमा और शुक्र ७ वें भाव में पाये जाते हैं और यदि ४ और १० में क्रूर ग्रह हों तो परिवार का नाश होगा।

२८४. गुह्य रोग योग

परिभाषा—यदि कर्क या वृश्चिक के नवांश में चन्द्रमा और बुरे ग्रह युक्त हों तो यह योग बनता है।

फल—जातक गुप्तांग के रोग से पीड़ित रहता है।

अभ्युक्तियां—गुप्तांगों के रोग में बवासीर, हार्निया, लिंग सम्बन्धी रोग शामिल होते हैं। इसके अनुसार चन्द्रमा किसी राशि में हो सकता है। किन्तु उसका कर्क और वृश्चिक के नवांश में होना आवश्यक है। अनुभव से यह देखने में आया है कि इस योग की परिभाषा इतनी सामान्य नहीं हो सकती। यदि चन्द्रमा कर्क राशि में हो और वृश्चिक नवांश में अथवा इसके विपरीत तब भी गुप्तांगों में रोग हो सकता है।

कुण्डली सं० १३६
जन्म तारीख—२६-८-१८९२ जन्म समय २-३० बजे प्रातः (स्था० स०)
अक्षांस १२° ५२′ उत्तर, देशा० ७४° ५४′ पूर्व

राशि

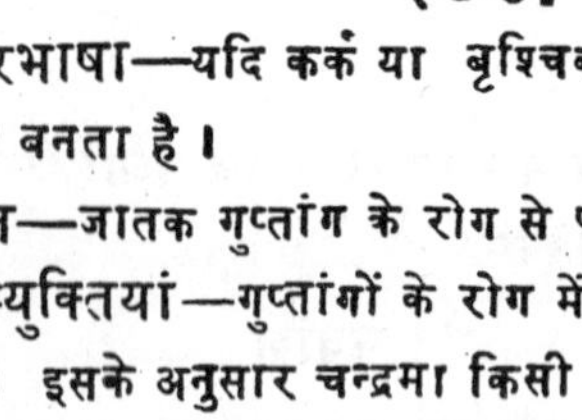

नवांश

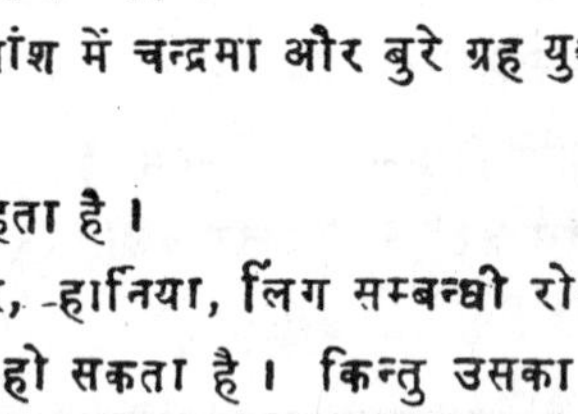

चन्द्रमा की दशा शेष—१ वर्ष ५ महीना २१ दिन

कुण्डली सं० १३९ में चन्द्रमा कर्क के नवांश में क्रूर ग्रह से युक्त है। जातक १९१४ से खूनीं बवासीर से पीड़ित था। वह डाइस्पेप्सिया और हृदय के धड़कन से भी पीड़ित था। यह आश्चर्य की बात है कि कुण्डली में यह स्पष्ट है।

२८५. अंगहीन योग

परिभाषा—सूर्य से जब चन्द्रमा १० में, मंगल ७ में और शनि २ में हो तो यह योग बनता है।

फल—जातक अंगहीन होता है।

अभ्युक्तियां—इस योग के फल की परिभाषा के लिए प्रयुक्त मूल शब्द विकलांग या अंगहीन है। इसका अर्थ यह हो सकता है कि लकवा मारने या अस्त्र से चोट लगने या जंगली जानवरों से अंग का नाश होना। चिकित्सा ज्योतिष पर मेरी पुस्तक में उचित उदाहरण के साथ लकवा तथा अन्य रोगों के सम्बन्ध में अनेक योग दिये गये हैं।

२८६. श्वेतकुष्ठ योग

परिभाषा—यदि मंगल और शनि दूसरे और १२ वें भाव में हों, चन्द्रमा लग्न में हो और सूर्य ७ वें में हो तो यह योग बनता है।

फल—जातक को श्वेत कुष्ट होता है।

अभ्युक्तियां—आयुर्वेद में अनेक प्रकार के कुष्ठ रोग का वर्णन है जो दो श्रेणियों में आते हैं अर्थात महाकुष्ठ और क्षुद्र कुष्ठ। कुण्डली यह नहीं बताती है कि जातक को रोग अवश्य होगा। इसमें मात्र संकेत मिलता है। यह कहा जाता है कि क्षुद्र कुष्ठ का निदान है। जब उपरोक्त योग में मंगल या शनि पर बृहस्पति की दृष्टि हो तो औषध या अन्य ज्योतिष सम्बन्धी उपायों से इस रोग पर नियन्त्रण पाया जा सकता है।

कुण्डली सं० १४०

जन्म तारीख–३–४–१९२० जन्म समय–५–१३ बजे संध्या (भा. स्टैं.टा.)

अक्षांस १७° उत्तर, देशान्तर ७८°१५′ पूर्व

राशि

नवांश

चन्द्रमा की दशा शेष—० वर्ष ७ महीने ११ दिन

कुण्डली सं० १४० में योग सं० २८६ पूरी तरह से विद्यमान है। लग्न से १२ वें भाव में शनि और दूसरे भाव में मंगल है तथा लग्न में चन्द्रमा और ७ वें भाव में सूर्य है।

२८७. पिशाच ग्रस्त योग

परिभाषा—जब लग्न में चन्द्रमा के साथ राहु हो और त्रिकोण में क्रूर ग्रह हों तो यह योग बनता है।

फल—जातक पर 'आत्माओं' का प्रहार होता है।

अभ्युक्तियाँ—यह योग और योग संख्या २८८ एक समान हैं सिवाय इसके कि योग सं० २८८ में चन्द्रमा का स्थान सूर्य ले लेता है। शनि और राहु के साथ चन्द्रमा की युक्ति सदा ही अवांछित होती है। इससे जातक मानसिक रूप से ठीक नहीं रहता। यह कहा जा सकता है कि मानसिक असामान्य स्थिति के कारण शैतान के आक्रमण जैसी बातें हो सकती हैं, फिर भी ये तथ्य विद्यमान पाये जायेंगे जिससे यह विज्ञान यह मानने को बाध्य हो जायेगा कि पिशाच, शैतान, आत्मा, बेताल जैसी चीजें विद्यमान हैं। पिशाच को अदेहधारी तेजस्वी जीव माना जाता है जिनमें से कुछ का, जो लोग कमजोर दिमाग के होते हैं उनके माध्यम से, कभी कभी संचार होता है। कुछ विश्वस्त लोगों द्वारा अनेक अनुभव की बातें लिखी गई हैं जिनमें मृत्यु के बाद जीवन का साक्ष्य मिलता है और पिशाच वह आत्मा है जिसका आत्मिक विकास कम होता है या जो सांसारिक सुख का भोग किये बिना मर जाते हैं। पिशाच का विषय विशाल है और पाठकों को मेरी सलाह है कि इस विषय पर मानक पुस्तकें पढ़ें विशेषकर डा० घोष द्वारा लिखित "एडवेन्चर विथ एविल स्प्रीट"। जब चन्द्रमा के साथ शनि और राहु हो या चन्द्रमा राहु के योग पर शनि की दृष्टि हो तो जातक निश्चय ही बुरी आत्मा या शैतान से पीड़ित होता है।

२८८. और २८९. अन्ध योग

परिभाषा—यदि राहु सूर्य से युक्त होकर लग्न में हो और क्रूर ग्रह त्रिकोण में हों तो अन्ध योग बनता है।—२८८

मंगल, चन्द्रमा, शनि और सूर्य क्रमशः २, ६, १२ और ८ में हों—२८९

फल—जातक जन्म से अन्धा होगा।

अभ्युक्तियाँ—ऐसा कहा जाता है कि सूर्य औरचन्द्रमा क्रमशः दायें आंख के कारक होते हैं। १२ वें भाव से बाईं आंख और दूसरे भाव से दाईं आंख के सम्बन्ध में फल देखा जाता है। योग संख्या २८८ के अनुसार राहु की युक्ति द्वारा सूर्य पर बुरा प्रभाव है और मंगल की दृष्टि के कारण १२ वें भाव पर बुरा प्रभाव है। चार क्रूर ग्रहों में से जब सूर्य और राहु लग्न भाव में होंगे तो दो बच जायेंगे अर्थात् शनि और मंगल को त्रिकोण में अर्थात् ५ और ६ में होना चाहिए। मंगल ५ या ९ में हो या नहीं, उसकी दृष्टि १२ वें भाव पर होनी चाहिये। यदि शनि ५ वें भाव में हो तो उसकी दृष्टि दूसरे भाव पर होगी, यदि वह नवें भाव में हो तो उसकी दृष्टि न तो १२ वें भाव पर होगी और न ही दूसरे भाव पर। चन्द्रमा को पूरी तरह छोड़ दिया गया है।

योग संख्या २८९ को अधिक उग्र माना जा सकता है क्योंकि आंखों को नियन्त्रित करने वाले सभी तथ्य अर्थात् सूर्य और चन्द्रमा तथा दूसरा और १२ वां भाव मंगल और शनि की दृष्टि और युक्ति के प्रभाव में हैं, जब मंगल दूसरे भाव में हो और सूर्य ८ वें में तो दूसरा भाव और सूर्य दोनों ही प्रभावित होते हैं। जब चन्द्रमा छठे भाव में हो और शनि १२ वें भाव में तो १२ वां भाव और चन्द्रमादोनों ही प्रभावित होते हैं। चूंकि दूसरा भाव अधिक पीड़ित होता है और १२ वां भाव कम पीड़ित रहता है क्योंकि दूसरे भाव में मंगल होता है और उस पर शनि की दृष्टि होती है अत: इस योग में उत्पन्न व्यक्ति या तो जन्म से अन्धा होगा अथवा अपनी दाईं आंख खो देगा।

वास्तविक व्यवहार में हम देखते हैं कि जब १२ वां भाव और दूसरा भाव तथा सूर्य और चन्द्रमा उग्र ग्रहों से युक्त या दृष्ट होते हैं अथवा जब वे बुरे षड्वर्ग में होते हैं तो जातक की आंख में या तो दोष होगा, एक आंख नहीं होगी या दृष्टि जाती रहेगी जो प्रभाव की गहनता पर निर्भर करेगा।

कुण्डली संख्या १४१ में निम्नलिखित बुरे योग पर ध्यान दें, दूसरे भाव पर शनि की दृष्टि है। चन्द्रमा और १२ वां भाव दोनों शनि से युक्त हैं और मंगल से दृष्ट हैं। जातक पूरी तरह अन्धी है। दृष्टि हीनता के साथ पेशाब के आने में कठिनाई है तथा खूनी बवासीर है।

२९०. वातरोग योग

परिभाषा—जब लग्न में बृहस्पति और ७ वें भाव में शनि हो तो यह योग बनता है।

फल—जातक वात रोग से पीड़ित रहता है।

अभ्युक्तियां—जब बृहस्पति लग्न में हो और शनि ७ वें भाव में तो ये दिग्बली

होते हैं। अब बल के आधार पर ये ग्रह राजयोग भी बनाते हैं किन्तु अपने स्वभाव के अनुसार रोग देने में ये समर्थ होते हैं। जब बृहस्पति लग्न में होता है तो जातक का शरीर मजबूत होता हैं और उसे वात रोग की शिकायत होती है। हमने अन्यत्र पहले ही बताया है कि आयुर्वेद के अनुसार तीन दोषों में से किसी एक या एक से अधिक के उत्तेजित होने के कारण रोग होता है। वायु के लिये शुष्क, हलका और स्वच्छता बताया गया है। यदि इसमें अधिकता हो तो जातक अप्रसन्न रहता है, शरीर में दर्द होता है, सूजन रहती है या अंगों में लकवा मार देता है। जब वायु में वृद्धि होती है तो जातक कब्ज रोग, अनिद्रा और सूखापन से पीड़ित होता है। जब वायु का क्षय होता है तो व्यक्ति सूखापन मे पीड़ित रहता है और उसे भूख कम लगती है। राज योग के अतिरिक्त ७ वें भाव से शनि से दृष्ट लग्न का बृहस्पति उत्तम स्वास्थ्य के लिए अच्छा नहीं होता है। यह गठिया रोग का प्रबल योग होता है।

कुण्डली संख्या १४१
जन्म तारीख –१३–६–१८७३ जन्म समय–११·५५ बजे संध्या (स्था० स०)
अक्षांस ४२° उत्तर, देशान्तर ७५° पूर्व

राशि

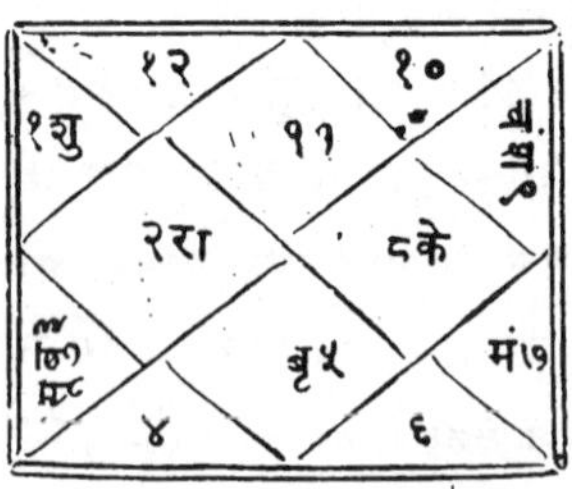

नवांश

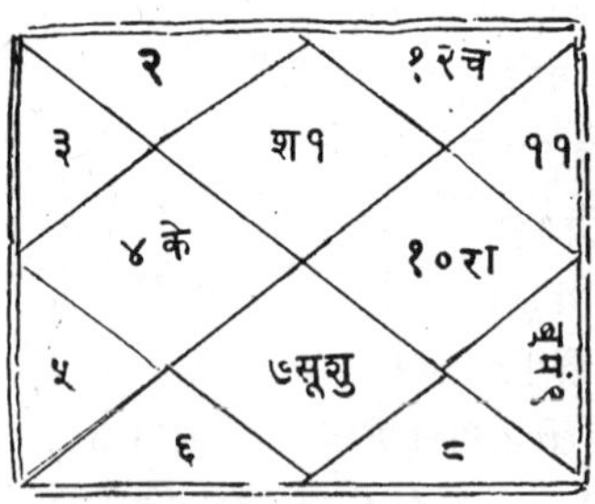

जन्म समय सूर्य की दशा शेष –० वर्ष ० महीना ३ दिन

कुण्डली संख्या १४२
जन्म तारीख–१४–८–१९१२ जन्म समय–१–७ बजे दोपहर (भा० स्टैं टा.)
अक्षांस १३° उत्तर, देशा० ५ घं. १० मि. २० से. पूर्व

राशि

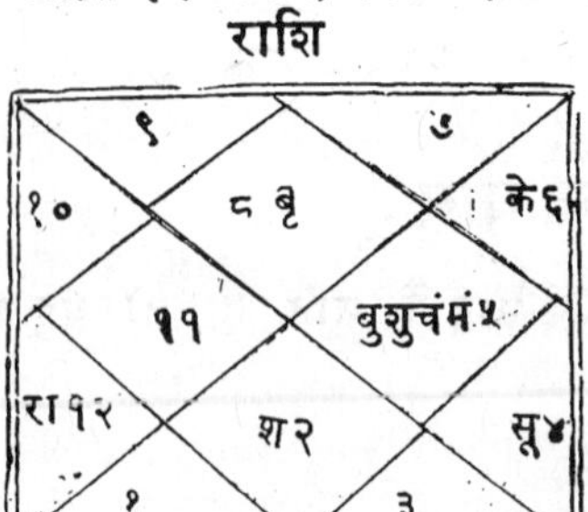

नवांश

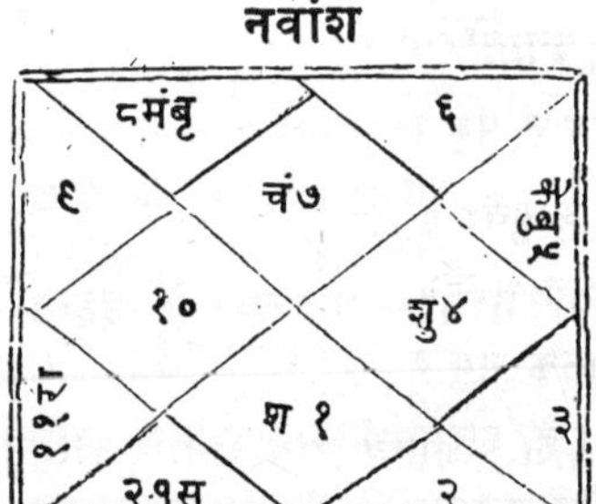

जन्म समय शुक्र की दशा शेष—८ वर्ष ६ महीना २७ दिन

२९१–२९४ मतिभ्रम योग

परिभाषा—लग्न और सातवें भावों में क्रमश: बृहस्पति और मंगल को स्थित होना चाहिए।—२९१

लग्न में शनि और ९, ५ या ७ वें भाव से मंगल का सम्बन्ध होना चाहिये।–२९३

१२ वें भाव में शनि और क्षीण चन्द्रमा को युक्त होना चाहिये।

फल—जातक पागल हो जाता है।

अभ्युक्तियाँ—विभिन्न प्रकार के रोगों के लिये विभिन्न योगों के औचित्य का वर्णन करना आसान नहीं है। किन्तु जब उन्मत्तता और पागलपन से पीड़ित अनेक व्यक्तियों की कुण्डलियों में ये योग विद्यमान हों तो यह निर्णय लेने का औचित्य बनता है कि ये विभिन्न प्रकार के योग न केवल अनुमान पर आधारित हैं बल्कि ये ऋषियों के प्रेक्षण और अध्ययन के परिणाम हैं।

ऊपर पागलपन के चार योग दिये गये हैं। ये शनि, बृहस्पति, मंगल, चन्द्रमा और बुध की कतिपय स्थिति के फल स्वरूप बने हैं। मेरे विचार से योग संख्या २९१ उतना कष्ट प्रद नहीं है। मुझे विश्वास है कि जब तक चन्द्रमा और बुध पर काफी बुरे प्रभाव न हों तबतक उन्मत्तता या पागलपन नहीं हो सकता। यह मान लेना कि मानसिक स्थिति बिगड़ने के कारण पागलपन होता है जिसे मानसिक अव्यवस्था कहा जाता है, में सामान्य ज्ञान और तर्क के मूल भूत सिद्धान्त को अनदेखी किया जाता है। इसमें सन्देह नहीं कि मूल में मस्तिष्क है किन्तु यह जड़ भी पूर्व जन्म में किए गये कतिपय कृत्यों के अध्यधीन होती है जिससे कोई जितना भी सामान्य क्यों न हो जब सांपातिक प्रभावों के रूप में पूर्व जन्म के कर्मों का फल देने का समय आता है तो वह अपना मानसिक सन्तुलन खो देता है।

ज्योतिष में यह निश्चित रूप से बताया जा सकता है कि जातक को पागलपन का दौरा पड़ेगा यदि इस प्रकार के संकेत हों। आरम्भ काल से ही इस प्रकार का वातावरण बनाया जा सकता है ताकि मन:स्थिति पर किसी प्रकार की प्रचण्डता का प्रभाव न पड़े।

आयुर्वेद के अनुसार पागल होने के विभिन्न कारण होते हैं जिनमें से ये मुख्य हैं—मिश्रित भोजन, विष, ईश्वर का अपमान, अपवित्रता, गुरुजन, और गुरु का अपमान अचानक भय या खुशी या विवाद और कार्य जिनका मानसिक स्थिति पर प्रचण्ड प्रहार होता है, इनसे त्रिदोष उत्तेजित होते हैं, समझने की शक्ति, हृदय पर उनका प्रभाव पड़ता हैं और उन सबको प्रभावित करता है जहां से मस्तिष्क ज्ञान के अंगों को संचारित करता

है। इससे मस्तिष्क में अव्यवस्था आती है और इस कारण व्यक्ति पागल हो जाता है। अतः पागलपन एक मानसिक रोग है। दिमाग परेशान और खाली हो जाता है, दृष्टि निस्तेज हो जाती है और प्रयोजनहीन काम तथा बातें करने लगता है। त्रुटियों के कारण पागलपन औषधि से ठीक हो जाता है। यह कहा जाता है कि व्यायाम न करने से और अधिक भोजन करने से कफ उत्तेजित होता है, उत्तेजित कफ पित्त के साथ मिल जाता है और इससे कफ सम्बन्धी पागलपन होता है। यह कहा जाता है कि प्रत्येक ग्रह किसी न किसी दोष का कारक होता है और जब वह ग्रह बुरे प्रभाव में होता है और चन्द्रमा या बुध के संदर्भ में विपरीत स्थिति में होता है तो किसी न किसी प्रकार के पागलपन से इनकार नही किया जा सकता है। इस प्रयोजन के लिये कुण्डली का विश्लेषण करते समय काफी सावधान रहना चाहिये। यह हमेशा ही परामर्श दिया जाता है कि चिकित्सा ज्योतिष में इस प्रकार के निदान को विशेषज्ञ पर छोड़ देना चाहिये अन्यथा इसका गम्भीर प्रभाव हो सकता है। तीन दोषों के लिये ग्रहों का कारकत्व निम्न प्रकार होता है—सूर्य पित्त का कारक होता है, चन्द्रमा वायु और कफ का कारक होता है, मंगल पित्त का और बुध तीनों का कारक होता है। बृहस्पति कफ का कारक होता है, शुक्र अत्यधिक वायु और कफ का कारक होता है शनि वायु का कारक होता है। यदि बुध छठें भाव में शनि की युक्ति द्वारा प्रभावित हो एक प्रकार के पागलपन का संकेत मिलता है जो शनि की दशा में, बुध की भुक्ति में या बुध की दशा और शनि की भुक्ति में उभर कर सामने आता है। इस स्थिति में पागलपन का कारण शारीरिक होता है, अतः इसका निदान हैं। संस्कृत की पुस्तकों में यह वर्णित है कि अधिकतर मामलों में पागलपन मृतात्माओं अर्थात् असुर यक्ष और पिशाच के कारण होता है और इन कारणों से एक विशेष प्रकार का पागलपन होता है।

जबकि हम इन बातों को नहीं मानते। हम इसे अन्धविश्वास मानते हुए इससे इनकार न करें और इसे अधिक महत्त्व भी न दें। इसका अपना महत्व है और मनोवैज्ञानिक भी इसे स्वीकार करते हैं। कुछ पागल काफी प्रचण्ड रूप धारण कर लेते हैं जब कि अन्य कोई भी कष्ट नहीं पहुँचाते। इस सनक के लिये चिकित्सा में भी कोई स्पष्टीकरण नहीं है। दूसरी ओर ज्योतिष में युक्ति संगत स्पष्टीकरण दिया जा सकता है। भूतप्रेत या भूतावेश के कारण पागलपन का निदान संभव नहीं है। यदि तेरह वर्षों के भीतर इसका उपचार किया जाय तो इस पर काबू पाया जा सकता है अन्यथा इसका उपचार नहीं हो सकता।

ज्योतिष के अनुसार इस रोग की जांचमें, लग्न, छठा भाव, चन्द्रमा और बुध पर प्रभावों को देखना चाहिये। जन्म कुण्डली से आसानी से यह सुनिश्चित किया जा

सकता है कि भूतप्रेत के कारण मानसिक अव्यवस्था है अथवा ऐसा मनोवैज्ञानिक कारण से है। इसे राहु सुनिश्चित करता है। यदि बुध, लग्न या चन्द्रमा पर बुरे प्रभाव के साथ राहु का संबन्ध है तो चिकित्सा सम्बन्धी उपचार से कोई लाभ नहीं होगा। चिकित्सा से भिन्न उपायों की ओर ध्यान देना चाहिये।

इस कांतिमान् रोग में कुण्डली में संस्थिति और दृष्टि अवश्य ही गंभीर होगी। इस रोग के अध्ययन में मूलतः बुध और चन्द्रमा का विचार करना चाहिए। जहां जन्म के समय चन्द्रमा और बुध के बीच दृष्टि न हो और ये लग्न से सही स्थिति में न हों और अत्यधिक पीड़ित हों वहां निश्चित ही मानसिक कमजोरी होगी। यदि जन्म दिन के समय का हो और इनपर शनि का प्रभाव हो तो मिरगी होती है किन्तु यदि जन्म रात्रि के समय का हो और इन पर राहु का प्रभाव हो तो पागलपन हो सकता है। कन्या और मीन भावुक राशियां हैं और इन दोनों राशियों पर बुरे प्रभाव अवांछित होते हैं। दूसरी ओर यदि इनपर मंगल का प्रभाव हो तो दिन में पागलपन और रात में मिरगी हो सकती है। पागलपन में साधारणतः लग्न पर बुरे प्रभाव नहीं होते किन्तु मिरगी में साधारणतः लग्न पर बुरे प्रभाव होते हैं। इस पर आगे बातचीत करने से पूर्व हम एक उदाहरण लें, हम जानबूझकर जन्म का विवरण नहीं दे रहे हैं क्योंकि पाठक बिना विवरण के मेरे तर्क को समझ लें।

नवांश

राशि

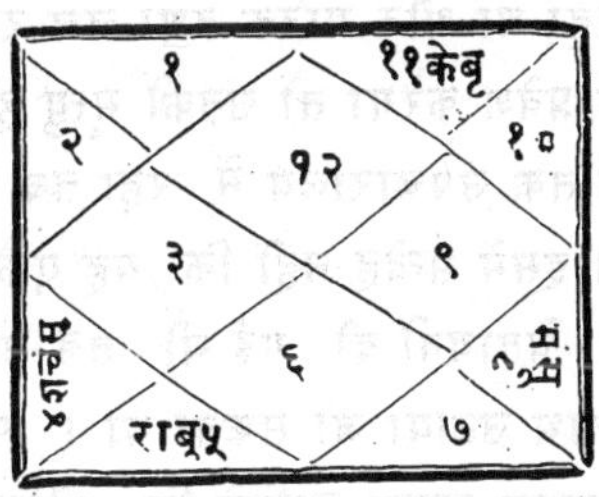

यद्यपि चिकित्सा ज्योतिष में विकास की वर्तमान स्थिति में हम पागलपन के समय की भविष्यवाणी नहीं भी कर सकते किन्तु हम बहुत आसानी से कह सकते हैं कि जातक निश्चित ही पागलपन से पीड़ित होगा। लग्न में भावुक राशि मीन है और इसका अधिपति १२ वें भाव में केतु के साथ है। एक मात्र इस योग से वह सामाजिक, धार्मिक और दार्शनिक बन गया। इस चर्चा से सम्बन्धित अति महत्त्वपूर्ण योग निम्न-लिखित हैं—

(१) छठे भाव में राहु है और उसपर केतु की दृष्टि है।

(२) षष्ठाधिपति मंगल की युक्ति द्वारा पीड़ित है।

(३) नस से संबन्धित ग्रह बुध दो पाप ग्रह अर्थात मंगल और सूर्य से युक्त होकर द्विस्वभाव राशि में स्थित है।

(४) पुनः नवांश में बुध राहु से युक्त होकर छठे भाव में स्थित है और षष्ठेश मंगल से युक्त है।

छठे भाव पर बृहस्पति की शुभ दृष्टि का प्रभाव समाप्त हो गया क्योंकि वह केतु के साथ है। चूंकि चन्द्रमा पर शनि की दृष्टि है जो विषाद और दुःख देने वाला ग्रह है, अतः उसने अस्वस्थ बना दिया। इन विपरीत प्रभावों के कारण जातक अनियत, असावधान और निराशा जनक बन गया। विशेषकर नवांश में बुध और राहु की युक्ति पर ध्यान दें, राशि में छठे भाव में राहु और नस तथा मष्तिष्क का ग्रह धनु में मंगल और षष्ठेश सूर्य के साथ और बाद में दोनों ग्रह युक्त हैं। यह एक उत्तम उदाहरण है। बुध की दशा आरंभ होते ही जातक पागल हो गया और उसे उपचारालय में बन्द करना पड़ा। उस समय शनि गोचर में ठीक बुध के बराबर की डिग्री पर था। यह एक संयोग नहीं हो सकता है। हमारे दादा (स्वर्गीय प्रो० बी० सूर्यनारायण राव ने १५ वर्ष पूर्व चेतावनी दी थी कि जब बुध की दशा आरंभ होगी तो जातक पागल हो जायेगा और उसे उपचारालय ले जाना पड़ सकता है। वह व्यक्ति इतना अभिमानी था कि वह ज्योतिष सम्बन्धी सलाह नहीं सुन सका। १९३८ में उस व्यक्ति के पुत्र ने हमसे आयु के बारे में सलाह पूछी। तीसरी बार शनि के कारण इलरेटः बन रहा था और मारक दशा चल रही थी। हमने भविष्यवाणी की कि जब शनि अश्विनी में प्रवेश करेगा तो उनकी मृत्यु होगी। दुर्भाग्यवश भविष्यवाणी ठीक निकली। जातक जब तक उपचारालय में रहा तब तक उसकी मानसिक स्थिति में कोई सुधार नहीं हुआ। इसमें सन्देह नहीं कि यह एक आशातीत मामला था। परन्तु फिर भी जब पहली बार चेतावनी दी गई थी तब उचित पर्यावरण का सृजन करके बृहस्पति की दृष्टि का लाभ उठाया जा सकता था। पागलपन के प्रश्न पर विचार करते समय हमें सर्वदा यह ध्यान रखना चाहिये कि भौतिक शरीर और मानसिक शरीर के बीच यह एक दरार है। अगला योग बताने से पूर्व हम कुछ उन योगों का उल्लेख करना चाहते हैं जिनमें से अधिकतर हमारे शोध के परिणाम हैं—

(१) बुध और गुलिका की युक्ति विशेषकर छठे भाव में।

(२) केतु और शनि से युक्त चन्द्रमा।

(३) शनि और मंगल कोण में हों और चन्द्रमा या बुध से पापाधियोग बना रहे हों।

(४) लग्न में मीन या कन्या राशि हो और शनि व राहु कन्या की प्रथम डिग्री पर युक्त हों।

(५) मंगल की प्रबल दृष्टि हो या छठे अथवा ८ वें भाव में बुध से युक्त हों।

(६) कोण में परिवर्तन शील (चर या द्विस्वभाव) राशि हो और बुरी तरह पीड़ित हो।

व्यावसायिक या शौकिया ज्योतिषी समाज का विशिष्ट अपकार करते हैं यदि वे सतही आधार पर पागलपन की भविष्यवाणी करने का प्रयास करें। कुण्डली के साधारण बलाबल को अनदेखी नहीं करना चाहिये। ज्योतिष का प्रयोग सहायता करने के लिये करें और जख्म भरने के लिये करें न कि जख्म देने के लिये। इस प्रभाव का संकेत होने पर भी सम्बन्धित व्यक्ति को सीधे नहीं बताना चाहिये। निकट सम्बन्धी और मित्र को बता देना चाहिये ताकि वे आवश्यक उपाय कर सकें। एक कमजोर दिमाग का व्यक्ति निराश हो सकता है और वह 'काल्पनिक कष्टों में घिर जायेगा। मेटिरिया मेडिका को पढ़ लेना सरल है किन्तु एक मात्र विशेषज्ञ ही रोग का निदान कर सकता है और उपाय निर्धारित कर सकता है।

२९५. खलवत योग

परिभाषा—यदि लग्न में पाप राशि या धनु या वृषभ हो और पाप ग्रहों से दृष्ट हो तो यह योग बनता है।

फल—जातक गंजा होगा।

अभ्युक्तियाँ—ज्योतिष के लेखक गंजापन को एक अरिष्ट या दुर्भाग्य मानते हैं। ऊपर दी गई परिभाषा के अनुसार पाप राशि अर्थात मेष, सिंह, वृश्चिक, मकर या कुम्भ या वृषभ या धनु में जन्म होने पर यह योग बनता है बशर्ते कि लग्न भाव पर पापग्रहों की दृष्टि हो। ज्योतिष सम्बन्धी ज्ञान की सहायता से साधारण गंजापन के स्वरूप और समय का पता नहीं लगाया जा सकता। गंजापन के उदाहरण की अनेक कुण्डलियां प्राप्त हो सकती हैं। अतः इस योग के लिये उदाहरण देना हम उचित नहीं समझते।

२९६. निष्ठुरभाषी योग

परिभाषा—यदि चन्द्रमा और शनि युक्त हों तो यह योग बनता है।

फल—जातक बातचीत में निष्ठुर होगा।

अभ्युक्तियां—यदि चन्द्रमा शनि की युक्ति पर बृहस्पति की दृष्टि हो तो यह योग समाप्त हो जाता है। यदि मंगल की दृष्टि हो तो जातक न केवल निष्ठुर होगा बल्कि बातचीत में रूखा और व्यंगात्मक भी होगा।

२९७. राजभ्रष्ट योग

परिभाषा—अरूधा लग्न और अरूधा द्वादश के अधिपति को युक्त होना चाहिये।

फल—जातक उच्च पद से पदच्युत होगा।

अभ्युक्तियाँ—अधिकतर ज्योतिषी राजयोग और धनयोग पर ही ध्यान देते हैं। इस प्रकार के योगों पर शायद ही ध्यान देते हैं जिनसे राजयोग का भग हो जाता हैं अथवा राजयोग तटस्थ हो जाता है जिसके फलस्वरूप कुण्डली पर निर्णय गलत हो जाता है। जब राजयोग भंग से राजयोग बली होता है तो राजयोग अकेला फलीभूत होता है। अरुधा लग्न वह राशि होती है-लग्न से लग्नाधिपति जितनी दूर होता है उतनी ही राशि लग्नाधिपति से गिनने पर जो राशि आती है वह अरुधा लग्न होता है। इसी प्रकार १२वें भाव से १२ वें भाव का अधिपति जितनी दूर होता है उतनी ही राशि १२ वें भाव के अधिपति से गिनने पर जो राशि आती है वह अरुधा द्वादश होती है। मान लें कि लग्न में मेष राशि है और वहां का अधिपति सिंह राशि में है। तो सिंह से छठी राशि अर्थात् धनु अरुधा लग्न होगा। इसी प्रकार यदि १२ वें भाव में मीन राशि हो और १२ वें भाव का अधिपति वृहस्पति वृषभ राशि में हो तो अरुधा द्वादश कर्क राशि अर्थात १२ वें भाव के अधिपति से तीसरी राशि होगी। जिस कुण्डली में लग्न में मेष राशि हो और लग्नाधिपति सिंह में हो और १२ वें भाव का अधिपति मिथुन में हो तो लग्न अरुधा धनु और द्वादश अरुधा कन्या होगी। यदि ये दोनों अधिपति अर्थात बुध और वृहस्पति युक्त हों तो राजभ्रष्ट योग बनता है।

२९८. और २९९. राजयोग भंग

परिभाषा—यदि लग्न में सिंह हो, शनि उच्च का होकर नवांश में नीच में हो या शुभ ग्रहों से दृष्ट हो तो यह योग बनता है।—२९८

यदि सूर्य तुला में १० डिग्री पर हो तो यह योग बनता है।—२९९

फल—राज परिवार में जन्म लेकर भी जातक सौभाग्य और सामाजिक स्थिति से बंचित रहेगा।

अभ्युक्तियाँ—ऊपर दिए गये दोनों योग बहुत ही सरल हैं और इनकी व्याख्या की आवश्यकता नहीं है। योग सं० २९८ में यह आवश्यक है कि शनि राशि में उच्च का हो और नवांश में नीच का हो और लग्न में सिंह राशि का होना आवश्यक है। इसका अर्थ यह है कि शनि को विशाखा नक्षत्र के प्रथम चरण में अथवा तुला में २०° से २३° २०′ के बीच होना चाहिए। जहां तक योग सख्या २९९ का सम्बन्ध है, सूर्य

को अति नीच का होना चाहिये। मुझे यह भय है कि मात्र सूर्य नीच का हो और कुण्डली में कोई प्रबल अरिष्ट योग न हो तो जातक दुर्भाग्यशाली नहीं बन जाता।

कुण्डली सं० १४३

जन्म समय–१४–५–१८६६ जन्म समय–सूर्योदय के पश्चात् १७ घटी

अक्षांस १३° उत्तर, देशा० ७७° ३५′ पश्चिम

राशि

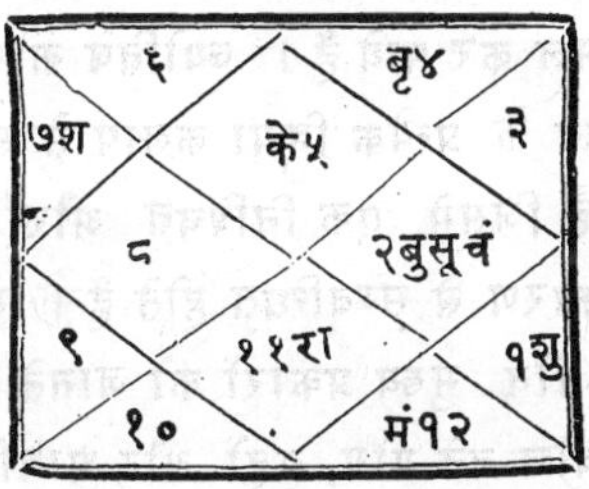

नवांश

कुण्डली सं० १४३ में लग्न में सिंह राशि है, शनि अपनी उच्च राशि में है, नवांश में नीच का है और मंगल से दृष्ट है। १० वें भाव में जो राजयोग बना है वह निष्फल हो गया।

३००. गोहन्ता योग

परिभाषा—यदि केन्द्र भाव पर शुभ ग्रहों की दृष्टि न हो और वृहस्पति अष्टम भाव में हो तो यह योग बनता है।

फल—जातक कसाई बनता है।

अभ्युक्तियाँ–इन योगों के बनाने वालों के अनुसार कसाई का काम एक असम्मान जनक और घटिया किस्म का व्यवसाय होता है। किन्तु आधुनिक विश्व में विशेषकर पश्चिम में इस व्यवसाय या कसाईपन में कोई कलंक नहीं है। यह कहा जाता है कि यदि केवल बृहस्पति आठवें भाव में हो और केन्द्र भाव पर शुभ ग्रह की दृष्टि न हो तो यह योग बनता है। हम इस योग की पर्याप्त जांच नहीं कर पाये है। इस पर अतिरिक्त टिप्पणी अनावश्यक होगी। पाठक वृहज्जातक के अध्याय xix का दूसरा पैरा देखें। जब चन्द्रमा तुला में हो और मंगल या शनि से दृष्ट हो तो जातक निष्ठुर होता है। कुछ टीकाकार यह कहते हैं कि जातक जानवरों के प्रति निर्दयता वाला व्यवसाय अपनायेगा। जब तक जातक कठोर हृदय का न हो और उसमें आदर का अभाव न हो और जीवन के लिये पवित्रता का अभाव न हो तब वह ऐसा व्यवसाय नहीं

अपना सकता जिसमें हजारों निर्दोष जीवों की हत्या करनी पड़े। जब चन्द्रमा विशाखा के प्रथम चरण में हो और उस पर शनि और सूर्य की प्रबल दृष्टि हो तो उसमें न केवल मानवता की भावना का अभाव होगा बल्कि वह मानव की पीड़ा के प्रति पूरी तरह अभेद्य होगा।

सारांश

इस पुस्तक में हम तीन सौ योगों को शामिल कर पाये हैं। ज्योतिष की प्राचीन पुस्तकों में हजारों योगों का उल्लेख है जो मानव के प्रत्येक क्रिया कलाप से सम्बन्धित हैं। ज्योतिष योग का अर्थ विशेष योग होता है जिसमें एक निश्चित और विशिष्ट विशेषता दर्शाई जाती है जो कुण्डली के विशेष कारण से सम्बन्धित होते हैं। योगों का निर्माण अनेक प्रकार से हो सकता है किन्तु हम तीन मुख्य प्रकारों को जानते हैं अर्थात ग्रहों के बीच बने योग, ग्रहों और राशियों के बीच बने योग, ग्रहों और भावों के बीच बने योग।

योग के बल का माप एक कठिन काम है। प्राचीन ज्योतिषियों द्वारा इसके लिए कोई नियम निर्धारित नहीं किया गया है। नैसर्गिक शुभ और अशुभ स्वभाव के आधार पर ग्रहों को शुभ और अशुभ की श्रेणी में वर्गीकृत किया गया है। अनेक राजयोगों के निर्माण में नैसर्गिक पाप ग्रहों का भी अपना कार्य होता है। यदि केवल नैसर्गिक पाप ग्रहों के कारण राज योग बनता है तो इसका अर्थ यह नहीं है कि इसके द्वारा होने वाले फलों के लिये योग में बल का अभाव है। इसके विपरीत यदि पाप ग्रह शुभ अधिपति भी हों तो इस योग का बल बढ़ जाता है। इसी प्रकार यह आवश्यक नहीं है कि राज योग वह सारा फल देगा जो उसे देना चाहिये क्योंकि यह योग शुभ ग्रहों से बना है। यदि शुभ ग्रह पापाधिपति हों तो योग पर विपरीत प्रभाव पड़ेगा। अतः पाठकों को शुभ ग्रह और शुभ अधिपति तथा पापग्रह और पापाधिपति के बीच अन्तर पर ध्यान देना चाहिये। उदाहरण स्वरूप वृहस्पति एक शुभ ग्रह हैं किन्तु कुम्भ लग्न के लिये वह पापाधिपति है। इस प्रकार एक शुभ ग्रह किसी विशेष लग्न में स्वामित्व के आधार पर शुभ अधिपति या पापाधिपति बन सकता है। इसी प्रकार किसी विशेष लग्न में स्वामित्व के आधार पर पापाधिपति या शुभ अधिपति बन सकता है। सिंह, वृषभ, कुम्भ, वृश्चिक, मेष और धनु लग्न में १, ४, ७, १०, ५ व ९ वें भावों के अधिपति होकर सूर्य शुभ अधिपति बन सकता है। कर्क, कन्या और मकर लग्न में २, १२ और ८ वें भावों का अधिपति होकर वह तटस्थ हो सकता है १, ३, ६ और ११ वें भावों के अधिपति के रूप में सूर्य पापाधिपति हो सकता है जो मिथुन, मीन और तुला लग्न में संभव

हो सकता है। अन्य ग्रह भी शुभ या पापाधिपति बन सकते हैं जैसा कि इस पुस्तक के आरंभ में बताया गया है।

जहां तक योगों की व्याख्या का संबन्ध है, किसी भी प्राचीन पुस्तक में इनका बल निर्धारित करने के लिए कोई संकेत नहीं है, योग कारक का बल निर्धारित करने में मेरे "ग्रह और भाव बल" नामक पुस्तक में दी गई विधि से ग्रहों के नैसर्गिक और आवासीय बलों के निर्धारण से काफी लाभ हो सकता है। यदि षड्बल निकालने की विधि जटिल होने के कारण पाठकों को इसे सुनिश्चित करने में कठिनाई हो तो कम से कम ग्रहों का सप्त वर्ग बल अवश्य निकाल लेना चाहिये। जब कोई ग्रह किसी भाव के मध्य में हो या भाव संधि पर शून्य पर हो या आरंभ पर हो और भाव के बदलने की विन्दु पर हो तो वह उस ग्रह का आवासीय बल होता है पूर्वभाग (प्रथम और मध्य विन्दु के बीच) में स्थित ग्रह का आवासीय बल निम्नलिखित फार्मूला द्वारा प्राप्त किया जाता है—

$$\frac{\text{भाव मध्य का अंश} - \text{ग्रह का अंश}}{\text{भाव मध्य का अंश} - \text{आरंभ संधि का अश}}$$

उत्तर भाग (मध्य और अन्तिम बिन्दु के बीच) में स्थित ग्रह के लिए आवासीय बल निम्नलिखित फार्मूला द्वारा प्राप्त किया जाता है—

आवासीय बल से यह पता लगता है कि अपनी स्थिति के फलस्वरूप कोई ग्रह उस भाव का कितना फल देगा। जब हम (क) शुभ और पापाधिपति (ख) ग्रहों का नैसर्गिक और आवासीय बल जानते हैं तो योगों की व्याख्या सरल हो जाती है। एक योग कारक को निम्नलिखित स्थितियों में बल प्राप्त होता है।

(क) शुभ अधिपति होने पर १ यूनिट

(ख) शुभ अधिपति से युक्त होने पर ,,

(ग) अपनी राशि या उच्च राशि में स्थित होंने पर १ यूनिट

(घ) शुभ अधिपति की दृष्टि प्राप्त करने पर $\frac{१}{४}$, $\frac{१}{२}$, $\frac{३}{४}$ या १ यूनिट जो आंशिक या पूरी दृष्टि पर आधारित होता है।

सभी ग्रह सप्तम भाव या वहां स्थित ग्रहों पर पूरी दृष्टि डालते हैं। शनि ७ वीं दृष्टि के अतिरिक्त ३ और १० पर भी पूरी दृष्टि देता है। अन्य ग्रह ३ और १० पर $\frac{१}{४}$ दृष्टि होते हैं। बृहस्पति ७ वीं दृष्टि के अतिरिक्त ५ और ९ पर भी पूरी दृष्टि देता है। अन्य ग्रह ५ और ९ पर $\frac{१}{२}$ दृष्टि देते हैं। मंगल ७ वीं दृष्टि के अरिरिक्त ४ और ८ पर पूरी दृष्टि देता है। अन्य ग्रह ४ और ८ पर $\frac{३}{४}$ दृष्टि देते हैं। इस प्रकार हम उपरोक्त दृष्टि को निम्न प्रकार सारणी बद्ध कर सकते हैं—

ग्रह	पूरी	$\frac{3}{4}$	$\frac{1}{2}$	$\frac{1}{4}$
सूर्य	७	४,८	५,९	३,१०
चन्द्रमा	७	४,८	५,९	३,१०
मंगल	७,४,८	—	५;९	३,१०
बुध	७	४,८	५,९	३,१०
बृहस्पति	७,५,९	४,८	—	३,१०
शुक्र	७	४,८	५,९	३,१०
शनि	७,३,१०	४,८	५,९	—

इस प्रयोजन के लिये राहु और केतु की दृष्टि पर विचार करने की आवश्यकता नहीं है।

योग कारक का बल निम्नलिखित स्थितियों में समाप्त हो जाता है (क) पापाधिपति (ख) पापाधिपति से युक्त होकर (ग) नीच या शत्रु राशि में स्थित होकर (घ) पापाधिपति की दृष्टि पाकर—$\frac{1}{4}$, $\frac{1}{2}$, $\frac{3}{4}$ आंशिक के पूरी दृष्टि के आधार पर।

उदाहरण के लिये एक कुण्डली का उदाहरण लेते हैं—

जन्म तारीख ८–८–१९१२ जन्म समय ७–२३ बजे सन्ध्या (स्था० स०) अक्षांस १३° उत्तर देशा० ५ घं १० मि. २० से. पू. नीचे राशि और नवांश कुण्डली दी जाती है और उसका आवासीय तथा नैसर्गिक बल भी नीचे दिया गया है—

राशि

नवांश

मंगल की दशा शेष—५ वर्ष ६ महीना १५ दिन

नैसर्गिक आवासीय बल

	बल	
सूर्य	६.२	२४ प्रतिशय
चन्द्रमा	८.६	४० प्रतिशत
मंगल	६.४	३१ ,,
बुध	६.३	८० ,,
बृहस्पति	६.९	९० ,,
शुक्र	५.०	३६ ,,
शनि	६.८	६५ ,,
राहु (बृहस्पति के बराबर)	६.९	२४ ,,
केतु (बुध के बराबर)	६.३	२४ ,,

किसी ग्रह या भाव पर शुभ या अशुभ दृष्टि का स्वरूप शुभ और पापाधिपतियों की दृष्टि का कुल जोड़ होता है। उदाहरण स्वरूप सूर्य को लें जो इस कुण्डली में छठें भाव में है। शुभ अधिपति शनि और पापाधिपति बृहस्पति की पूरी दृष्टि (१ यूनिट प्रत्येक) है। चन्द्रमा की दृष्टि $\frac{1}{4}$ (−) है। इन तीनों की दृष्टि का कुल जोड़ $-\frac{1}{4}$ है। और इस प्रकार सूर्य (तथा छठा भाव) दृष्टि से हल्का पीड़ित है।

नीचे उदाहरण वाली कुण्डली में दृष्टि की सारणी दी जाती है—

दृष्ट ग्रह *

दृश्य ग्रह	शु. अ. सूर्य	पा. अ. चन्द्रमा	पा. अ. मंगल	त. अ. बुध	पा. अ. वृह.	शु. अ. शुक्र	शु. अ. शनि	जोड़
सूर्य	–	$\frac{1}{4}$	–	–	१	–	१	$-\frac{1}{4}$
चन्द्रमा	–	–	$\frac{1}{4}$	$\frac{1}{4}$	१	$\frac{1}{4}$	–	$-\frac{3}{4}$
मंगल	–	$\frac{3}{4}$	–	–	$\frac{1}{4}$	–	$\frac{3}{4}$	$-\frac{1}{4}$
बुध	–	$\frac{3}{4}$	–	–	$\frac{1}{4}$	–	$\frac{3}{4}$	$-\frac{1}{4}$
बृहस्पति	$\frac{1}{4}$	१	१	$\frac{3}{4}$	–	$\frac{3}{4}$	१	+१
शुक्र	–	$\frac{3}{4}$	–	–	$\frac{1}{4}$	–	$\frac{3}{4}$	$-\frac{1}{4}$
शनि	–	–	$\frac{1}{4}$	$\frac{1}{4}$	१	$\frac{1}{4}$	–	$-\frac{3}{4}$

* शु. अ. = शुभ अधिपति
पा. अ. = पापाधिपति
त. अ. = तटस्थ अधिपति

आइये ऊपर की कुण्डली में बृहस्पति और चन्द्रमा को लेते हैं। ये दोनों गजकेसरी योग बना रहे हैं।

चन्द्रमा पापाधिपति है	+ १ यूनिट
चन्द्रमा शुभ अधिपति शनि से युक्त है	− १ ,,
चन्द्रमा उच्च का है	+ १ ,,
चन्द्रमा का दृष्टि बल	− १/२ ,,
	+ १/२ यूनिट

बृहस्पति पापाधिपति है	− १ यूनिट
बृहस्पति मित्र राशि में हैं	+ १ ,,
बृहस्पति का दृष्टि बल	+ २१/४ ,,
	+ २१/४ ,,

चन्द्रमा हल्का शुभ है और बृहस्पति शुभ है। चन्द्रमा का षड्बल (८·१) बृहस्पति के षड्बल (६·९) से अधिक है। चन्द्रमा इस योग का उच्च भाग पूरा करेगा किन्तु जीवन में चन्द्रमा की दशा का लाभ प्राप्त होने की संभावना नहीं है। वह मात्र भुक्ति में इस योग का फल दे सकता है। और वह ४०% तक। यही उसका आवासीय बल है। दूसरी ओर बृहस्पति दशा नाथ और भुक्तिनाथ की हैसियत से १० वें भाव के सम्बन्ध में ६०% तक फल दे सकता है।

योग अनेक प्रकार के होते हैं अर्थात् चन्द्र योग, सूर्य योग, पञ्चमहापुरुष योग, नाभस योग, राज योग, अरिष्ट योग और परिराज योग। बराहमिहिर के अनुसार नाभस योग की मुख्य विशेषता यह है कि उसका प्रभाव जीवन भर रहता है। किन्तु दशा और गोचर के सिवाय किस माध्यम से फल प्राप्त हो सकता है। किसी भी योग नाभस या किसी अन्य के प्रभाव, दशा या भुक्ति के दौरान अथवा योग बनाने वाले ग्रह जब गोचर में अनुकूल स्थिति में हों उस दौरान हो सकते हैं।

गज केसरी (१) योग तब बनता है यदि चन्द्रमा और बृहस्पति परस्पर केन्द्र में स्थित हों। सूर्य से सम्बन्धित दो योग सुनफा (२) और अनफा (३) तब बनते हैं चन्द्रमा से २ और १२ में कोई ग्रह (सूर्य को छोड़ कर) स्थित हो। दुरुधरा (४) और केमद्रुम (५) योग तब बनते हैं। यदि चन्द्रमा के दोनों ओर या किसी ओर क्रमशः ग्रह स्थित हों या न हों। यदि चन्द्रमा और मंगल युक्त हों तो चन्द्र मंगल योग (६) बनता है। यदि अनुकूल भावों में यह योग बनता हो तो यह अच्छा नहीं होता। यदि

चन्द्रमा से ६, ७ या ८ वें भावों में शुभ ग्रह स्थित हों तो अधियोग (७) बनता है। यदि इन तीनों में से किसी एक भाव में भी शुभ ग्रह हो तो भी अधियोग बनता है। इससे जातक धनी और आयुष्मान बनता है। जब सभी केन्द्रों में ग्रह स्थित हों तो चतुस्सागर योग बनता है (८)। यदि उपचय में शुभ ग्रह हों तो वसुमती (९) और लग्न में शुभ ग्रह हों तो राज लक्षण योग (१०) बनता है। लग्न या लग्नाधिपति से राहु, शनि या केतु या गुलिका युक्त हो तो वंचनभीत्ति योग बनता है (११) इससे जातक डरपोक होता है। इस योग में कुछ अन्तर भी होता है। जब बृहस्पति से दुःस्थान में चन्द्रमा हो तो शकट योग (१२) बनता है। जबकि चन्द्रमा से १० वें भाव में शुभ ग्रह होने पर अमल योग (१३) बनता है। पर्वत योग (१४) में योगों के तीन सेट होते हैं और इसे राजयोग नहीं माना जा सकता है। जब चतुर्थेश और नवमेश परस्पर केन्द्र में हों, और लग्नाधिपति बली हो तो काहल योग बनता है। यदि सूर्य से २ और १२ में ग्रह हों तो उभयचारी योग, वेसी योग और वासी योग (१६, १७, १८) बनते हैं। इस योग से जातक के अहं का विकास होता है। पंचमहापुरुष योग (१९ से २३) तब बनते हैं जब क्रमशः मंगल, बुध, बृहस्पति, शुक्र या शनि उच्च या स्वराशि में केन्द्र में स्थित हों। यदि ये बली हों तो ये पांच प्रकार के महान् व्यक्तित्व देते हैं। सूर्य और बुध की युक्ति हो तो बुध-आदित्य योग (२४) बनता है बशर्ते कि वे परस्पर १०° के भीतर न हों। पुरुष और स्त्री के मामले में यदि सूर्य, चन्द्रमा और लग्न क्रमशः बिषम और सम राशि में स्थित हों तो महाभाग्य योग बनता है (२५)। पुष्कल योग (२६) एक शुभ योग होता है जबकि यदि लग्नाधिपति और नवमाधिपति युक्त हों तो लक्ष्मी योग बनता है। इसमें वित्तीय स्थिरता आती है। दशमाधिपति जिस नवांश में है उसका अधिपति यदि उच्च का हो तो गौरी योग (२७) बनता है। २, ५, और ११ वें भाव के अधिपति जिस नवांश में हों वहां का अधिपति यदि उच्च का हो और नवमाधिपति के साथ हो तो भारती योग (२८) बनता है। ये दोनों ही शुभ योग होते हैं और धन तथा शिक्षा देते हैं। यदि बृहस्पति, चन्द्रमा और सूर्य क्रमशः लग्न, ७ और २ में हों तो कुसुम योग बनता है (२९)। यह एक महत्त्वपूर्ण राजयोग बनता है। चाप योग (३०) तब बनता है यदि लग्नाधिपति उच्च का हो और चतुर्थेश तथा दशमाधिपति के बीच भाव परिवर्तन हो। ये दोनों ही योग प्रसिद्धि और शक्ति देने वाले होते हैं जो योग बनाने वाले ग्रहों के बल पर निर्भर करता है। यदि नवमाधिपति और दशमाधिपति साथ हों और सप्तमाधिपति १० वें भाव में उच्च का हो तो श्रीनाथ योग बनता है। यदि किसी भी भाव से सातों भावों में ग्रह स्थित हों तो मालिका योग (३२ से ४३) बनता है। यह योग बारह प्रकार का होता है। यदि पंचमाधिपति और षष्ठेश परस्पर केन्द्र में हों तो शंख योग (४४) बनता है। लग्न बली होना चाहिये। जब शुक्र, बृहस्पति और लग्नाधिपति परस्पर केन्द्र में हों और नवमाधिपति

बली हो तो भेरी योग (४५) बनता है। उच्च का ग्रह जिस नवांश में है उसका अधिपति यदि त्रिकोण या केन्द्र में मित्र या उच्च राशि में हो और लग्नाधिपति बली हो तो मृदंग योग (४६) बनता है जिससे राजकीय सम्मान प्राप्त होता है। पारिजातक (४८) एक महत्त्वपूर्ण योग है जो राजनैतिक और आध्यात्मिक शक्ति देता है। यह योग तब बनता है जब लग्नाधिपति जिस भाव में हो वहां का अधिपति जिस राशि में हो उसका अधिपति केन्द्र, त्रिकोण, स्वराशि या उच्च राशि में हो। योग सं० ४८ से ७८ तक सभी महत्त्वपूर्ण हैं। उनमें से कुछ जैसे कि गज योग शायद ही पाये जाते हैं। कला निधि योग एक राज योग है और वह शुभ फल देने में सक्षम होता है। अंशावतार, हरिहर ब्रह्मा, कुसुम, मत्स्य, कूर्म, देवेन्द्र, मुकुट, चन्द्रिका, जय, विद्युत, गान्धर्व, शिव, विष्णु, ब्रह्मा, इन्द्र, रवि, गरुड़, जौ, गोला, त्रिलोचन, और कुलावर धन योग हैं जिनमें से प्रत्येक का अपना अपना महत्त्व है। नाभस योग (७१ से १०२) के चार ग्रुप होते हैं अर्थात आकृति २०, संख्य ७, आश्रय ३ और दल २। बीस आकृति योगों में से प्रथम चार अर्थात यूप, इषु, शक्ति और दंड (७१ से ७४) तब बनते हैं यदि लग्न और किसी अन्य केन्द्र से चार राशियों में सभी ग्रह स्थित हो। अगले चार अर्थात नव, कुन्त, क्षत्र और चाप (७५ से ७८) योग तब बनते हैं यदि लग्न से या किसी अन्य केन्द्र से सातों भावों में सभी ग्रह स्थित हों। जब पणफर से सातों भावों में सातों ग्रह स्थित हों तो अर्धचन्द्र योग बनता है जबकि चक्र योग के लिए सातों ग्रहों को विषम भावों में स्थित होना जरूरी है। गदा, शकट, विहग (८१ से ८३) योग तब बनते हैं यदि पास के दो केन्द्रों में क्रमशः १ और ७, तथा ४ और १० वें भावों में ग्रह स्थित हों। लग्न और ७ वें भावों में शुभ ग्रह हों और ४ तथा १० वें भावों में पाप ग्रह हों तो वज्र योग बनता है जब यव योग में विपरीत स्थिति होती है। शृंगाटक योग उस योग का नाम दिया गया है जो सभी ग्रहों के त्रिकोण में स्थित होने पर बनता है। यदि लग्न से भिन्न त्रिकोण में ग्रह स्थित हों तो हल योग बनता है। सभी केन्द्र भावों में ग्रह स्थित हों तो कमल योग बनता है। सभी आपोक्लिम और पणफर में ग्रह स्थित हों तो वापी योग बनता है। आकृति योग का आखिरी अर्थात समुद्र योग सभी सम भावों में ग्रहों के स्थित होने पर बनता है। सात संख्य योग अर्थात बल्लकि, दम, पाश, केन्द्र, शूल, युग और गोल योग तब बनते हैं यदि क्रमशः ७, ६, ५, ४, ३, २ और १ भावों में सभी सातों ग्रह स्थित हों। तीनों आश्रय योग अर्थात रज्जु, मुसल और नल योग तब बनते हैं यदि ग्रह क्रमशः चर, अचर या द्विस्वभाव राशियों में स्थित हों। और दल योग अर्थात् श्रीक और सर्प योग तब बनते हैं यदि केन्द्र में क्रमशः शुभ और पाप ग्रह स्थित हों। कभी कभी आश्रय योग और आकृति योग आपस में मिल जाते हैं। संख्य योग और आकृति योग आपस में मिल जाते हैं। जब नाभस योगों के दो भिन्न ग्रुपों के योग आपस में मिल जाते हैं तो उनमें से

एक काम करना बन्द कर देता है। रज्जु, मुसल और नल लगभग वही योग होते हैं जैसाकि युवा, अब्ज, वज्र, अन्डज, गोल, गदा और शकट (आकृति योग के बीच) और शूल और केन्द्र (संख्य योग के बीच)। जब संख्य योग आकृति योग से मिल जाता है तो आकृति योग अपना काम करना बन्द कर देता है। जब आश्रय योग आकृति योग से मिल जाता है तो आकृति योग काम करना बन्द कर देता है। जब नल और संख्य योग आपस में मिल जाते हैं तो नल योग का काम बन्द हो जाता है। जब आश्रय और संख्य योग आपस में मिल जाते हैं तो संख्य योग का काम बन्द होता है। यदि आश्रय योग दल योग के साथ मिल जाता है तो आश्रय योग अपना काम बन्द कर देता है। नाभस योग को सावधानी पूर्वक लागू करना चाहिये और इस बात पर ध्यान देना चाहिये कि कौन सा योग समाप्त हो गया है और कौन सा काम कर रहा है। व्यवसाय के सम्बन्ध में निर्णय करते समय नाभस योग काफी लाभप्रद होता है। किसी व्यक्ति के जीवन के कुछ पहलुओं पर इनका महत्वपूर्ण प्रभाव होता है जो आस पास ग्रहों के स्थित होने के कारण किसी विशेष भाव के बल पर निर्भर करता है।

जब दशमाधिपति और एकादशेश दुःस्थान में स्थित होते हैं तो क्रमशः दूर और दरिद्र योग बनता है जिससे जातक स्वार्थी, धोखेबाज, नीच और दरिद्र बन जाता है। यदि ६, ८ और १२ वें भावों के अधिपति ६, ८ और १२ वें भाव में हों तो क्रमशः हर्ष, सरल और विमल योग बनता है (१०५ से १०७)।

योग संख्या १०८ से ११७ लग्न भाव से सम्बन्धित हैं। लग्नाधिपति की कतिपय स्थिति के कारण ये योग बनते हैं, कुछ के कारण धन और सुख प्राप्त होता है तो कुछ के कारण शरीर कमजोर, दयनीय स्थिति आदि होती है। धन योग (११८ से १२८) में द्वितीयेश की अनुकूल स्थिति पर विचार किया जाता है और उनका २, ५, ११ और ९ वें भावों के अधिपतियों के साथ उत्तम सम्बन्ध पर विचार किया जाता है। यदि ५ वें भाव में स्थित ग्रह अपनी ही राशि में हो तो प्रबल धन योग बनता है। धन प्राप्त करना, अपने ही प्रयासों से धन कमाना, किसी विशिष्ट अवधि के दौरान धन की प्राप्ति, किसी विशेष साधन से धन कमाना, पिता, माता, भाई, शत्रु आदि से धन की प्राप्ति, प्रयास करके या बिना प्रयास के धन कमाना, इन सब के लिए विशेष योग हैं जो योग संख्या १२९ से १४३ के भीतर आते हैं। दरिद्र योग (१४४ से १५३) अनेक प्रकार के होते हैं और इनसे दरिद्रता और दयनीयता का संकेत मिलता है। चूंकि दूसरे भाव से जातक की वाणी का भी विचार किया जाता है अतः योग १५४ से १६२ इनसे सम्बन्धित हैं जैसे वाक्पटुता, मजाकिया, चरित्र का अभाव, अपनी वाक्पटुता से लोगों को प्रभावित करने की क्षमता, उच्च शिक्षा और विद्वान्।

दूसरे भाव से सम्बन्धित योग (१६३ से १७६) में अनेक घटनाएं शामिल हैं जैसे गूंगापन, नेत्रहीनता, आकर्षक और कुरूप आकृति, उदार स्वभाव, रद्दी भोजन करना, सांप से खतरा और विष के कारण मृत्यु। इन सभी मामलों में किसी न किसी रूप में द्वितीयेश पर बुरे प्रभावों पर विचार किया जाता है। जो स्वयं उन्नतशील हो उसे भाइयों से सुख प्राप्त होगा बशर्ते कि तीसरा भाव, तृतीयेश और मंगल उत्तम स्थिति में हों (१७७) इन पर बुरे प्रभावों के फलस्वरूप भाइयों की मृत्यु हो जाती है (१७८) इसके बाद केवल एकमात्र बहन का योग दिया गया है (१७९), क्रमशः १२ और ७ भाइयों का योग (१८० और १८१), साहस (१८२) युद्ध भूमि में मुक्ति (१८३), युद्ध आरम्भ होने से पूर्व या बाद में आचरण (१८४ और १८५) और धार्मिक बातों में रुचि (१८६) चौथे भाव से सम्बन्धित योगों में रुचिकर विषय शामिल हैं। किसी योग में उत्तम मकान और अनेक मकान बनेंगे। (१८७ और १८८) बिना प्रयास के सम्पत्ति की प्राप्ति (१८९ और १९०), मकान की क्षति (१९१ और १९२), सम्बन्धियों और मित्रों से आदर (१९३ और १९४) के उचित उदाहरण दिए गये हैं। यदि चतुर्थेश पीड़ित हो और बुरे षष्ठ्यंश में स्थित हो तो सम्बन्धी जातक को छोड़ जायेंगे। चन्द्रमा के बलाबल के आधार पर मां जीवित रहेगी। (१९६ और १९७) या आरम्भ में मां की मृत्यु हो जायेगी (१९८ और १९९)। यदि मातृगामी (२००) और सहोदरी संगम (२०१) योग विद्यमान हों जो जातक अपनी मां और बहन के प्रति घृणित आचरण का दोषी होगा। कुछ व्यक्ति दुःखी रहते हैं और कुछ गोपनीयता से घृणा करते हैं। इसका पता योग संख्या २०२ से २०६ तक के योगों से लगता है। योग संख्या २०७ और २०८ से हमें यह पता लगाने में सहायता मिलती है कि जातक का अपनी मां के प्रति व्यवहार कैसा होगा। योग संख्या (२०९ और २१०) के विद्यमान होने पर जातक को आराम और सुख सुविधा प्राप्त होती है। ५ वें भाव से बच्चों और बुद्धि का विचार किया जाता है। इस महत्त्वपूर्ण विषय के सम्बन्ध में २५ योग (२११ से २३५) दिये गये हैं। अनपत्य, सर्पशाप, पितृशाप से सुतक्षय, मातृशाप से सुतक्षय, भ्रातृशाप, तथा प्रेतशाप से सन्तान की क्षति होती है। बहुपुत्र योग से अनेक सन्तान का निर्णय किया जाता है जबकि अगले दो योगों से यह पता लगाने में मदद मिलती है कि यदि सन्तान न हो तो क्या जातक किसी को गोद ले सकता है। अपुत्र योग, एक पुत्र योग, कला निर्देशित पुत्र योग से बिना सन्तान, एक सन्तान और किसी विशेष अवधि के दौरान सन्तान का संकेत मिलता है। योग संख्या २२९ और २३० की सहायता से यह बताना सम्भव होता है कि किस उम्र में सन्तान होगी।

जातक की बुद्धि के बारे में योग संख्या २३१, २३२, २३३ और २३४ से पता

लगता है। इसके बाद सप्तम भाव से सम्बन्धित योग का वर्णन किया गया है। जार योग (२३६) से यह पता लगता है कि जातक अपनी पत्नी के सिवाय अन्य स्त्रियों के पीछे रहेगा। जब पुरुष में सन्तान उत्पति की शक्ति का अभाव हो तो उसकी पत्नी अन्य पुरुष के सम्पर्क से सन्तानोत्पति करती है। इस योग का नाम जारजपुत्र योग (२३७) है। बहु स्त्री योग (२३८) से एक से अधिक विवाह के संकेत मिलते हैं। योग संख्या २३९ और २४० से लैंगिक दुराचार का पता लगता है। भाग्य योग (२४१) विद्यमान रहने पर जातक भाग्यशाली होता है। बाद के तीन योगों (२४२ से २४४) में जन्म से पहले पिता की मृत्यु, उदारता और प्रसिद्धि का संकेत मिलता है।

राजयोग अनेक प्रकार के होते हैं और उनकी अनेक श्रेणियां होती हैं। योग संख्या २४५ से २६३ में कतिपय राजयोगों का वर्णन किया गया है जिससे जातक शासक या शासक के समान बनता है। यदि तीन या तीन से अधिक ग्रह उच्च के हों या स्वगृही हों तो जातक शासक बनता है (२४५)। कुछ परिस्थितियों में नीच के ग्रह भी राजयोग बनाते हैं (२४६)। (२४९ और २५०) नीच भंग राजयोग के सम्बन्ध में है जिससे साधारण परिवार में जन्म लेकर जातक उच्च पद पर पहुँच जाता है। इसके बाद अन्य राज योगों (२५१ से २५३) का वर्णन किया गया है। शनि (२५४) चन्द्रमा (२५५) दशमाधिपति (२५६), बृहस्पति (२५७) और चन्द्रमा जिस नवांश में हैं उसके अधिपति (२५८) से कतिपय स्थितियों में महत्त्वपूर्ण योग बनते हैं। अगले चार योग (२६० से २६३) समान रूप से बली विशेष राजयोग हैं।

दुर्भाग्य अनेक प्रकार से होते हैं। धन, प्रतिष्ठा, बच्चों, स्थिति की हानि असाध्य रोग, ऋण, कारागार, अपमान, उन्माद, दरिद्रता ये सब दुर्भाग्य होते हैं जिसे अरिष्ट कहते हैं। योग संख्या २६४ जो षष्ठयंश के तीसरे भाव में मान्दि और राहु या मंगल के स्थित होने पर बनता है जिसे गलकर्ण योग कहा जाता है। इससे अनेक प्रकार के कष्ट होते हैं। जब षष्ठाधिपति पापग्रह होकर लग्न, ८ या १० वें भाव में स्थित हो तो व्रण योग (२६५) बनता है। इससे जातक को केन्सर जैसा भयानक रोग होता है। लिंग सम्बन्धी अनेक प्रकार के रोग होते हैं। शिश्न व्याधि योग (२६६) जो षष्ठेश और अष्टमेश के साथ बुध के लग्न में स्थित होने पर बनता है। योग सं० २६७ से २७० अर्थात् कलत्रषण्ढ योग, कुष्ठरोग योग और क्षयरोग योग से पत्नी की अक्षमता का पता लगता है और कुष्ठ रोग की भविष्यवाणी की जा सकती है जब लग्नाधिपति और षष्ठेश शनि राहु या केतु के साथ केन्द्र या त्रिकोण में हों तो बन्धन योग बनता है। इससे जातक को कारावास होता है। करच्छेद योग और सिरच्छेद योग (२७२ और २७३) से जातक के किसी अंग या सिर के विच्छेद का संकेत मिलता है। दुर्मरण योग (२७४) से दुर्घटना में मृत्यु का संकेत मिलता है। यह

योग तब बनता है यदि लग्नाधिपति से दृष्ट होकर चन्द्रमा शनि या मान्दि के साथ दुःस्थान में स्थित हो। मंगल की कतिपय स्थिति और स्वामित्व के कारण युद्ध मरण योग बनता है जिससे युद्ध स्थल में मृत्यु का सकेत मिलता है। संघटक मरण योग में (२७६ और २७७) में समूह में मृत्यु का संकेत मिलता है। अन्य महत्त्वपूर्ण अरिष्ट योग (२७८ से २६४) पीनास रोग योग, पुत्रकलत्रहीन योग, भार्यासह व्यभिचार योग, वशच्छेद योग, गुह्यरोग योग, अंगहीन योग, श्वेत कुष्ठ योग, पिशाचग्रस्त योग, अन्ध योग, वातरोग योग, मतिभ्रम योग हैं। इनके सम्बन्ध में जल्द बाजी में भविष्यवाणी नहीं करनी चाहिये क्योंकि जबतक योग पूरी तरह से विद्यमान न हो तब तक इसके फल पूरे नहीं होते।

यदि लग्न में पापराशि हो तो खलवत योग बनता है जिससे जातक के सिर के बाल गिर जाते है। चन्द्रमा और शनि की युक्ति से जातक की वाणी कठोर हो जाती है जिसे निष्ठुरवाणी योग कहते हैं (२९६) राजभ्रष्ट योग (२९७) से जातक की पदावनति हो जाती है। यह योग तब बनता है यदि अरुधा लग्न का अधिपति और अरुधा द्वादशांश का अधिपति युक्त हो। राजयोग भंग के विद्यमान होने पर कुण्डली में राजयोग समाप्त हो जाता है जो तब बनता है यदि सिंह लग्न में शनि उच्च का हो और नवांश में नीच का हो (२९८) और जब सूर्य नीच का हो (२९९)। अन्तिम योग का नाम गोहन्ता योग (३००) है। यदि केन्द्र में पाप ग्रह स्थित हो और बृहस्पति ८ वें भाव में हो तो यह योग बनता है।

ऊपर दी गई कुण्डलियों में निम्नलिखित ग्रहों के कारण निम्नलिखित योग विद्यमान हैं—

योग	ग्रह
गजकेसरी	बृहस्पति, चन्द्रमा
अधियोग	बृहस्पति
राजलक्षण योग	बृहस्पति, शुक्र, चन्द्रमा, बुध
अमल योग	बृहस्पति
वेसी योग	मंगल, शुक्र, बुध
शंख योग	चन्द्रमा, बुध
भेरी योग	शुक्र, शनि, बृहस्पति
पारिजात योग	शुक्र
ब्रह्मा योग	बुध, शुक्र
केन्द्र योग	सभी ग्रह शनि, बृहस्पति, शुक्र

उपरोक्त वर्गीकरण से यह देखा जायेगा कि कुछ ग्रहों के कारण एक से अधिक योग

बनते हैं। उदाहरण स्वरूप बृहस्पति से महत्त्वपूर्ण योग अर्थात गज केसरी, अधियोग राज लक्षण योग, अमल और भेरी योग बनते हैं। क्या ये अपनी दशा और भुक्ति में इन योगों का फल देंगे जो अन्तर्ग्रस्त ग्रहों के प्रभावों के अध्यधीन होंगे। इस प्रश्न का उत्तर बहुत कठिन है। किन्तु यह मान लेना युक्ति संगत होगा कि चूंकि बृहस्पति के कारण अनेक योग बनते हैं अतः इसमें सभी योगों के प्रभावों का मिश्रण होगा। अधि योग और अमल योग, गज केसरी योग में मिल गया है। जहां तक भेरी और अन्य योगों का सम्बन्ध है, जो ग्रह अधिक बली हैं वे इसका फल देंगे। निम्नलिखित अनुसूची में उनके द्वारा बने योगों के फलों की क्षमता दी गई है—

सूर्य—

वह शुभ है	१ यूनिट
वह मित्र राशि में है	१ ,,
वह किसी ग्रह से युक्त नहीं है	० ,,
दृष्टि बल	(−) $\frac{१}{४}$,,
जोड़	१$\frac{३}{४}$,,

मंगल—

वह शुभ ग्रह है	१ यूनिट
वह अन्य शुभ ग्रह शुक्र से युक्त है	१ ,,
वह मित्र राशि में है	१ ,,
दृष्टि बल	(−) $\frac{१}{४}$,,
जोड़	२$\frac{३}{४}$,,

बुध—

वह तटस्थ है	० यूनिट
वह मित्र राशि में है	१ ,,
वह दो शुभ अधिपतियों से युक्त है	२ ,,
दृष्टि बल	(−) $\frac{१}{४}$,,
जोड़	२$\frac{३}{४}$,,

बृहस्पति जोड़ २$\frac{१}{४}$ यूनिट

शुक्र—

वह शुभ ग्रह है	१ यूनिट
वह शत्रु राशि है	–१ ,,
वह शुभ अधिपति मंगल से युक्त है	१ ,,
दृष्टि बल	$\frac{3}{4}$,,
जोड़	$\frac{3}{4}$,,

शनि—

वह शुभ ग्रह है	१ यूनिट
वह मित्र राशि में है	१ ,,
वह अशुभ अधिपति से युक्त है	–१ ,,
दृष्टि बल	$-\frac{1}{2}$,,
जोड़	$\frac{1}{2}$,,

सूर्य से दूसरे भाव में मंगल, शुक्र और बुध के स्थित होने के कारण अधियोग बनता है। इन तीनों ग्रहों में से मंगल और बुध सबसे उत्तम शुभ ग्रह हैं और शुक्र शुभ ग्रह है। मंगल (६·४) और बुध (६·३) का षडबल लगभग बराबर है जबकि शुक्र (५·०) का षडबल कमजोर है। अत: अधियोग का फल मंगल और बुध की महादशा और अन्तर्दशा में अधिक और शुक्र की युक्ति के दौरान कम होगा। अन्तर्ग्रस्त भाव लग्न से ७ वां और चन्द्रमा से चौथा है। अत: जातक के भाग्य में सुधार होना चाहिये और चौथे तथा ७ वें भावों से सम्बन्धित घटनायें उद्दीप्त होंगी। बुध का आवासीय बल ८०% है और इस योग का मुख्य फल बुध की दशा में होगा।

संख योग पर विचार करने पर यह पता लगता है कि यह योग बुध और चन्द्रमा के कारण बना है। बुध निश्चित ही एक शुभ ग्रह है जबकि चन्द्रमा मात्र एक शुभ ग्रह है। चन्द्रमा का नैसर्गिक बल मात्र ८·९ है जो बुध के बल से बहुत कम है। इसके परिणामस्वरूप चन्द्रमा की युक्ति के दौरान यह योग प्रकट हुआ किन्तु सीमित रूप में क्योंकि चन्द्रमा हल्का शुभ है। इसके अतिरिक्त उसका आवासीय बल मात्र ४०% है। दूसरी ओर बुध दशा नाथ और युक्ति नाथ के रूप में योग का पूरा फल दे सकता है क्योंकि वह न केवल सर्वोत्तम है बल्कि उसे पर्याप्त आवासीय बल प्राप्त है। भेरी योग पर विचार करने पर यह पता लगता है कि इस योग में शुक्र, शनि और वृहस्पति शामिल हैं। इनमें से वृहस्पति सर्वोत्तम शुभ हैं और शुक्र तथा शनि शुभ हैं। वृहस्पति

और शनि दोनों को लगभग बराबर ही नैसर्गिक और आवासीय बल प्राप्त है। दशानाथ और युक्ति नाथ के रूप में इस योग का फल देने के लिए बृहस्पति एक सर्वोत्तम ग्रह है।

इस बात पर ध्यान देना चाहिये कि योग की व्याख्या करने की पद्धति जिसका वर्णन ऊपर किया गया है, का उल्लेख ज्योतिष की प्राचीन पुस्तकों में नहीं है। अनेक कुण्डलियों की जांच के दौरान मुझे ऐसा लगा कि ऊपर जो पद्धति दी गई है वह संभवतः अधिक सही और विश्वस्त पद्धति हो सकती है। पारिजात और भेरी आदि जैसे योग से कुण्डली का बल बढ़ता है। यह अच्छे या बुरे प्रभावों का कुल जोड़ है जो भविष्यवाणी का आधार होना चाहिये। भविष्यवाणी की तकनीक एक कला है और एक सफल ज्योतिषी वही है जिसने व्यापक अध्ययन, विशाल अनुभव और बुद्धिजीविता तथा मानसिक आचार द्वारा भविष्यवाणी की कला प्राप्त की है और उसमें अन्तर्ज्ञान की क्षमता है।

अनुबन्ध १

काल सर्प योग पर एक टिप्पणी

ऐसा कहा जाता है कि यदि राहु और केतु के मध्य सारे ही ग्रह स्थित हों तो काल सर्प योग बनता है। इसका फल यह होता है कि देश और शासक का नाश हो जाता है और लोग प्रभावित होते हैं।

सच बात तो यह है कि प्राचीन साहित्य में कालसर्प योग का वर्णन नहीं है। यह योग किस प्रकार आया और किस प्रकार इसका भ्रामक अर्थ निकला यह स्पष्ट नहीं है।

साधारणतः कालसर्प योग की ऊपर दी गई परिभाषा मान्य है। परन्तु यदि सभी ग्रह राहु और केतु के घेरे में हैं तो इससे क्या? कुछ लोगों के अनुसार ऐसा होने पर कालसर्प योग बनता ही नहीं। किन्तु हमारे विचार से राहु और केतु या केतु और राहु के बीच सभी ग्रह स्थित हैं या नहीं इसका ध्यान किये बिना ही तकनीकी रूप से यह योग विद्यमान होता है। परन्तु फल में अनेक प्रकार के अन्तर संभव हैं। साधारण विश्वास यह है कि कालसर्प योग एक बुरा योग है जो कुण्डली में विद्यमान सभी उत्तम योगों को समाप्त कर देता है और जिसमें यह योग होता है उसके जीवन में उदासीनता आती है। यह भी भय है कि कालसर्प योग से प्रबल धन योग भी समाप्त हो जाता है जिससे एक धनी व्यक्ति गरीब हो जाता है।

कालसर्प योग की व्याख्या करते समय उन भावों पर विचार कर लेना चाहिये जो मुख्य रूप से शामिल होते हैं अर्थात १ और ७, २ और ८, ३ और ९, ४ और १०, ५ और ११, ६ और १२ आदि। प्रत्येक मामले में फल भिन्न हो सकता है जो कुण्डली के अन्य तथ्यों की संख्या पर आधारित होगा। साधारणत: यह पाया जाता है कि अन्य योग ६, १२ भाव (अर्थात कालसर्प योग) से आध्यात्मिक क्षेत्र में झुकाव का संकेत मिल सकता है जो प्रबल बन्धन योग की विद्यमानता या अभाव पर आधारित होगा। यदि अन्तर्ग्रस्त भाव १ और ७ हों तो यह वैवाहिक सुख के लिये उत्तम नहीं होता। वैवाहिक जीवन में कष्ट हो सकता है और यदा कदा तनाव रहेगा तथा आपस में मत नहीं मिलेगा। यदि सप्तमाधिपति या शुक्र बली हो और उत्तम स्थिति में हो तो बुरे फल की भविष्यवाणी नहीं करनी चाहिये। वैवाहिक कष्ट का परिहार किया जा सकता है। इस योग के फल का पहले से ज्ञान होने पर जातक अपने विचार और आचरण को संतुलित कर सकता है और आपस में समझौता कर सकता है।

इसी प्रकार यदि अन्तर्ग्रस्त भाव ४ और १० हों तो यदि १० वां भाव या दशमाधिपति बली न हो तो जातक की आजीविका में कष्ट हो सकता है।

कालसर्प योग का बहुत ही तीव्र साया होता है। इससे जातक मेहनती अधिक परिश्रम करने वाला मानसिक अस्थिरता के बावजूद अपनी क्षमता को पहचानने वाला होता है। यदि कोई अन्य राजयोग विद्यमान हो तो जातक अपने क्षेत्र में उच्च पद पर पहुँच जाता है। मुन्डेन में राहु-केतु का भाव शुभ होता है जबकि केतु-राहु के भाव से आध्यात्मिक मामलों में उच्चता का संकेत मिलता है। यह भी पाया जाता है कि कालसर्प वाला जातक विश्वस्त मित्रों और सम्बन्धियों से धोखा पाता है। जीवन में विकास के कारण उत्पीड़न से जातक के मस्तिष्क और विचारों को बल मिलता है। कालसर्प योग का यह एक आशीर्वाद होता है।

अन्य महत्त्वपूर्ण बातें जिन पर ध्यान देना चाहिये निम्नलिखित हैं—(१) काल सर्प योग वाली कुण्डली में यदि लग्न केतु और राहु के बीच में हो तो बुरे फल गम्भीर हो जाते हैं (२) यदि लग्न राहु और केतु के बीच में हो तो बुरे फल साधारण हो जाते हैं और (३) यदि राहु या केतु के साथ या बाहर एक ग्रह हो तो यह मान लेना चाहिये कि यह योग समाप्त हो गया है।

मूल श्लोक में 'अग्रे राहु' कहा गया है अर्थात राहु को प्रधान ग्रह होना चाहिये जिसका अर्थ यह है कि यह योग तभी प्रभावी हो सकता है यदि राहु-केतु के बीच सारे ग्रह हों। विचार करने वाला दूसरा तथ्य यह है कि यदि राहु या केतु से युक्त ग्रह उच्च राशि या स्वराशि का होकर बली हो तो कालसर्प योग की गहनता कम हो जाती है। साधारण भय यह है कि यदि कालसर्प योग पूरी तरह से विद्यमान हो तो विद्यमान

अन्य योग समाप्त हो जाते हैं। इसका कोई औचित्य नहीं है। उत्तम योग वाली कुण्डलियां भी हैं जिनमें काफी उन्नति और सफलता देखने को मिली है किन्तु जातक साधारण स्तर का रहा। उत्तम आजीविका का अचानक लोप हो जाता है। इस प्रकार के मामलों में कालसर्प योग हो सकता है परन्तु वह जो कुछ भी है उसका कारण यह योग नहीं हो सकता है। यह इसका एक कारण हो सकता है।

जन्म तारीख–२९–७–१८८३ जन्म समय–२–० बजे संध्या

अक्षांस ४१° उत्तर; देशा० १६′ पूर्व

राशि

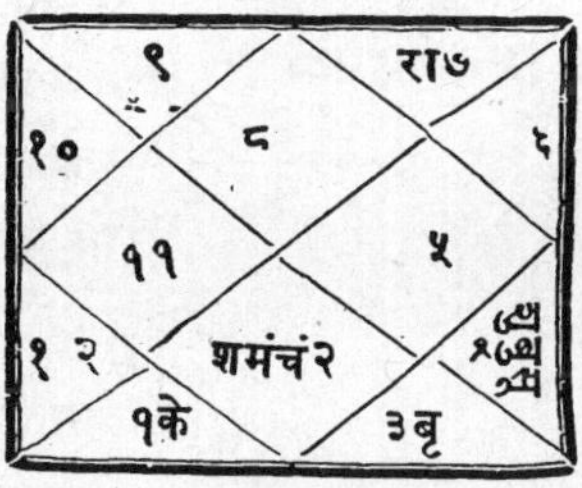

नवांश

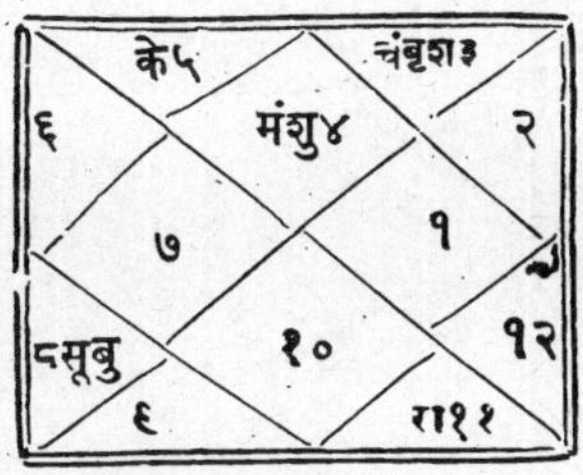

चन्द्रमा की दशा शेष—३ वर्ष ८ महीने २९ दिन

ऊपरोक्त कुण्डली में केतु और राहु के बीच सारे ग्रह स्थित होने के कारण कालसर्प योग विद्यमान है। वास्तव में यह योग बली नहीं है क्योंकि केतु राहु का भाव अन्तर्ग्रस्त है और लग्न राहु से पीछे है। परन्तु अन्य बुरे प्रभाव-अर्थात राजनैतिक ग्रह और नवमाधिपति सूर्य पर शनि की दृष्टि है और शनि सप्तम भाव में लग्नाधिपति से युक्त है—अन्य राजयोग, जो लग्न और चन्द्र लग्न से बना, के कारण जातक उच्च पद पर पहुंच तो गया किन्तु इसके कारण उसका पतन हो गया। शनि की दशा के अन्त में उसकी भयंकर मृत्यु हुई। इस तथ्य पर ध्यान दें कि केतु और राहु १२ और ६ में हैं। जातक को उसके विश्वासी सहयोगी ने धोखा दिया।

मुझे ऐसा लगता है कि कालसर्प योग को अनावश्यक महत्त्व नहीं देना चाहिए। कुछ ज्योतिषियों का यह मत है कि काल सर्प का आयु पर प्रभाव पड़ता है और जीवन में उत्थान के लिये उपयुक्त अन्य योगों के प्रभावों पर विपरीत प्रभाव डालता है। कुण्डली की समग्र जांच महत्त्वपूर्ण होती है। कोई एक योग और कालसर्प योग पूरी कुण्डली का फल देने के लिए सक्षम नहीं होता है। हमारे विचार से मुंडेन ज्योतिष में काल सर्प योग का महत्त्वपूर्ण कार्य होता है। किसी व्यक्ति विशेष की कुण्डली में इसका अधिक महत्त्व नहीं होता।